2015
全球村镇建设进展

胡　霞　胡跃高　主　编
贾晓薇　王　欣　张占英　副主编

中国农业出版社

图书在版编目（CIP）数据

2015 全球村镇建设进展 / 胡霞，胡跃高主编 . —北
京：中国农业出版社，2016.6
ISBN 978-7-109-21696-9

Ⅰ. ①2… Ⅱ. ①胡… ②胡… Ⅲ. ①乡镇经济－经济
建设－研究－世界－2015 Ⅳ. ①F113.4

中国版本图书馆 CIP 数据核字（2016）第 103028 号

中国农业出版社出版
（北京市朝阳区麦子店街 18 号楼）
（邮政编码 100125）
责任编辑 郑 君 刘爱芳

中国农业出版社印刷厂印刷 新华书店北京发行所发行
2016 年 6 月第 1 版 2016 年 6 月北京第 1 次印刷

开本：787mm×1092mm 1/16 印张：13.5
字数：310 千字
定价：49.00 元

走近农业，走进村庄

2014 年 12 月 24 日，在中共中央召开的农村工作会议公报中指出："随着国内外环境条件变化和长期粗放式经营积累的深层次矛盾逐步显现，农业持续稳定发展面临的挑战前所未有。"这是新时期对我们当前农业现代化建设面临形势的基本判断。

对于中国而言，农业现代化是国家现代化绕不开的湾。即无论面临怎样险峻的局面，我们都必须排除万难，去实现农业现代化。一句话就是，没有农业的现代化，便没有中国的现代化；没有首先实现农业现代化，整个中国的现代化事业建设就将停滞不前。农业现代化建设正在成为国民经济建设的核心任务，或第一战略要务。

要解决农业问题，首先必须认识农业问题。而要认识农业问题，第一件事就是走近农业。1978 年改革开放，迄今已 37 个年头。在此期间，我们集中力量抓经济建设，向欧美学习，先是向工业倾斜，然后是经营城市，越来越远离农业已经整整一代人以上的时间。中国是世界第一农业大国，然而，我们的社会恰恰已经远离了农业。冷静观察，今天的科学家群体、企业家群体、管理工作者群体，甚至是农民群体，都处于历史上离农业最远的位置，随着时间的推移，在愈益严峻化。这些既是国家农业问题挑战前所未有的基本原因，也是未来我们完成农业现代化建设任务必须要改变的事实。中国不可能在远离农业情况下，梦想有人用无人机来完成农业现代化。

那么，如何才能走近农业呢？答案是走进村庄。

个体人是人科动物的最小功能单位，家庭是人类社会的最小功能单位，而村庄则是人类文明的最小功能单位。村庄既是原始文明的归聚浓缩点，又是传统文明发育的源泉。全部人类文明史的信息就凝结在村庄之中。人类文明以村庄为界可以一分为二。村庄之前为原始文明时代，村庄之后走向传统文明、现代文明，乃至生态文明时代。

从全球历史发展视角观察，城市文明仅仅是建立在村庄基础之上的次生文明。没有了城市，村庄照样可以生存；而失去了村庄，城市将一定走向消亡。村庄是人类文明长河的渊薮之地。范敬宜有"离基层越近，离真理越近"的口头禅，这是指：要探求真理，请走进村庄！

过去几十年中，我们曾经先后将医疗机构、教育机构逐步撤离村庄；村庄农业科技推广队伍几乎 99% 解散，科学家中多年不进村庄调查研究者大有人在；村庄能人被"看不见的手"牵引走入城市；通过高等教育等手段将农牧民的优秀子弟移离村庄；干部下基层只是在省级、地市级、县级挂职，远离村庄，高高在上；连大学生村官都多数住在乡镇。这一切行为在总体上构成了今天的社会状态——在农业问题上脱离实际，远离第一线的状态。我们要认识农业问题，解决农业问题，毫无疑问地必须改变这种状态。进入不进入村庄，是检验我们是真解决农业问题，还是假解决农业问题的根本标准。

农业危机之所以成为危机，就在于我们疏离了农业。化解之道在于走近农业，走进村庄。近代史上，新中国的建立是从村庄走向城市的；1949 年之后，国家一穷二白，是通过农业积累完成了国家初步工业化的；改革开放以来，农业贡献功不可没。当前农业出现食品安全问题、粮食安全问题、农村牧区安全问题、地理安全问题与国际农业安全问题五大问题并发，不是由于农业衰老，而是由于我们的疏离。乡镇离村庄虽然只有一步之遥，但我们的心往往可能有欧美到中国的距离如此遥远。农业是地球长青产业，是人类文明的并蒂花。只有衰落的国度，衰落的文明，它的农业才是衰落的。

一株植物是一个生命，一个动物是一个生命，一个人无疑更是一个生命。村庄是由数以亿计的植物、数以千万计的动物、数以百计的人，以及无数的其他生物构成的超级生命体。有的村庄辗转存在了成百上千年之久。一个个的村庄最终构成了完整的地球生命体。我们进入村庄，当生崇敬之情。六合之内兼生灵，不也温暖乎！

中华民族自古以农立国，耕读持家，国脉维新，与村庄经古昌盛是紧紧联系在一起的。相对于村庄所蕴含的文明财富，今天高傲的人们的学识实在只能算是小学生的水平。我国大学生村官近年来的实践一再证明了这一真理。只有诚心诚意向村庄学习，在村里认真待过整整 1 年以上的人，才算基本了解了农村，才能取得百姓的信赖，才有资格领导国家农业现代化建设。

　　从 1980 年前后开始，钱学森曾经花费 20 多年时间研究农业。他预计，我国将在 2021 年前后启动第六次产业革命，即以农业型知识密集产业为核心的全局性国家工程建设，2049 年前后完成这一建设任务。到那时，我们国家的农业将具备 20 亿～30 亿人口的农产品可持续供给能力，实现五谷丰登，六畜兴旺，城乡和谐，中华民族将在真正意义上实现繁荣，从而有能力对人类文明发展做出新的贡献。为实现这一伟大而现实的目标，今日之计归结为一句话，请全民族走近农业，走进村庄。

胡跃高

2015 年 12 月

◁◁◁ 目 录

国 内 篇

新农村村级综合合作社发展启示

——以苏州市上林村为例

贾晓薇[①]

我国农民合作经济组织的兴起和发展，是农村稳定、农业发展、农民增收的重要载体，同时也成为实现农业适度规模经营的有效途径，既是农业产业化的必然结果，又是中国农村从传统走向现代的必由之路。2007 年 7 月，我国颁布了《中华人民共和国专业合作社法》，使得长期以来制约我国农民合作经济组织发展的法律地位、组织属性、利益分配等一系列重大问题在一定程度上得到了澄清。目前，我国农民合作组织正处于一个从不规范到规范、从松散到紧密的发展阶段。据农业部数据显示，截至 2013 年年底，我国依法登记注册的各类农民合作经济组织总数已达 98 万个。

我国的农民合作经济组织产生于广袤的农村，在农户参与合作组织的过程中，互惠互助、共同富裕的观念赋予了合作组织更广泛的理念价值。我国农民建立合作组织除了考虑对经济利益的追求，还衍生出互助、信念、合作等理念。

近年来，一种新型的农民合作社形式在中国的广袤农村开始显现，这种合作社以农民为主体，以合作制为根本特征，以整合一个村庄内部的资金、技术、人才、信息、土地和劳动力等涉农资源为新的利润增长点，以村社的经济、社会、文化综合治理为着眼点，自下而上进行组织，这就是我国新农村建设中出现并逐步发展的村级综合合作社。本文将以江苏省苏州市横泾上林村为例介绍这种村级综合合作社的特点和经验。

一、苏州市上林村村级综合股份合作社的经验

江苏省苏州上林村成立于 2003 年 12 月，由原有的上泽、新安、新光三村合并，坐落于横泾街道东南部，东太湖之滨。太湖沿岸区域达 3.4 千米，距苏州古城 25 千米，辖区总面积 3 500 亩[②]，辖 14 个自然村 29 个村民小组。截至 2014 年，全村总户数 1 132 户，人口 4 380 人。上林村村内区域土地肥沃、水系畅通，适宜水稻、三麦（小麦、元麦和六麦的总称）、油菜生长，历来是苏州市农业高产区之一。当地除种粮外，栽桑养蚕、养猪、养鱼等均为传统的家庭副业项目（图1、图2）。

---

① 贾晓薇（1980—），北京理工大学管理与经济学院，助理研究员。
② 亩为非法定计量单位，1 公顷＝15 亩。

图 1　苏州市上林村（一）

图 2　苏州市上林村（二）

　　21 世纪初，上林村在农村家庭承包经营基础上，为使村民发展产业持续增收，由村民按照"自愿入股，按股分红，利益共享，风险共担，民主管理，民主监督，依法登记，依法经营"的原则，先后组建并成立了 5 个农民股份合作社和 2 个合作分社。2008 年 10 月，上林村投入 450 万元新落成了 2 000 平方米的上林村服务中心（图 3、图 4），占地 5 亩功能齐全，内设办公区、党建活动室、阅览室、档案室、警务室、调解室、卫生计生服务站、社区服务站、党务村务公开栏、宣传栏、老年之家、村民学校、健身房等。

　　如今，上林村在土地流转的基础上，将全村的土地分为五大区域"绿色蔬菜区、生态瓜果区、农业观光区、绿色公益林区、休闲居住区"，并进一步加强农业招商选资，招引更多的社会资本，参与上林村土地股份农业专业合作社的农业开发建设。同时还通过合作社加强与农业科技单位的交流与合作，利用现代先进农业技术来武装合作社的现代农业。上林村村级综合合作社在创新经营思路、扩大规模经营、确立高效农业模式、增加土地产出、增加全体股民收入的各个方面中，正在进行全面创新的探索。

图 3　上林村服务中心（一）

图 4　上林村服务中心（二）

（一）上林村畜禽生态养殖股份合作社

上林村畜禽生态养殖股份合作社于 2005 年 5 月成立，投资股金 20 万元，其中村民 24 户，投资 10 万元；村经济合作社投资 10 万元。畜禽生态养殖基地 48 亩，注册商标"桑林"。如今，"桑林"牌系列农产品先后荣获省、市名牌产品和无公害农产品称号。现已成立水生蔬菜、生态草鸡养殖两个农业示范基地，获省无公害产品认证。

（二）上林村扶贫助残合作社

上林村扶贫助残合作社由本村全体 65 位爱心人士合作成立 21.5 万元的合作爱心基

金，用于帮助本村弱势群众共同致富。

上林村扶贫助残合作社下设两个分社，是在街道统一领导下的物业股份合作分社和蟹业合作分社，全村农户参加率 50%。物业合作社于 2005 年 5 月成立，入股村民 97 户，总股本 1 950 股，总投资 390 万元，其中村经济合作社持股 318 股，股本金额 63.6 万元；村民持股 1 632 股，股本金额 326.4 万元。首期工程于天鹅荡路工业坊建造标准厂房7 213平方米，2007 年分红 15.6 万元，入股村民户均分红 1 600 元。为鼓励农民入股和扶持合作总社的发展，街道对农户入股采取了租金分期到账、贫困户送股、收益前保底分红和免收三年项目用地租金等扶持政策。

2009 年全村农户股金分红超 300 万元，户均达 3 000 元。资产合作社农户入股 100%，全村投资性入股户数占 65%。村集体收入由 2004 年的 140 万元发展到 2013 年的 580 万元。

（三）上林村土地股份合作社

在成立土地股份合作社之前，上林村的农民与其他地方的农民生产经营方式基本相同，按照传统的各自为营的方式进行，只种自家的地，粮食产量增长缓慢。有些农户不愿种田，到镇上打工，自家的地则撂荒在那里，没有人管。

土地股份合作社相比于过去的土地流转模式来讲，有着很大优势。农村零散的土地集中起来，由农户通过土地股份合作社统一耕种，规模化经营，通常能够带来比一家一户分别种植更大的收益。农民若愿意留在合作社耕作，除工资外还可以获得分红。合作社给农民带来了更多红利；合作社作为统一的经营单位，可以统一处理农产品的销售工作，农民个人则除了耕作外，不用再承担更多的销售任务，不用再自己与收购农产品的公司进行销售，农民自身承担更少的风险，同时也节省了时间。

2006 年 3 月，苏州市吴中区横泾街道"上林村土地股份合作社"成立，并领取了全国第一张土地股份工商营业执照（图 5）。

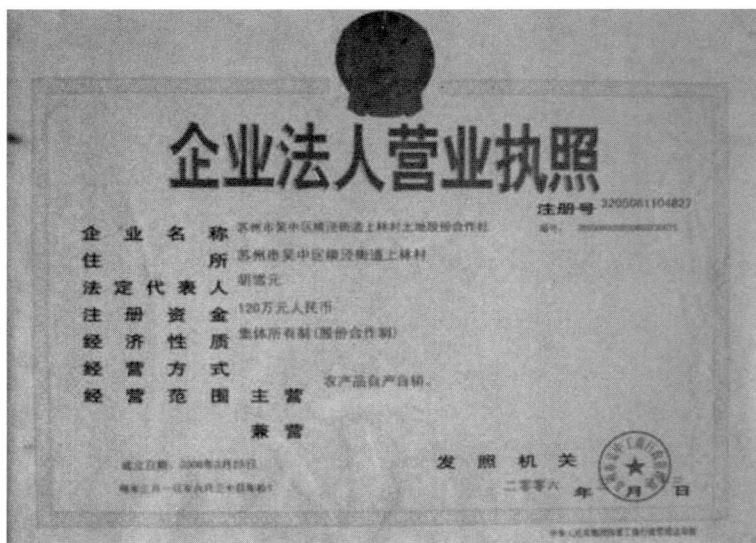

图 5　全国第一张土地股份工商营业执照

合作社成立后，上林村 180 户农户将 240 亩土地承包经营权作价入股，作价方式由农户协商确定，作价原则是将前 3 年每亩平均产值（250 元）乘以土地承包经营权证上的剩余年限（20 年），最终确定每亩土地 5 000 元的作价标准。经会计师事务所验资，工商部门确认上林村土地合作社注册资本为 120 万元，全部由入股社员的土地承包经营权构成。农户成为股东后，可获取的收入主要由"分红＋工资"构成，每年可获取每亩保底 600 元的土地收益分红，出工参加合作社劳动的农民还另有每天 25 元的工资收入。如果按照以前 1 亩地年收入为 250 元来计算，扣除工资后，就几乎等于零，甚至还要亏本。现在通过土地入股合作社后的收入，明显远远提高。

上林村农民周培根，在 2007 年刚刚入股土地股份合作社的时候算了一笔账：他和儿子媳妇都在企业上班，家中 3 亩地全靠老伴一人管理，种植水稻等传统作物每亩年收益仅 250 元左右，如扣除人工等费用后，种地收益几乎为零甚至亏本。土地入股后，每亩保底分红 600 元，每年还可视经济效益再进行二次分配。同时，老伴在合作社打工每日报酬 30 元。2005 年他家人均年收入 1 200 元，而人均农业收入只有不足 300 元。土地入股后，2006 年光土地租金就拿了 1 800 元，老伴在合作社打工一年也赚了 4 000 多元，家庭人均农业收入高达 1 600 元。每亩土地的收益比前两年提高了 5 倍多。

2008 年 8 月，"上林村土地股份合作社"变更登记为"上林土地股份农业专业合作社"，进一步引导全体农户土地经营权的入股。共同对 1998 年所有确权的农田，进行"统一入股、统一规划、统一管理、统一分红"，来发展现代农业。2014 年，合作社已由三个组 117 户的 240 亩土地，已发展到全村农户 1 132 户，农户 100％入股。同时，农户在土地分红中，已从 2006 年每亩分红 600 元增至 2013 年每亩 900 元，户均来自于土地股份合作社分红超 2 500 元。

除提高了农民的个人收入外，合作社还在原有薄弱的基础上大力改造基础设施，如沟渠、机耕路改建（加宽、整平、硬化）、建造泵房、生产用房、平整坑洼土地、迁移祖坟、种植绿化等，共投入 3 500 多万元，为加强上林村土地股份农业专业合作社今后发展生态环境打好结实的基础。

（四）上林村资产股份合作社

2007 年 10 月成立，为使村民自我管理，共同得益，探索集体资产管理新机制，上林村将数年积累的集体资产 530 万元折成 3 789 股量化给村民 3 984 人，覆盖率 100％。2010 年净资产达 3 268 万元，比成立初期增加 6.16 倍。2010 年每股红利 50 元，并逐年递增。

（五）上林村劳务专业合作社

上林村劳务专业合作社于 2009 年 3 月成立，固定资产（包括割草机、喷雾器、水泵等）14.6 万元。主要以劳务输出为主，年输出劳动力 200～250 人，兼管村庄整治和绿化造林。

（六）上林村养老专业合作社和恬居合作社

经过几年的努力，上林村以成立农民合作社的形式分别解决了村里闲置土地、闲散资金和富余劳动力的问题，而唯独村里闲置的农屋一直没有找到合适的方式解决，上林村党委书记席月心说，"村里一共有 1 050 多户居民，差不多有一半的房子是闲置的，有的房子以前是用来放机器、农具或者饲养家禽的，如今这些房子空了下来，还有的居民索性去城里买了房子，乡下的房子整年空关着。"

民房是村民的资产，而更卖座的应该是农村的生态牌。"如果这些资产摆在城市里，或许并不稀奇，但是有着太湖这个独特的生态背景，便成为稀缺资源。"最初触动席月心的是一次到山东乡下参加一个培训班，他发现一些城里的同事对农村生活倍感新鲜，顿时有了灵感。回到苏州后，席月心经过走访调查和反复琢磨，酝酿出了"上林恬居"的雏形，即依托上林村生态、地理和区位优势，通过合作社的形式将闲置农屋发展成宜居、恬静的养老场所，"本质上是针对生活可以自理的老人，我们提供一个宜居的养老场所，而非传统的养老院、护理院，目前希望有 1 年以上长住意向的老人多关注。"据初步统计，上林村东林渡就有约 200 户闲置农屋，按每户 400 米^2 计算，东林渡闲置农屋的面积就有约 8 万米^2。

上林村的生态养老项目与该区连年的村庄环境整治成果密不可分。这些生态养老"样板房"原来都是上林村村民的闲置房。从 2013 年开始，该村整合集体闲散资产和农民闲置房屋，通过集体出资与引进社会资本、集中式与居家分散式相结合的方式，探索打造以"养老"为主题的特色村庄建设新思路。

由于各家的房子大小、硬件设施不一，租金也不尽相同，上林村目前采用"先选择后装修"的方法，由客户自由选择，可以根据客户的要求进行个性化装修，另外入住以后根据客户的需求不断完善其他服务，也可提供耕地。上林村已对 5 间闲置农房进行装修改造作为"样板房"。

老人租住在上林村养老的同时，上林村也会逐渐完善其他服务，如为老人的农事生活配备耕地，配套农家乐、农家采摘的场所和机构，将村集体的公共设施、公共场地、公共设备提供给老人作为休闲娱乐的载体，另外也会组织文化团体与老人积极互动（图 6）。

图 6　上林村老人节活动

建立生态养老只是上林村整个规划蓝图的一角，在生态养老发展成熟后还将建立一所护理院，生活不能自理的老人可以选择在集中式的护理院接受全面护理；同时，也准备提供大约50套装修好的农屋供市民、游客休闲度假使用。在生态养老的产业之外，该村还将在区域和形态方面进行布局，发展旅游和文化产业。

上林村在推进新农村建设中更加突出"富民、强村、发展现代农业"，充分利用本村土地、沿太湖等资源优势，加强农业招商选资力度，全村规划五大功能区域：绿色蔬菜区、生态瓜果区、水产养殖区、农业观光区、休闲居住区，使上林成为生态、和谐、平安的"太湖恬园"（图7至图9）。

图 7　上林村恬居合作社（一）

图 8　上林村恬居合作社（二）

图 9　整体改造后的上林村村景

　　上林村村级合作社是发展比较好的村级综合合作社，有一定的示范带头作用，能够有效整合植根于农村社区的各种涉农资源，包括资金、土地、人才、信息、管理、劳动力等，在农村经济发展、社会建设和文化服务等方面起到了其他组织所不能替代的作用。

　　上林村村级综合合作社成立以来，着力打造生态、和谐、平安的新上林，各项工作取得了良好的成效。先后被授予省新农村建设档案工作示范村、省卫生村、省生态村、省十佳巾帼合作组织、市新农村建设示范村、市先锋村、市十佳巾帼合作组织、市新农村建设妇女工作示范村、市妇女工作先进基层组织、市人民调解先进集体、市示范社区卫生服务站、区双学双比先进集体、区四好妇代会、区爱国卫生先进集体、区社会治安安全村、区先进团支部、区关心下一代先进集体、区新农村建设示范村、区先锋村、区先进基层党组织、区城乡一体化工作特色奖、区绿化现行村、区平安家庭示范村等荣誉。

　　上林村的综合合作社已经在农业生产资料的联合购买、农产品的联合销售、农产品储藏和初级加工、土地流转和整理、水利和基础设施建设、农村劳动力解放、有机农业、环境保护、农民养老、儿童教育、农民教育、家庭和公共卫生、社区公共设施建设、社区文化建设、村风建设、乡村文化传播和文明传承方面取得了明显绩效，对农村合作社的良性发展也起到了一定程度的示范作用。

二、村级综合股份合作社进一步发展需要解决的问题

（一）合作社内部规范问题

　　村级综合股份合作社最初一般是由村领导领头进行的，需要对全村进行整体规划，以土地股份合作社为例，只有在整块土地全部进行统一规划的背景下，才容易达到目标，因此对于是否进行土地流转，如何流转等意见，在最初进行时不一定很快能够达到统一，对村民进行游说的时候也不会太顺畅，有些村民可能需要更长的时间去理解。从其长远发展来看，村级领导在合作社规范化发展之后，应逐步退出合作社的管理，而合作社相应地应建立起规范化的包含股东大会、董事会以及管理层的内部治理层级，并建立内部治理机制。作为一个经济组织，合作社的管理层级应与村庄的行政组织层级分开。

1844 年，由英国 14 名工人自发成立的"罗虚代尔公平先锋社"是合作社的最初形式，从而也确定了最初的合作社组织和经营管理原则，被称为"罗虚代尔原则"，原则中第一条即是"个人自愿参加或退出合作社"，之后进行了多次修改，但这条原则一直没有变化，代表对农民加入合作社的自由、自愿的鼓励。我国 2005 年 3 月 1 日起正式施行的《农村土地承包经营权流转管理办法》中第二条写到"农村土地承包经营权流转应当在坚持农户家庭承包经营制度和稳定农村土地承包关系的基础上，遵循平等协商、依法、自愿、有偿的原则"。合作社秉着其"本质性"的原则来说，社员应该是可以自由加入，自由退出的，但是土地股份合作社一般只能加入，而土地经营权是无法自由退出的，这点与一般的合作社有所区别。

最初土地确权的时候应有比较合理的规定，年底若获取盈利则可按照股份进行分配，但若在特殊时期，遇到天灾人祸而导致年底入不敷出时，则很难要求农民股东再投入资金，这也是与一般资产股份合作社不同的地方，因此只能转而依靠政府补贴，需要政府的支持。

（二）关于合作社的积累与分配问题

关于积累与分配问题也是需要注意的，无论是合作社还是公司来讲都是一样需要面对这个问题。多少留在合作社以备积累只用？多少给股东发作红利？如何权衡二者之间的关系？

合作社的发展路径如何，合作社的生产和规模化经营交给谁来负责，都是需要关注的问题。经上林村土地股份合作社的实践证明，若直接将土地租给外地人来进行生产和经营，本村人的收益只有每年的红利，更多的老年人无事可做，为了维持生活还要外出打工，这就违背了最初进行城镇化建设的初衷——为了维护农民的利益。因此最好的办法是可以由合作社本身来进行运作，本村人可以参与土地的经营，这样，土地无论是从理论上还是实际上，土地所有权依旧是本村的。农民除了红利外，参加经营还可以获取一定的工资。

（三）需要有高层次的、专业的合作社管理者

合作社的领导班子要有较强的专业知识和领导能力以及沟通能力，他们既要面对自己的村民股民，又要与外界的相关者进行协调沟通，因此需要不断加强自己的能力，不断学习，维护村民的利益。以土地股份合作社为例，由于农户的承包地块零星分散，要流转相对集中连片的土地，需要与不同的农户进行协商，增加了土地流转的成本，也加大了规模流转的难度。国家种粮补贴政策执行偏差，特别是不种粮的、甚至是撂荒的都可按照包地面积获得各种惠农补贴，加大了农民对土地的依赖，加之还有部分农民把土地视为生存保障的最后一道防线不愿转出。

（四）需要良好的外部条件促进合作社的发展

2007 年 7 月，我国正式通过了《农民专业合作社法》，实现了农民专业合作社发展有法可依，为农民专业合作社的规范化发展起到了很好的指导作用。但是，随着市场经济的发展和新农村建设的推进，一些消费合作社、信用合作社、股份合作社以及综合合作社等

新型合作社开始出现。现行的农民专业合作社法律并不能对这些类型的合作社进行约束和指导。因此，现阶段，我们需要制定一部综合的《合作社法》来促进广泛发展合作经济，促进和谐社会的建设发展。

三、结论

2007 年《农民专业合作社法》颁布之后，我国农民合作社的数量出现了井喷式增长，但乱象纷呈。由于我国小农规模过小，数量众多，难以在当前专业合作社的法律框架下形成客观的制度收益，从而也难以形成有效的制度创新，从同属于东亚小农社会的日韩经验来看，村级综合股份合作社可以担当这个重任，这种形式可以很好地整合农村分散的土地、资源，并解决农村贫富差距过大的问题。从国内的理论研究和实践发展来看，村级综合合作社是一个具有系统性和根本性特征的制度创新，该创新刚刚萌芽。以苏州市上林村为例的实践领先一步正在蹒跚前行，理论研究和政策调整理应做出更加积极的回应，正像实践的创新所遭遇的跌宕起伏，思维的创新也是举步维艰，需要我们给予更多的关注。

台湾桃米里："道法自然"的生态建设模式

张占英

2013 年 5 月，利用台湾环岛游的间隙，我走访了台湾南投县埔里镇桃米里，对其生态建设进行了实地观感考察。虽此行只有短短两个多小时，可谓走马观花，接触的人不多，走的地方有限，但因其和内地生态建设情形迥异，故而感受颇多，有一些全新的收获。总的感觉和经验是：桃米里践行的是一种"道法自然"的生态建设模式，对中国内地乃至全球具有广阔的借鉴价值和意义。

一、桃米里的基本情况

桃米里地处台湾唯一不靠海的南投县的腹地，与台湾著名风景胜地日月潭毗邻。桃米里海拔介于 420～800 米，森林、河川、湿地和农田兼具，面积有 18 千米²，村庄有 360 多户、1 200 人。1999 年"9•21"南投大地震，造成 2 400 多人死亡，11 000 多人受伤，是台湾百年来最严重的地震。距震中央只有 20 多千米的桃米里，被震出一个"桃米坑"，是大地震破坏最严重的地方之一，成为当时的"明星灾区"。桃米里 369 户人家，有 168 户全倒，60 户半倒。在地震之前，由于稻作农业的衰落，村落已开始呈现衰败迹象，成为一个"老人与狗"生活的偏远一隅。"明星灾区"的身份一下子更将桃米里长久以来传统农村产业没落、人口外流、环境污染等尴尬暴露出来，大地震的打击，对这里无异于雪上加霜，引起全社会的关注和反思。政府、台湾新故乡文教基金会（即 NGO）与村民的三方力量有效整合，利用桃米里以往被忽视的生态优势，经过十多年不懈的探索实践，将桃米里建设成一个梦境一样的生态家园。

二、桃米里生态建设的特点和经验

（一）把灾难作为机遇，重新审视村庄的发展潜力与建设之道

面对毁灭式的地震灾害，无论是台湾社会，或是当地村民，没有出现惯性的慌乱无措，不是以简单地建设生存生活为目的，而是通过各方的力量，进行科学而民主的协同探索，寻找最具永续发展村庄建设之道。经过调查发现，一方面，低度开发的桃米里，蕴藏着丰富的生态资源，台湾 29 种蛙类，桃米里就拥有 23 种；台湾 143 种蜻蜓，在桃米里就发现 49 种；这里是台湾蝴蝶多样性最集中的地方，是一个弥足珍贵的自然生态宝库。另一方面，桃米里有一个大邻居——台湾著名的暨南国际大学，距离仅 1 千米；桃米里是前

往日月潭的必经之地，车程仅 20 分钟。虽有得天独厚的区位优势，但知识分子和农民互不往来，观光经济也没有辐射到这里，反而是台湾的工业化和城市化把这来的青壮年吸走，使桃米里变成一个人口结构老化，农业经济衰退，没有发展生机的老旧社区。更可悲的是，这里又变成一个垃圾填埋场，桃米里被当地人视为"垃圾里"。据此，震后一个月就介入重建的台湾新故乡文教基金会（即 NGO）、桃米人与环境专家们共同讨论出了桃米社区的重建愿景，以"道法自然"的精神，提出"桃米生态村"的概念，尊重自然法则，维护和谐共生，将桃米里从一个传统农村，转型成为一个结合有机农业、生态保育和休闲体验为一体的观光教育基地。

（二）"造人"比造屋重要，唤醒村民的生态意识和觉悟

新故乡文教基金会地震后成立了"埔里家园重建工作站"，和桃米里"联姻"，新故乡文教基金会提出的公共行动是"大家一起来清溪"，以清理溪流作为重建行动的第一步。但在当时，村民急于解决吃住，摆脱地震困扰，感觉清溪没有意义，解决不了现实问题，对此不是很理解，"清溪，清什么溪？无聊！"村民对此嗤之以鼻，很多人都在质疑、观望，只有少数几个人站出来行动。新故乡文教基金会董事长廖嘉展坦言，当初把"大家一起来清溪"作为重建行动的第一步，目的就是要挑战既有观念，唤醒村民的生态意识和觉悟，把解决"人"的问题作为一切重建工作的起点。

新故乡文教基金会引进外界的人力、财力、物力，按照"教育学习—观念改变—行动实践"的策略，政府补助、社会捐助没有直接流向居民，而是以"以工代赈"的方式，经新故乡文教基金会向村民中转。一位村民曾回忆说："每个月领 15 840 元新台币，维持基本生活，白天为公共事务出力，晚上被强迫上课，周末则全体上课，连续学习了 11 个月。"新故乡文教基金会邀请台湾世新大学观光系陈墀吉教授带领的专家团队，对村民开展休闲相关产业的课程培训，让村民由知到行脱胎换骨，牢固树立生态建设的理念。

（三）建设绿色民宿，激活乡村生活产业

在重建中，政府和新故乡文教基金会把经营民宿（即乡村旅店）作为解决村民生存和发展的切入点，世新大学开设了 300 多个小时的课程，站在全球的视野，对绿色民宿进行了深入细致的传授，并组织学员环台湾进行考察，"实地了解什么是民宿"。之后，新故乡文教基金会并不急于帮助村民大兴土木，而是鼓励有条件的村民收拾自家旧房屋，归置出一两间"试运营"。

一开始，新故乡文教基金会并没有让民宿直接正常经营，而是安排各种"考官"充当游客，与经营者互动交流，提出各种改进意见，让经营者轻松体验，掌握要领，学习技能，解决问题，增强信心。之后，新故乡文教基金会才与政府互动，联系银行为盖民宿的村民提供贷款，但规定自筹款必须在 60% 以上。同时，盖屋以"换工"方式进行，酬劳比一般市场价低 20%，劳务支出全部留在村里，作为宝贵的发展经营资金。

新故乡文教基金会把造屋过程变成重塑社区核心价值的契机，引导村民摒弃传统的"小农观念"，把桃米里推向一个"合作与互助"的崭新时代，逐渐把人与人的感情连接起来。在绿色民宿经营中，提倡共生理念，反对恶性竞争，大家抱团取暖，互相学习借鉴，共同提高进步，几十家民宿价位自定，各持特色，又相互包容依赖，共同打造桃米民宿的品质与品牌。

这样一群变得可爱的新型农民办的民宿，有先进的知识和理念做后盾，经营起来从容不迫游刃有余，逐渐得到台湾社会的认可，教育团、亲子团、学术研讨团和社区参访团纷至沓来，节假日都是爆满，让村民因灾得福，实现了生存到生活的质变。

（四）改变种养方式，发展休闲观光农业

桃米里原本以产麻竹笋为主，每年3至9月户户挖笋挑笋，累死累活但收入有限，而人力越来越枯竭，这样的低收入也难以为继。经过生态教育培训，村民似乎眼前一亮，发现庄前屋后到处都是宝贝，生态才是桃米最大的资源和依靠。台湾"农委会"特有生物研究保育中心和新故乡文教基金会策划了"抢救台湾生态，绿色总动员"活动，邀请台湾研究青蛙生态的杨懿如博士和村民互动，对村民开始"生态解说员"课程，让村民改变传统经营模式，进行经济转型和永续经营。

因为桃米里是青蛙的天堂，因而他们提出建设"青蛙共和国"的理念，村道民宿，到处是青蛙的雕塑，就连卫生间也命名为"公蛙"和"母蛙"。随着收入的稳步增加，桃米人逐渐退耕，结合地势条件，修建青蛙步通道、青蛙屋，建造生态池、生态沟，种植水生植物，如水浮莲、莎草、满江红等，为青蛙建设适宜生存繁衍的良好环境，让青蛙成为生态环境里的重要一员。经过十多年苦心经营，青蛙已经成为"桃米的主人"，许多游客都是奔着青蛙而去，白天观察青蛙，晚上倾听蛙鸣，感受大自然地无限妙趣。青蛙已经成为桃米的靓丽名片，青蛙产业链不断延伸拓展，成为桃米人新的经济增长点。

（五）开发拓展生态产业链，让农业成为值得敬佩的行业

重建十多年，道法于自然，自觉地退耕还草、还林、还水，杜绝农药、化学肥料的使用，让桃米里恢复和培育了良好的生态，据台湾有关部门调查，桃米里的物种因此增加了50倍，堪称一个生态实验的幸事和奇迹。

现在的桃米在台湾已经声名远播，游客们3月看青蛙，4月看萤火虫，5月看油桐花，6月看独角仙（一种甲虫），8、9月暑假期间，桃米变成小朋友的生态课堂，白天观察蜻蜓蝴蝶，晚上抓青蛙看小蛇。

生态为体，产业为用。一流的生态环境，生发独特的桃米文化，吸引着城里人到这来观光、度假、休闲。每逢周末和节假日，桃米里日接待游客达到1 500人；平时每天的接待也在500人左右，中国香港、澳门及日本等地的游客也慕名而来，每年仅门票收入200多万元。

10多年来生态产业不断开发、拓展、延伸，成为桃米村民的支柱产业和"铁杆庄稼"，村里五分之一的村民经营生态产业，而经营传统农业产业的村民，也因生态旅游而带动升值。生态产业的发展，带动知识青年和外地人才回村创业，城市优质资源不断导入，是人才这个发展的第一要素不断优化。桃米还向外输出自己的生态产业和文化产业，举办各种音乐会、研讨会，让生态文明和现代文明完美结合，奏响现代文明的交响曲，不但每年为1 200多人的村庄带来3 000万元的丰厚收入，也深刻改变着村庄的存在方式和村民游客的生活方式。

桃米的成功实践，让人们欣喜地认识到，农业是值得令人敬佩的行业，而从事农业是值得尊敬的职业。

三、桃米里生态建设的启示

第一，现代村庄建设和农业发展必须以尊重自然为前提。人类作为地球的主宰，贵为人类，一定要为地球的保护负责，为地球生物的共生永续发展负责。由于人类的过度的繁衍膨胀，对地球敲骨吸髓式的开发，造成了空前的环境破坏和自然危机，因此人类要猛悟警醒、引以为戒。特别在现代村庄建设和农业发展中，必须以尊重自然为前提，以"道法自然"的精神，崇尚自然，顺应自然，在保护自然中求得科学发展，让人类重新回归亲近自然、淳厚简朴、节奏从容的生活状态。

第二，重视解决村民的观念改变是关键。一切事业都在人为。建设现代村镇必须改变人的脑袋，必先改变人的脑袋，让村民得到科学发展理念的教育，用利益导向等合理方式，使科学的发展理念在他们心中生根发芽，变成他们的思维方式和行为习惯。如果不重视村民的观念教育，不改变他们的传统思维定势，没有适当的利益推动，没有有效的载体引导，现代村镇建设将难以推进。

第三，整合优质社会力量和发展要素是抓手。桃米里的生态建设中，得益于新故乡文教基金会全程的思想引领、全面擘画和倾力扶持，由此可见台湾社会发育的成熟程度。故而建设村镇应当借鉴这样的经验，把村镇建设放手社会力量主导建设，社会力量身段柔软，既可以得到科学民主的决策，又可以最大限度利用社会资源，提高建设的质量和效益。同时又减少政府施政成本，避免各种利益倾轧和社会矛盾。

第四，以不断探索人类更为美好的生活方式为目的。人类的发展无非是让人类生活得更美好，人类过上美好的生活必须依赖自然，必须依靠农业，这已经成为人们清晰的共识。因而从桃米里生态文明简史中得到经验和启示：现代村镇建设要把探索人类更美好的生活方式作为重要目的，让更多的地方环境得到改变，让人们的身体和精神共享健康与愉悦，让更多的人享受自然和人文带来的美好生活。

四、图示桃米里

桃米里的地标——纸教堂

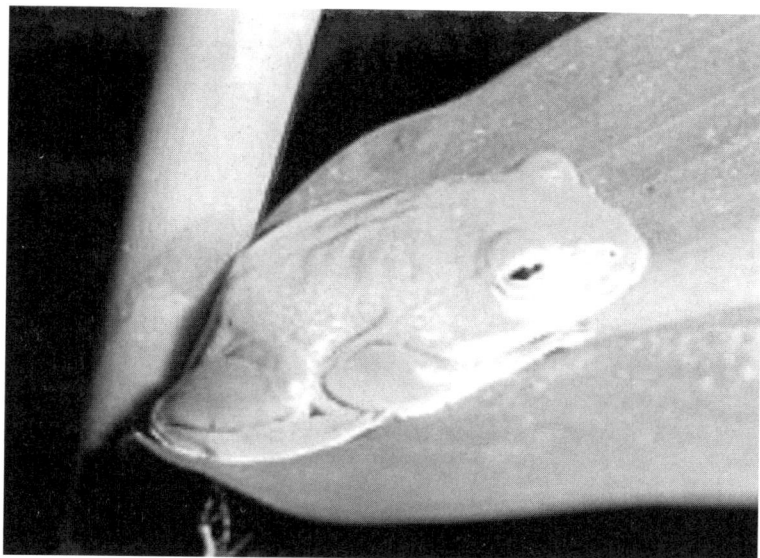

桃米里的"财神爷"——青蛙

桃米里的民宿

桃米里的村道

桃米里的卫生间

游客在桃米里观看民俗表演

游客的留言

中国的伟大机会

John B. Cobb，Jr. ①

［美］ 小约翰·柯布

中国当前的农业决策和关于农村发展的决定，将是影响成千上万中国人命运的决策，也是影响世界未来走向的决策。我衷心地希望中国可以引领世界走向生态文明。中国政府对建设生态文明的郑重承诺，以及在生态文明建设上所取得的成就，我为之振奋，但同时也非常担心中国做出的农业和农村发展决策，会阻碍中国实现生态文明的可能性。我迫切希望中国对现代化的热衷让位于对生态文明的建设。假如中国做出如此决策，她将领导世界，确切地说，是拯救世界。

在希伯来人的文献中，摩西是最伟大的英雄。三千多年前，他带领犹太人的祖先离开了埃及的奴隶制度，并将他们安置在现称之为以色列或巴勒斯坦的土地上。在人们准备定居的时候，他给了他们两个选择：一个是因循守旧，接受生活在他们身边的人们的思维方式和生活方式。这很简单，如果他们对于未来目标没有集体做出明确决定的话，那么他们就会采取这种方式。但是，摩西告诉他们，这是选择死亡。而且，事实也支持他的判断，这些人无一幸免。

摩西给出的另一选择是独辟蹊径，这包括选择特殊的农业和经济实践。这另一个选择给世界带来了新的可能。跟随摩西的人们的后代创造了伊斯兰教和基督教，直到今天，犹太人依然繁荣昌盛地生活着。在独特的历史境遇中，希伯来人只有唯一的机会，他们抓住了。

我相信，中国的农村发展政策在今天有着同样根本的性质。我会坦率地阐述这一点。毫不夸张地说，尽管全世界都在践行农业现代化，专家们也力推农业现代化，但这却是选择死亡。我希望我能说，存在另一种选择，它能够确保我们生存，但是我不能。然而，出于深刻的信念，我却可以说，这另一种选择带给我们唯一的生存希望。

一、选择死亡

我知道这是很强烈的语言，也希望这是夸大之词，然而，却不是。如果客观地审视人类今天所处的境况，我们就会发现，生态危机的脚步在一步步逼近。

以气候变化为例。全球气候变暖已不可逆地发生了，它将断送上万年来良好的自然环境。即使我们明天就停止向大气排放碳，冰川也依然会继续融化、危险数量的甲烷也仍然会被释放到大气中、海平面也同样会升高。

---

① John B. Cobb，Jr.，美国人文与科学院院士，中美现代发展研究院院长，此文是 2014 年 10 月 30 日于中国农业大学所作的报告。

这意味着大面积的三角洲和沿海低洼的土地将会被海水淹没，这些地区，正是如今具有极大生产力、拥有密集人口的地方。成千上万的人将成为生态难民，不得不背井离乡寻找新的家园，包括黄河和长江在内的依赖于冰川的河流，都将会断流或者时断时续地流淌，暴风雨将更加猛烈、更具破坏性，洪水和干旱都会增加。

我希望这是夸大其词，然而事实可能比这更糟糕。在不久的将来，唯一现实的希望是：人类这种自我戕害的速度会放缓。否则，无论农村发展政策如何，我们都将面临世界末日。但我仍然希望，即使在我们自己共同招致的不利环境下，大部分人依然能够活下来。

也许你现在明白，为什么我说，选择农业现代化①是选择死亡。现代化是用化石燃料替代人类劳动和动物劳动。显然，农业现代化需要大幅增加化石燃料的使用。如果允许这样继续下去，它将摧毁为了减少全球碳排放的所有努力，进而威胁人类生存。或者，人类会回心转意，禁止在农业中进一步使用任何化石燃料。如果那时中国的农业是基于这些燃料，生产将会崩溃。一个饥肠辘辘的民族将会饿殍遍野。

选择更依赖石油是愚蠢的，这个事实是不让农业走向工业化（产业化）最明显的理由。然而，这并不是唯一的理由。即使有取之不尽用之不竭的石油，即使使用石油没有不良后果，农业产业化依然是个糟糕的选择。

第一，它是不可持续的。它会扼杀并侵蚀土壤，它依赖于找到新的杀虫剂和除草药，这样的努力终将失败。第二，它会减少物种多样性，因为它降低了物种适应变化的能力。第三，它会引起意想不到的灾难，诸如蜂群的瓦解，以及由此导致的授粉威胁。第四，这种方式生产的产品是不健康的。第五，从小型农业转向农业综合企业需要迁移大量人口，这会引起巨大的社会动荡，很可能导致大量失业，也必然会加剧人与自然的异化。总之，农业的工业化是现代人对自然的疏离，它对社会的推动方向恰恰与生态文明背道而驰。

有人可能想知道，农业的工业化或工业化农业有这么多伤害，那么它为什么还如此盛行？

答案是，现代经济主义的胜利支持它，这种经济主义是资本主义的国家意识形态。在资本主义体系中，形成政策时，真正的人类价值无法发挥作用，只有财富和权力是有价值的，而权力只是富人的权力。现代经济学支持的现代经济体系，将财富越来越集中在那些已经富有的人手中。马克思当然明白这一点，所以马克思主义国家自然可以不按照这种意识形态的规则运行。

工业化农业的辩护者喜欢说，工业化农业"最富有成效"，能生产更多的食物。人们认为，人口问题导致食物变得稀缺，因此我们必须尽可能地生产，并得出结论：这意味着我们需要工业化农业。但是，只有在劳动力匮乏的情况下，这才是真的。只要有足够的人工，小农场，即使是有机小农场，也可以和工业化农业生产的一样多，甚至更多。工业化农业的举措只会使富人受益。

选择生存需要的，比仅仅不选择死亡所需要的多得多。在中国保持传统农业，使得向真正的生态文明发展是可以想象的。在其现有形式中，它还不是生态文明。保存传统农业并不能保证它会沿着健康的方向发展，可能仅仅意味着推迟了死亡。

---

① 农业现代化指以不可再生能源为基础的农业。

二、选择生存

我承认，关于农业某些方面的机械化的论据是适当的。自从园艺发展为农业，农业的大部分已经由非自愿劳动完成。在地里干活的人往往是奴隶或农奴，他们没有薪水，做这项工作，仅仅因为这是他们唯一的生存途径。工作本身不仅无聊，而且非常辛苦。机械可以减轻人类的这种工作，也减少强迫他人从事痛苦劳动的动机。

这是真的，而且很重要。只要有燃料使之运转，我们就不应该假设生态文明视野下的农业不使用机器。应该将苦差事减少到最低，但机械化并不是实现这一目标的唯一方法。与大型种植园相比，仅仅拥有小型的、家庭所有的、多元化的农场就已大大减少了单调的苦工。

我的好朋友，美国土地研究院院长韦斯·杰克逊，开发了多年生的农作物，与我们现在所依赖的一年生作物同样多产。有了多年生作物，就不再需要耕地。如果这些多年生作物以混种的方式生长，对杀虫剂和除草剂的需要将会大大减少。显然，需要的苦差事也会少得多。这可能是对生态文明的一个巨大贡献。

杰克逊已经开发了一个类似于小麦的高产的常年作物，他正在中国研究旱稻的常年作物形式。如果中国对建设生态文明是严肃的，就会支持并发展这些。为了创建生态文明，我们还需要巨大的、综合性的努力。这样的努力在农村开始，比在大城市更可行。生态文明涉及与土地及其生物的关系，也关乎人类社会。

只有当这些人群与土地及其生物以合作和相互支持的方式彼此联系，而且是简单地彼此联系时，才能实现生态文明。这要求所有人的基本需求得到满足，要求人们的生活是有趣的、令人满意的，要求人们理解并欣赏自己和他们的小共同体，以及他们作为其中一部分的更大的共同体。

一个真正不寻常的例子，是在我住家附近的帕萨迪纳市的一家，它被称为"南加利福尼亚州的桃花源"。在很小的土地上，这个家庭已经开发了各种各样的卓越技术，其净效能是惊人的。他们很乐于分享他们的发明和技术，中国如果想帮助成千上万的农民大大改善生活，向"南加利福尼亚州的桃花源"学习，应该不失为一条捷径。

我相信，在新的高效的耕作方法上投资，远比让农民背井离乡到遥远的城市打工，更能改善农民的经济条件。它肯定会给家庭和村庄带来社会性的益处。这将永久地加强乡村在未来危机中的生存能力。

中国要成为一个生态文明国家，首先需要在食物上自给自足。眼下的中国还是个主要的粮食进口国，很大程度上是因为对肉类食品日益增长的需求。1 卡路里[①]的牛肉需要 10 卡路里的粮食。中国若成为肉食社会，则无法在食品上实现自给自足。大量消费肉食对健康也是十分不利的。如果中国要成为生态文明的国家，就迫切需要对公众进行肉食危害，特别是红肉危害的教育。当然这并不意味着农民不应该吃鸡鸭羊肉，这些牲畜是他们传统农耕系统的有机组成部分。

---

① 卡路里为非法定计量单位，1 卡路里＝4.186 8 焦耳。

至少对园艺而言，我们可以做很多工作来改善土壤、减少害虫和杂草，降低用水量，但在某种程度上，对农业而言也可以如此。许多中国农民可能已经在做这些。但我猜想，有些人做得比其他人更多，有许多别人已经实现的技术可以供人学习，也有很多东西都可以被接受以便学习更多。很可能小农场的鱼类生产，提供了饮食多样和改善饮食的另一种形式，而且可以与其他收益相结合。

我不希望，我这些具体的例子和建议被太当回事。在这些问题上，我并没有什么亲身经历。在一个地方管用的东西，在另一个地方可能并不适用。我真正想说的是，一个地方的农民可以向其他地方有成功经验的农民学习，几乎所有的农民都能够以基本令人愉快和满意的方式得到改善，因此，这一实践过程就能够建立起自力更生和相互尊重的乡村共同体。

三、政府的角色

这对政府的政策意味着什么呢？这意味着如果政府认真考虑建设生态文明，那么它就应立即付诸实践。

我建议在省政府和大学之间建立密切的工作关系。建议大学鼓励成千上万青年学子组成团队，去村庄与村民同住至少一个月，去倾听农民关于如何改善自己生活的想法。在此期间，他们也可以互相讨论自己正在学习的东西、给与之一起生活的村民讲讲其他村庄的人们想要什么。这样，不用将自己的想法强加于他人，就可以使每个村庄的讨论丰富起来。

之后，学生们向政府和校领导展示他们的研究成果，看看农民的哪些需求可以得到满足。有时，可能需要聚集几个村庄的代表与政府官员合作开展一些项目。如果村民觉得官员真的倾听自己并回应自己，就会发展出彼此信任的关系，有了这样的关系，村民们也会认真地听取建议。

同时，大学将考察国内外密集型有机农耕的经验和土壤改良等方面成功的项目，并将这些提供给地方政府和农民借鉴，以改善乡村人民的生活。

倘若如我所希望的，在两到三年内，这种项目对个体农民的生活和农村的士气，产生了相当大的影响，那么我就认为这是成功的。一种衡量成功的方式可能是，一些背井离乡在城市打工的人，决定回到家乡投身于改善家乡的建设中。如果这一项目在一个地方成功了，或许它的改进版就可能在其他地方大规模地推行。也许在 10～15 年内，整个省都会发生改变。

生态文明必须从底部生长，并建立在人民的信心不断增强的基础上。但这并不减少政府的作用，没有政府的支持和领导，生态文明就不会发展。

因此，生态文明的发展能够而且必须从顶部激发和培养。政府的目标应该是改善土壤、提高食品质量、增进经济安全与人民的福祉，提升他们在日益困难的条件下的生存能力，提高村庄的士气和人们共同采取进一步措施的信心。这样做，也会改善村庄之间的联络与交流。只有农民意识到自己是改变自己生活的主体，进步才会具有持续性。

我已经阐述了我所认为的生态文明的基础。很明显，生态文明还涉及大城市的改变。以上勾勒的，仅仅是为了反思和讨论所需要的最基本的出发点。但是我相信，在继续走向死亡的全球背景下，朝着这个方向前进是选择生。我深切地、殷切地希望中国会选择生而不是选择死。

在结语中，我承认我的担忧，那就是担心，为中国如何走向生态文明提供一种非常错误的观点。我已经分享了将生态文明与后现代文明予以结合的观点。

四、后现代文明和生态文明

在西方，这种关联是真实的、不可避免的。现代化是既成事实，现代思想的地位至高无上，它是直到最近才受到严重挑战的。拒绝现代的统治，必然意味着对后现代的呼唤。今日的西方，生态意识日益觉醒，各式各样的生态运动正在蓬勃发展。我们欢呼这些发展，正在寻求一个将这些发展整合起来的视野。我们在怀特海的思想中发现这种视野，将其称为"后现代"是现实的，也是恰当的。

但这不适合中国的情况，当然也不适合中国农村的现实。将生态文明与中国的后现代等同起来，容易给人以误导，似乎中国应该首先实现现代化，然后再走向超越现代的东西。在中国已然实现了现代化的地区，这是有意义的。因为一个人必须从当下开始。

然而，对于尚未实现现代化的地方，生态文明的理想需要不同的战略。例如，中国现代思想从未真正完全超越儒家的理解深度。这提供了机会，以避免某些最糟糕的现代性，也增加了走向生态文明的可能性。为了在走向生态文明之前完成现代化进程，而试图摧毁残余的儒家影响，这将是一个可怕的错误。更新和加强中国古典思想才更有前途。

在美国，现在已经没有乡村文明了，它在几十年前就被毁灭了。不满现代化的人们一直在推动回到大地、回归自然的运动。最近一些年对有机农耕的呼唤也日益高涨。这都可以看作是走向生态文明的努力，自然也是走向后现代的努力。

美国人已经失去了从前现代的乡村社会直接进入生态文明的机会。如果我们那样发展，就会减少许多灾难。在过去一个世纪中，我们所做的大多数事情都是错误的，中国今天绝不应该重蹈我们的覆辙。

中国大体上仍然是一个传统社会，直接进入生态文明的发展抉择带给中国一个千载难逢的伟大机会。抓住这个机会将是选择生。重复西方的错误，将现代化模式强加给农村则是选择死。我恳请你们：请选择生！请抓住直接进入生态文明这一千载难逢的伟大历史机遇。

中国农业国际合作层次结构的认识

赵其波　　胡跃高

农业国际合作是我国农业安全体系的重要组成部分。通过适当利用全球农业资源，可以部分减轻我们当前的压力。此外，通过开拓全球农产品市场，可发挥我们的比较优势，发展农业经济。近年来实践表明，农业基础地位和国内外政治经济形势决定了我们必须稳妥、谨慎、渐进地推进农业国际合作进程，即我们需要制定系统的发展战略。本文结合国际、国内形势，在综合分析农业国际贸易、投资、体系建设基础上，分别进行周边国家层次、亚洲层次和全球层次统筹发展分析，为未来农业国际合作发展提供理论支持。

一、中国农业国际合作发展现状考察

（一）农业贸易

1. 贸易规模状况

2001 年以来，按照世界贸易组织承诺，中国逐步降低农产品进口关税，简化进出口程序，促进了农产品贸易发展，农产品贸易总额从 2001 年的 274.54 亿美元，增长到2013 年的 1 866.6 亿美元，增幅 853.38％。其中出口额从 2001 年的 158.42 亿美元增长到 2013 年的 678.3 亿美元，增幅 328.17％；进口额从 2001 的 116.12 亿美元增长到 2013年的 1 188.7 亿美元，增幅 923.68％。从客观观察，我国农业在上述发展中基本处于被动局面。究其原因，在于我们依然缺乏完善的农产品贸易机制，如在粮、油等农产品方面，尚未形成稳定的全球供应链，不易规避日趋复杂和竞争激烈的国际市场风险。未来发展目标应当完善农业贸易机制，保持进出口渠道通畅，建设稳定、多元化的供应链和出口市场，提高我国适应和调节全球农产品市场风险的综合能力。

我国农产品贸易快速发展的重要特征是贸易逆差问题日益凸显。农产品国际贸易于2004 年开始出现逆差状态，连续发展的 2013 年，贸易逆差额达到 510.4 亿美元，9 年间增长了 828％。随着中国粮食等供需矛盾加剧，贸易逆差成为常态化。贸易逆差现象一方面反映了中国经济增长迅猛，农产品消费势头强劲；另一方面也表明我国农产品国际竞争力弱，如劳动密集型农产品优势未能伸张，贸易品牌缺乏，产品价格不具有竞争力等。

2. 贸易结构状况

近期我国保持了果蔬类农产品出口优势地位，较好利用了国外粮、棉类土地密集型农产品资源优势，初步形成国内国际优势互补的贸易格局。在农产品出口方面，2001—2013年，我国果蔬及其制品出口保持快速发展势头，出口份额上升了 12.31％，粮、油类及其制品进口保持上升趋势，进口份额上升了 15.8%。需要注意的是，当前贸易结构发展形势暴露了农业贸易的重要变化，如国外享有高额补贴农产品低价大量进口，显著抑制和打压国内农业发展问题，直接影响国内农业安全，同时，从全球层面又削弱中国农业实力与话语权，形成系统风险，对国家安全产生影响。

3. 贸易方的分布

在近期农产品进出口格局相对平稳的背后，呈现出进口市场结构多元化，出口市场集中度下降，农产品贸易伙伴明显增多的趋势。对比周边国家和亚洲层次，亚洲依然是中国农产品出口的主要区域，但地位有所下降，即由亚洲市场占绝对地位演变为亚洲市场为主的格局。亚洲市场中由日、韩两国占绝对主导地位演变为日本、韩国和东盟三足鼎立格局。日本市场地位下降显著。在全球层次上，中国农产品出口对欧洲、北美市场保持稳定增长态势，美国的地位有所提升。在农产品进口方面，除欧洲和北美外，农产品进口来源地日益广泛，南美洲地位明显提高，其中巴西和阿根廷表现尤为突出[1,2]。

我国在周边国家层次上保持有发展潜力。西北地区与中亚，东北地区与韩国、朝鲜、俄罗斯远东地区，西南地区与南亚区域国家的边贸格局已经成型，但未形成规模化合作关系。未来这类地区将成为极具潜力的农产品贸易发展层。

亚洲层次中南亚、中亚和南太平洋地区，全球层次中拉丁美洲、非洲、大洋洲地区有较为丰富的农业资源和较大的农产品消费市场，它们与中国有较好的农业互补优势，目前农业双边贸易较少，为未来潜在农业贸易重点发展空间。

（二）国际农业投资

1. 投资规模状况

在农业"走出去"政策指导下，中国农业对外投资规模持续扩展。2003—2012 年中国农林牧渔行业对外直接投资净额从 2003 年的 0.81 亿美元增长到 2012 年的 14.61 亿美元[3]。从总体看，中国农业对外投资起点低、增量少。2010—2011 年中国农业对外投资占全部对外投资比重仅为 1.0% 左右[4]，与其他行业相比，农业对外投资处于明显弱势地位[5]。究其原因，在于农业对外投资面临多种约束与障碍：①自身能力约束。主要为对外投资主体相对于欧美农业跨国集团在资金、人才和管理方面处于劣势，不能适应境外农业项目投入资金大、回收周期长、风险管控难度大的形势要求。②国内支持服务体系约束。主要为相关管理机制不完善、信息服务不到位、国家层面对国外农业投资风险防控能力弱等方面。对农业对外投资的支持力度有限。③中国农业对外投资依然面临较大的国际投资环境与政治、政策约束等较难克服的农业对外投资障碍，需要在国家规划指导下，通过政策和资金、技术、管理、市场等优势地位，提高农业对外投资竞争力和抗风险能力。

农业作为基础性产业，是我国引进外资的重点领域。进入 21 世纪以来，中国农业引进投资进入快速发展期。2001 年农业引进外资规模为 8.9 亿美元，2012 年为 20.6 亿美元，增幅为 133.7%[5]。与国家引进外资总量比，存在规模明显少、比重低的问题，2001—2012 年农业外资利用率不到总数的 2%[6]。从现实需要看，我国农业利用外商投资有较大增长潜力和开拓空间。要扩大农业引资规模，就必须改善农业引资环境，重点解决好农业基础设施不完善、农民素质低、农村社会建设水平低等问题。

2. 投资结构状况

中国农业对外投资的合作领域整体在向多元化方向转变[6]。总体而言，目前适当集中在第二、三产业[7]，土地密集型资源开发项目较少。主要因为各国在全球化发展中，普遍加强了对本国农业的保护力度。这也凸显出农业对外投资的时代特征，今后我国宜集中精力在投资国打造涉农第二、三产业链。提高产业终端管理能力，实施农业投资主体在投资国的本土化发展战略，消除投资政策壁垒，逐步与第一产业联系，融合一、二、三产业，形成农业对外投资的全新模式。

在我国农业对外开放进程中，除了少数明令禁止的行业以外，外商投资几乎涵盖了中国农林牧副渔所有领域，形成了较为完善的产业链。比较典型的是外商对我国粮食产业链的布局，这使中国农业安全面临新挑战。如外商投资对中国农业资本的挤出效应，可导致中国减弱农业控制力，威胁农业安全，这在大豆产业上已经得到验证。当前战略重点应为采取循序渐进方式，通过政策扶持，增强农业急需、薄弱环节能力。如中低产田改造、农业基础设施建设和农业生态环境治理等项目对外资的吸引力。同时以立法形式限制外资对中国重点农业行业的进入与渗透，限定外资在农业领域的最高投资比例。实现中国农业利用外资从"量化引资"向"质化引资"的过渡。

3. 投资分布格局

中国农业对外投资分布五大洲。主要投资目的地集中在周边国家层次和亚洲层次。其中包括老挝、韩国、越南、柬埔寨、泰国、缅甸及中国香港等国家和地区。在全球层次上中国农业对外投资虽然覆盖较广，但投资力度小，主要分布在水土资源丰沛的或与中国农业贸易关系较为紧密的国家和地区。如非洲的赞比亚、埃塞俄比亚、坦桑尼亚等国家；欧洲的俄罗斯、法国、德国、英国等国家；美洲的美国、加拿大、巴西、阿根廷等国家[6]。按照比较优势原则和由近及远的原则，今后潜在的农业扩展投资目的地包括周边国家层次上的澜沧江—湄公河次区域经济区、图们江流域区域以及已经有所发展的我国东北、西南和西北地区的跨境农业合作区域。在亚洲层次上包括南亚、中亚、中东和南太平洋地区及东盟主要经济体；在全球层次上主要为拉丁美洲和非洲地区国家。值得关注的是，当前过于广泛的全球农业投资布局使后续发展面临资金、人员、管理方面的压力，下一阶段的重点应继续在全面展开的基础上，进一步确定重点地区、重点项目，集中资金、人力、技术资源形成产业核心竞争力。然后以点带面，点面结合，示范带动，整体推动农业对外投资的全球化发展。

从农业引资来看，存在着引资渠道单一问题。我国香港和台湾，亚洲层次上韩国、日本和新加坡，全球层次美国和欧盟是中国农业引进投资的主要合作对象。相比而言，除了我国香港、台湾以外，其他层次的经济体对中国农业投资相对较少[8]。今后战略重点应当继续采取措施，在周边国家层次、亚洲层次和全球层次吸引有稳定投资或者贸易关系，并具有特殊优势农业产业地位的国家或地区，加大对我国农业投资力度，通过外资带动，实现中国同类产业与全球优势产业对接。

（三）体系建设

1. 周边国家层次及亚洲层次

在周边国家层次上，中国已经形成了多个跨境农业合作体系。中国与东盟、新加坡、巴基斯坦的自贸协定，我国内地与香港、澳门的紧密经贸关系安排，大陆与台湾的海峡两岸经济合作框架协议已经全面实施。在亚洲层次，亚洲合作对话论坛、亚太经合组织、上海合作组织、中国-东盟农业合作机制、大湄公河次区域经济合作、澜沧江—湄公河次区域合作计划、图们江流域开发计划等都把农业合作列为重要的合作领域，为中国加深与亚洲层次的农业合作提供了机遇和平台。从总体看，与欧盟、北美自贸区等相比，亚洲农业一体化制度体系建设相对薄弱。周边国家层次在东部、西部、西南、南部跨区域农业合作制度安排上有进一步发展潜力。这构成了中国农业在周边国家层次和亚洲层次发展的潜在空间。

2. 全球层次

中国重视并积极推动全球范围内的农业合作体系建设。中国已与世界贸易组织、联合国粮农组织、世界粮食计划署、国际农业发展基金会、国际农业研究磋商小组等国际组织建立了广泛而深入的合作关系。同时，中国积极参与国际领域的重大涉农政策和规则的修订。如中国参加了世贸组织新一轮农业谈判、自由贸易协定的农业谈判、国际植物遗传资源协定修改等。此外，中国在全球范围内开展了多层次的农业交流，与美国、加拿大、德国、英国、法国、新加坡等多个国家签署了可持续发展、能源、环境等方面的合作协议。通过体系建设，为中国农业走出去创造了良好的外部发展环境。客观来看，中国在国际事务中的代表权和话语权与欧美发达国家相比差距明显。我国在争取全球农业组织中的地位和发挥作用方面依然任重道远。

要加快农业国际合作发展进程，中国需要从全局高度部署农业贸易、农业投资和体系建设。其中农业贸易的重点为逐步建设稳定的全球供应链和出口市场，提高国内农产品国际竞争力，尽快建立国内产业保护机制、救济机制等；农业对外投资重点是对重点产业进行全球布局，组建跨国产业集团，提高全产业链条管理能力，加快形成竞争优势地位等。在农业引资方面的重点是改善国内投资环境，促进引资由"量化引资"向"质化引资"的过渡等；在体系建设方面的重点为完善中国在周边国家层次的合作制度，推动亚洲一体化制度建设，并逐步提升在全球层次各类组织中的地位和作用等。落实上述目标需要根据各区域生产与资源特点，进一步考察当前存在的挑战与机遇，形成发展共识（表1、表2）。

表 1 　2008—2013 年全球农业生产状况

项　目	亚洲	欧洲	北美洲	南美洲	大洋洲	非洲
谷物产量占全球比重（%）	45.1	19.3	18.3	6.2	3.9	7.2
畜产品占全球比重（%）	40.1	20.7	19.5	14.1	2.1	3.5
鱼类养殖产品占全球比重（%）	88.64	4.7	0.89	3.84	0.3	1.63
蔬果产品占全球比重（%）	45.5	15.3	11.2	14.2	1.4	12.4

备注：①中国、美国、欧盟、印度、俄罗斯是世界最大的谷物生产国（地区）；②澳大利亚、德国、荷兰是世界牛肉主要生产国，中国、美国、巴西和德国是世界猪肉主要生产国，澳大利亚、新西兰、俄罗斯是世界羊肉主要生产国，中国、美国、巴西、墨西哥是世界禽肉主要生产国；③中国、印度、越南、印度尼西亚、孟加拉、挪威等是世界养殖鱼类主要生产国；④中国、巴西、美国、意大利、西班牙、墨西哥、印度尼西亚、伊朗、菲律宾等国是世界主要蔬果生产国。以上资料由 FAO 网站资料整理。

表2 2008—2013年全球农业资源状况

项 目	亚洲	欧洲	北美洲	南美洲	大洋洲	非洲
耕地占全球比重（%）	36.92	20.52	17.8	9.1	3.5	13.44
人地承载压力	1.88	0.58	0.31	0.95	0.14	1.1
水资源占全球比重（%）	36.1	8.3	15.2	26.2	5.2	11.1
水资源承载压力	1.9	1.7	0.5	0.2	0.1	1.4

以上资料由 FAO 网站资料整理。

二、当前农业国际合作面临的挑战

（一）农业内生动力不足

1978 年以来，中国农业取得的成就世界瞩目。从当前形势观察，依然存在农业发展内生动力不足问题。包括：①资源环境压力与工业化农业生产方式互作，使中国农产品面临着农药、重金属、兽药、食品添加剂、生物毒素等有害物质的污染问题，农产品安全生产面临严峻考验。②人多地少是中国基本国情，保障粮食安全是中国农业必须长期面对的战略问题。随着工业化和城镇化发展进程加快，今后农业水土资源紧张矛盾与气候变化等环境问题和人口增长等因素相叠加，对粮食发展约束将越来越强化，粮食安全形势日趋严峻。③中国长期积累的农业投资投入不足，农村资金短缺，生产要素持续外流、农户小规模分散经营等问题，成为农村牧区发展的根本难题。从当前形势看，农村牧区经济、社会发展面临巨大压力。如人口快速外流引发空心村问题、农村生产功能弱化问题、城乡二元结构分化问题等。农村牧区处于农村社会转型困难时期。④中国经济的快速发展是通过大量出口廉价的劳动密集型产品实现的，而相当一部分出口产品是通过对资源密集型农产品加工生产出来的，高强度的工农业生产给中国国内农业生产环境带来严重的地理安全问题。环境污染、土地荒漠化、水土流失、生物多样性减少等问题客观存在[9]，部分已经到达危机爆发的边缘。

（二）外部性问题

中国农业存在的内生动力不足问题，说明中国仍是农业大国，还不是农业强国，因而容易遭受全球农业发展消极影响。与此同时，中国农业的外部性问题逐步显露。在周边国家层次、亚洲层次和全球层次上，中国农业对其他国家或在不同程度上形成压力，中国农业国际合作发展的外部性制约突出。①中国已经成为世界上最大的粮食进口国。粮食进口需求引发国际社会对中国粮食需求增长，可能导致全球粮食供应短缺，引发全球粮食安全的担忧。中国农业"走出去"面临不利的国际舆论环境，"中国新殖民""资源掠夺论""中国威胁论"时有耳闻[7]。中国国际形象不断受到冲击，农业国际合作发展蒙受较大的负面影响。②近十年来中国农业国际贸易投资和制度层面的角色日益显著，打破了国际原有的势力均衡，在全球范围内形成一定的竞争压力，今后随着中国农业劳动生产率提高和农产品质量提升及农业"走出去"的步伐加快，中国在全球农业产业体系的竞争地位将凸显，这在全球范围内面临更多的外部冲突，其中的典型范例是当前世界范围内的针对中国农产品准入的国际绿色壁垒日益苛刻，特别是欧盟、日本等国分别针对中国出口农产品提高了进口要求，使中国农产品对外出口贸易遭遇发展困境。③中国农业高耗能、高污染的生产方式不可避免对周边国家层次、亚洲层次和全球层次产生环境的外部效应，同时随着中国经济发展水平提高，国际社会对我国的定位和期望发生转变，要求中国承担更多的全球环境治理的责任和义务，未来可能在全球范围内实施的碳关税和农业减排等新制度，虽在长期内对调整中国农业结构、改善环境有着一定积极作用，但短期中期将产生深刻影响。

（三）冲突增强

中国农业内生动力不足和突出的国际效应与当前复杂的国际政治经济形势相互作用，使中国在周边国家层次、亚洲层次和全球层次均面临投资、贸易、体系建设等方面的冲突。①在全球层次上，中国面临较为激烈的冲突与威胁，中国与美国、欧盟存在着较多的贸易纠纷与制度冲突，如美国、欧盟、新西兰等普遍实施的巨额补贴和农产品的技术性贸易壁垒以及卫生与植物卫生措施，人为提高了其农产品竞争力，使我国与美国和欧盟国家的贸易纠纷频繁发生。此外，欧美国家左右着全球的转基因安全、气候变化等新领域的国际话语权，如在《转基因作物研究和安全性评价规程》《全球气候变化对农业影响的研究议程和公约》制定、实施过程中，中国很难有机会和条件表达我国的主张和影响，其目标和出发点主要围绕欧美发达国家利益制定，与中国分歧大。在投资冲突上，中国与美国、欧盟、巴西、阿根廷、俄罗斯等国家存在着较多的投资冲突。如巴西国土资源局在 2010 年出台了新法令，禁止外国人、外国企业和外国控股的巴西企业购买 250 公顷以上或租赁5 000公顷以上的土地，也禁止购买或并购拥有土地所有权的巴西企业，俄罗斯、非洲部分国家也相继出台了类似政策[7]。②中国在亚洲层次面临较多的挑战与冲突，中国与日本、韩国、印度、东盟存在一定贸易冲突，中国与中亚国家、东盟存在一定的投资冲突，此外由于亚洲国家的彼此信任度依然较低，今后亚洲一体化建设还将面临较为紧迫的体系冲突。③总体而言，中国与周边国家农业合作的冲突性较小，中国与周边国家有着明显的贸易互补优势，贸易纠纷很小。此外，周边国家多属于人口较多、资源相对匮乏、经济欠发达的国家，需要外来资金、技术助其发展农业，与中国在农业投资方面存在较少冲突，体系建设方面也如此。

中国农业存在着显著的内生动力不足问题。中国农业在对外传递着自己的外部性的同时，也在面临和承受全球农业的负面性。中国农业在全球化发展进程存在着较多现实和潜在的冲突，并往往在冲突中处于不利地位。中国农业的冲突性在一定程度上是由中国农业的外部效应引发的，但中国农业的外部效应归根结底又植根于中国农业的内生动力不足。

三、农业国际合作发展建议

中国农业国际合作有着鲜明的层次性，周边国家层次、亚洲层次和全球层次组成了中国农业国际合作进程的三元空间。今后中国不仅需要从全球层次考虑农业的发展，而且需要借助地区的力量，从周边国家层次和亚洲层次着手，统筹规划中国农业国际合作发展战略。

（一）实行国内分区域协同战略，夯实对外合作基础

中国实现农业国际合作发展战略，需要一个良好的农业区域发展环境，中国应当重点开展周边国家层次农业合作。中国自然区域周边农业发展格局非常复杂，需要更细化的发展部署。从国内情况来看，中国要实现全球化发展战略目标，必须克服内生动力不足问题。当前形势表明，统筹"内陆""沿边"和"沿海"三大区域，形成各省份全方位参与周边国家农业合作是必要。沿边省份与临边国家地理环境相似、气候类型相近、农业生产方式相符，有着较好的开展农业贸易和投资合作的基础条件。然而，这些省份发展水平在国内处于中下游水平，其本身并不具备足够的实力与周边国家开展农业贸易与投资合作。因而需要有横贯东中西、联结南北的战略设想，引入内陆省份和沿海省份，拓展周边农业合作空间，提升周边的整体实力。

以新疆为核心联动甘肃、宁夏和陕西等内陆省份，推动面向中亚地区的"陆上丝绸之路"经济带沿边国家农业贸易和投资合作；以广东、广西为中心引入广西、湖南和江西等省份，加快面向东盟的"海上丝绸之路"经济带的沿边国家农业贸易和投资合作；以云南为中心辐射到贵州、四川和重庆，开展孟中印缅经济走廊农业贸易和农业投资合作；以东北三省、内蒙古为中心并积极发挥北京和河北等华北省市作用，面向蒙古、俄罗斯开展农业贸易和投资合作；沿海省份也要参与到周边经济外交当中，要借助上海、江苏、浙江、福建和山东等沿海发达省市在周边农业合作的经济优势，形成海陆统筹、东西互济的呼应格局，扩大传统意义的大中华地理空间范畴。在方式上可以鼓励这些省份结合自身经济优势和需求，定向发展周边国家合作，扩大农业贸易和投资，加强农业合作。

（二）优先展开亚洲农业合作

从全球农业格局来看，亚洲是全球水土资源最为紧张和粮食安全形势最严重的地区之一，普遍面临较大农业发展压力，其中东亚、东南亚、南亚和中亚地区存在着相当严重的生态环境恶化问题。今后亚洲国家面临的共同任务是尽力发展亚洲农产品的国际市场，利用科学技术力量降低农产品成本，在发展农业的同时注意保护好自然资源，实现可持续发展。从历史经验来看，中国与亚洲国家农业合作的基础在于中国资金、技术、市场和经验等要素优势与主导地位，这个形势短期内不会改变，这为中国优先展开亚洲层次农业合作提供了历史性发展机遇。

中国要实现农业国际合作发展目标，必须要将中国农业安全与亚洲农业安全结合起来，形成良性互动，中国应当致力于参加和维持亚洲农业安全，积极参与南亚、西亚、中亚等国家地区的农业开发和农业援助，在国力承受范围之内帮助其消除饥饿和农村贫困。中国要依托亚洲的力量，需要积极扩大亚洲农产品市场，推动亚洲各国建立贸易冲突解决机制，在取得共识的基础上，提高区域内的彼此信任度，并依托东盟、上海合作组织、亚太经济合作组织的力量，加快亚洲一体化发展进程。中国应当继续巩固中国与东盟各国、大湄公河次区域、南亚地区、中亚地区的农业合作，在解决投资冲突中寻找共识，利用我国资金和技术优势，在亚洲水土资源充沛地区如印度尼西亚、菲律宾和中亚地区发展热带作物、水

稻、棉花、小麦生产等；在人口密集的南亚、东南亚地区，发展劳动力密集型蔬菜、水果种植、水产养殖、工厂化养殖产业。通过深化与亚洲的农业合作提升中国农业的国际地位。

（三）实行重点突破与全面拓展结合方式，推进全球农业合作

在全球层次上虽然中国面临着较大的贸易、投资和制度冲突，但当前形势对中国开展全球农业合作总体有利，是中国农业"走出去"的重要战略机遇期。在金融危机和欧债危机影响下，许多欧美发达国家的跨国公司出现经营困难，为中国农业企业通过"海外并购"方式"走出去"创造了历史性机遇，同时南美洲的诸多国家经济发展缓慢，资金匮乏，农业技术遭遇瓶颈，亟须引进先进适用的技术，实现产业升级，此外，非洲的欠发达国家面临着基础设施薄弱、农业技术落后、农产品供给严重不足、粮食价格波动剧烈等挑战，需要国际社会向其输出资金、技术、种质资源等，提高农业生产能力，保障粮食供给安全。当前主要任务是抓住机遇，尽快在全球层次组织实施农业国际合作战略。

中国要实现农业国际合作目标，应当加强政府间协商对话的意识、能力和氛围，减少与美国和欧盟在贸易、投资和制度上冲突，继续加强与美国和欧盟农业合作，实行重点与全面拓展结合方式，并不断拓展新的农业合作空间。根据我国国情和东道国需求，通过政府间磋商谈判，争取农业合资合作项目，赢得东道国政府的支持，保障我国投资主体与东道国企业享受同等国民待遇的权利。具体路径是，在非洲和拉丁美洲继续增加农业投资，逐步形成稳定的粮食生产供应基地，通过渐进融入全球粮食加工、仓储、运输、贸易、金融产业链，使中国逐步成为世界粮食体系中的重要力量；同时继续加大以草原畜牧业为主的大洋洲农业区、欧洲、北美农业区的农业投资，通过对畜牧产品深加工产业链进行产业融合，形成中国的牛肉、羊肉、奶制品等畜牧产品的全球生产、供应基地；以非洲和东南亚两大区域、太平洋、大西洋和印度洋等海域为中心，构筑中国远洋渔业和浅海、深海人工渔业养殖区域格局；通过谈判和磋商，在继续巩固发展全球层次范围内的主要贸易伙伴基础上，加强与拉丁美洲、非洲、大洋洲的贸易合作关系；积极参与国际农业组织，深化中国影响力，提高中国话语权，营造良好的国际发展环境。

四、结论

中国人民用勤劳、智慧创造了以占世界 7% 的耕地养活了 22% 的人口的伟大成就，为全球树立了保障农业安全的典范。2050 年全球人口将达到 90 亿人，全球变暖、水土资源短缺将使新增人口的生计面临困难[10,11]。中国农业经验将有助于推动全球走出农业困境。从这个意义来说，世界需要中国农业走出国门。

当前世界农业发展极不平衡和政治经济关系异常复杂的现实，决定了中国农业国际合作必须在周边国家层次、亚洲层次和全球层次统筹农业贸易、投资、体系建设，有步骤、有重点地在实现双赢前提下推动农业国际合作。为打消国际社会对中国的疑虑，中国必须首先解决好国内农业问题，在提升中国农业内生发展能力前提和基础上，继续巩固发展现有农业合作关系，通过分层次推动与跨层次重点合作方式，推动中国周边、东亚地区、"一带一路"区域农业合作，稳步推进中国农业国际合作发展。

【参考文献】

［1］庞玉良.2010 年我国农产品进出口贸易监测报告［J］.农产品市场周刊,2011 (8)：34 - 39.

［2］孔祥智,丁玉.我国农产品进出口贸易的特点及趋势：1998—2011［J］.经济与管理评论,2013 (1)：103 - 112.

［3］程国强.境外农业资源利用的现状与问题［EB/OL］.［2014 - 01 - 21］.http：// www.cet.com.cn/wzsy/gysd/1094105.shtml.

［4］陈伟.中国农业"走出去"的现状、问题及对策［J］.国际经济合作,2012 (1)：32 - 37.

［5］刘烨.我国农业利用外商直接投资问题研究［J］.山东经济学院,2010,26：130 - 135.

［6］中商情报网.2013 中国境外农业投资分析报告概要［EB/OL］.［2014 - 01 - 04］.http：// www.askci.com/news/201401/04/041126135281.shtml.

［7］韩琪.对中国农业对外投资规模状况的分析与思考［J］.国际经济合作,2010 (10)：13 - 17.

［8］商务部外国投资管理司,商务部投资促进事务局.2011 中国外商投资报告［M］.北京：经济管理出版社,2011.

［9］新华网.环保部国土部发布公报称全国 16％土壤面积遭污染［EB/OL］.［2014 - 04 - 18］.http：//www.huashengjp.com/article - 72053 - 1.html.

［10］TILMAN D, CASSMAN K G, MATSON P A, et al. Agricultural sustainability and intensive production practices［J］.Nature,2002,418 (6898)：671 - 677.

［11］BYERLEE D, DEININGER K. Growing resource scarcity and global farmland investment［J］.Annual Review of Resource Economics,2013,5 (1)：13 - 34.

魂牵梦绕的那一处

——记台湾乡间休闲游

朱安妮

台湾的薛璋先生是一位资深的环境规划师，常住上海已经十多年了，参与了内地一些地区的农村新建规划设计，业内颇有名气。和他及他的夫人洛珊相识以来，一同考察过许多农村，薛先生对某些有着悠久文化历史和美丽风景的古村落，总是对开发者说，这里不适合做观光旅游，适合做乡村休闲游。开始我并不完全理解这两者之间本质上的区别，渐渐的听得多了知道众游客匆匆来又匆匆去到此一游式的观光，无法让人停下来慢慢享受山野的幽静、感受传统生活方式的魅力，也无法体现这类乡村自身的价值。他常说，台湾这方面做得很好，可以去台湾看看。于是就有了利用特殊的小长假，和朋友一起开始了期待已久的台湾部落游、民宿行。

2004 年，我第一次到台湾，阿里山、日月潭、太鲁阁这些大陆游者必去的地方曾给我留下了很深的印象。这一次的自由行走路线是由台湾《有机志》杂志的萧顺允社长和他的夫人刘凤招女士设计安排的。凤招也担任杂志的主编，前年她到北京参观考察有机农场和市集，我曾参与安排及陪同，因此我们也是熟悉的朋友了。萧先生和凤招，在办杂志的十多年里，对台湾的有机小农户非常了解，有许多农民的故事是被他们挖掘报道出来的，他们还组织大型有机产品展览，帮助农民宣传产品。薛先生夫妇先于我们一天返回台湾，此行由四位台湾朋友陪同我们三位来自北京、上海、南京的从事有机农业的女士，规格可想一般。

一、宜兰大山深处的"不老部落"

计划书里的第一站便是探访原住民泰雅族的"不老部落"。自驾车停在山外小村一个空地上，部落里的两位年轻人在那等候我们，换乘上他们开的越野车，便向山里进发了。为我们开车的小伙子叫"剀利"，车技娴熟，车开得很快，进山后走了一段很陡的泥石路，当车停下来时，眼前只有一条通向密林中的小路了。我们必须步行穿过这片雨林才能进入村落，一种神秘感让大家都很兴奋，真正的游程开始了。剀利告诉大家必须跟着另一位泰雅族小伙子走（可惜没有记住他的名字，就暂时称他为"塔利"吧），因为路边有捕捉野山鸡的套，还是有危险的。塔利一边在前边带路，一边向我们介绍这里的野生动物的习性和捕捉方法，还介绍路旁可以食用的野生植物，有些我们在午餐时可以吃到。顺道还去看了他们在林地里培养的山菇，剀利说山菇要长 10 个月以上，他教大家如何辨别可以采收的山菇，大家亲手采摘几枚装进一个背篓，中午就有一道菜是烤山菇。

走出林地，眼前一段小山崖矗立，塔利说要进部落了，要用泰雅语问候主人，得到回应后才可进入。"Lu Kah So"是泰雅语你好的意思，于是我们对着山崖齐声大喊："Lu Kah So"，回应声同是"Lu Kah So"，很近，就在崖壁上方。来到上面眼前为之一亮，一片空阔的地方，有几座大小不等的草房子，几个泰雅族年轻人非常亲切地迎接我们，他们已经为我们在一个大草房里生上了塘火。剀利说今天天真好，大家都很奇怪，阴天怎么叫好天呢？他说在山里不下雨就是好天。

走了山路，又被湿湿漉漉山气包裹着，大家围坐在火塘旁暖暖的，真有到了家的感觉。今天的主要接待者是剀利，也坐在火塘边，我们边喝着非常好喝的小米酒，手持一根木棍烤着肉，边听他用当地语言慢慢讲述泰雅族的历史、"不老部落"名字的由来、重建部落的缘由、年轻人怎样从山外走回部落生活、部落长与年轻人的对话、部落里现在的分工……午餐我们吃到了烤山鸡、烤山猪肉，是由塔利完成的。午餐的精美，和下午进入部落居住地的参观，我不想一一道来，就像我完全在不知情的状况下走进不老部落，享受了那种意外的惊喜，我希望为以后去的朋友有所保留，不去影响他们的亲身感受。

我想说的是这里的米酒很好喝，我喝得微醺，这里的蔬菜是他们自己种的，连小学生都有他们的菜地。主厨是剀利的舅妈，她唱了非常好听的泰雅族织布歌，剀利是个帅气的幽默的小伙子，从澳大利亚留学回来，他在山里的房子很大，很有味儿。塔利是个内向的男生，他的表姐却很像男孩子，下午她带我们在部落里看了其他作业组的场地。在织布的茅草工坊，我买了一条手工织的苎麻织品做纪念。台湾的原住民多是母系氏族，唯有泰雅族是父系氏族，女性劳作更艰辛，但她们对生活总是充满了希望，阿妈唱歌中说：女孩女孩，织呀织呀，织出美丽的衣裳，穿上成为真正的泰雅姑娘；女孩女孩，织呀织呀，织到出嫁时穿上，可以得到幸福和温暖；女孩女孩，织呀织呀，织一座彩虹桥，让全部的人跨过彩虹桥去到幸福的地方。我带回了一道"彩虹桥"，每当拿在手里，也感到了幸福和温暖。我还要说的是，"不老部落"每天接待的人不超过 30 人，预订要提前两个月。

他们小心地守护着祖先留下的这片山林，遵循简单的生活，"够了就行"。少量的客人，精心的接待，只是他们生活的一部分。部落里的老年人坚守着与自然和谐相处的生活方式，从中领悟自然哲学的理念，并以平和的心态传给年轻人，允许他们试错，使我这样的外来者也深感教悟。

不管我以后是否还会再来"不老部落"，她已经在我的精神里住下，成为我魂牵梦绕的"那一处"。

二、立德布洛湾的山月邨

台湾原住民原本分九个族群，我所知道的有阿美族、卑南族、邵族、邹族、排湾族、泰雅族，目前已成为 16 个族。太鲁阁族是从泰雅族分出来的，他们是世界上少有的会在面部纹饰图案的族群之一，如澳大利亚的毛利人也是喜好纹面。

布洛湾山月邨是一个相对成熟的休闲部落游的地方，很有特色的木架构的房屋，很好的餐厅，晚上还有演出。因为我们入住的比较晚，山里天黑快，所以第一天晚上我们把热情都放在餐厅里了。这里的接待也在百人左右，同一天还有一队来自法国的游客，品味美食是部落游不可缺少的部分，所以自助餐很丰富，中西餐都有，各种水果、果醋，颜色很鲜艳，还有自酿的小米酒，味醇色美，加之用部落里特有的陶制山猪杯品饮，别有感觉。

晚上的表演是在一个小会场里进行的，表演的孩子们是正在读书的中学生，他们大多是家庭困难及单亲家庭的孩子。村长把他们组织起来学习歌舞，他们在这里服务，会有一些收入补贴家用。简单认真的表演让人感到孩子们的淳朴。

第二天的清晨，我们各自选择了不同的活动，我去独自寻找穿越雨林的步行小路。走进林间小道，一边呼吸着山林的气息，听着鸟叫，一边欣赏各种奇异的植物，当我走出雨林，来到一片宽阔之地时，我看到了高山。晨曦中云雾轻绕着山峰，天是那么的蓝，景色是那么的美，部落就在群山环抱的盆地中。结果我迷路了，看到的小木屋虽然各不相同，但风格都很相似，我只好直接找到了餐厅。

这里安谧的景色和别致的小木屋加美食，还有浓浓的部落文化，让大家很喜爱，同来的上海朋友说，她准备下次和先生带孩子一起来住上三五天，好好地休息一下。

不说更多了，还是留给有意来玩的朋友一些惊喜。这里就是薛璋先生所说的休闲游，我已经领悟到了它和农家乐的不同了。布洛湾，一种可以住下慢慢品味别样风情，也是可以释放焦虑、舒缓疲惫身心的地方。

三、在伯朗大道上行走

伯朗大道在池上乡，又称金城武大道，他的一则广告是在这里拍的。已经入冬的宜兰，正是水稻成熟待收的另一个时节，大道两边蓝天白云下的金色稻田，让人有放飞奔跑的冲动。原来稻田可以这样美，也可以成为吸引远道的游人前来行走、奔跑、骑车、驻足拍照的景观。

我们一行人很快就分成了两队，一队4人一直顺着伯朗大道向前走，去看前方一棵更有名气的树，金城武在树下喝咖啡的广告，使这棵原本普通的树成为著名拍摄点，也被冠以金城武之树，这棵树曾被台风刮倒引起多少台湾人的关注，成为当时的重要新闻。我和薛先生、南京的有机水稻种植者宇清，我们一路走一路停下拍照。大道上奔跑的小学生，父与子的骑行，情侣牵手相伴而行都是我捕捉的画面，蓝天白云下的稻田，微风中的稻浪，美不胜收的景致，让人流连忘返。

池上乡是有机水稻较大面积种植地，在有机产品的市集上，常会有人向你展示池上风景图片，告诉你这是有机大米，是帅帅的金城武喝咖啡的地方，是时常听音乐的池上有机水稻米，说者话里总是透着自豪。

一片稻田一条路，一位名人一棵树，如此简单，这里没有旅游商品，没有小吃店，没有更多的画蛇添足式的人造景观，仅在大道的入口，有一个刻有伯朗大道的立柱，旁边还有一个巨大的木制相框，人在景中，景在画中，是游人最爱的拍摄景点。

休闲农业可以如此的从容，台湾的朋友潘先生说：内地不缺乏环境与技术，只是少了一点心灵的静谧与和谐。纯而又纯的游走，却也形成了一个新的热门旅游地，同时也带动了周边民宿的兴起。

河南晋开集团规模化粮田建设
经营项目研究（节选）

中国农业大学项目组

一、国内外粮食安全基本状况

我国正面临着粮食安全、食品安全、农村牧区安全、生物地理安全、国际农业安全这五大农业安全问题，其中的粮食安全问题排在第一位。只有牢牢抓住粮食安全问题，不断深入，才能最终逐项解决其他农业安全问题。解决粮食安全问题的关键，是首先必须对问题有全面系统的认识。

（一）粮食安全问题状况

1. 我国粮食进口规模不断增大，国际市场依赖度突破 10%

20 世纪 90 年代中期开始，中国粮食进口量大于出口量。2001 年中国加入世界贸易组织，当年进口粮食规模占消费量的 3.7%，之后进口速度加快，2013 年进口量为 8 645.2 万吨。我国粮食消费量的国际市场依赖度达到 12.6%（表 1）。受粮食进口连带影响，我国已经形成 50% 以上的植物油与动物蛋白质饲料依赖国际市场的局面。

表 1　2001—2013 年中国主要农产品进口量分析

单位：万吨

进口项目	主要农产品进口量					
	2001 年	2005 年	2010 年	2011 年	2012 年	2013 年
粮食	1 738.4	3 331.3	6 050.5	6 808.7	7 236.8	8 645.2
小麦	73.9	293.4	123.0	125.8	370.1	424.9
大麦	236.8	217.9	236.7	177.6	252.8	233.5
玉米	3.9	0.4	157.3	175.4	520.8	326.4
稻	29.3	52.2	38.8	59.8	236.9	227.1
谷类	344.4	672.2	570.8	544.7	1 398.3	1 458.0
大豆	1 394.0	2 659.1	5 479.7	5 264.0	5 838.5	6 337.5
棉花	11.3	265.3	312.8	356.6	541.3	414.3
油菜籽	172.4	—	160.0	126.2	293.0	364.3
食用植物油	167.5	621.3	826.2	779.8	960.0	809.8
糖	120.0	139.0	176.6	291.9	374.7	454.6
蔬菜	9.6	9.7	15.0	16.7	—	—
水果	86.7	114.5	275.4	341.8	342.5	312.0
进口农产品总额（亿美元）	118.3	287.1	725.5	948.7	1 124.8	1 179.9

数据来源：海关信息网。

2. 国内粮食生产经历 1949 年以来难度最大的爬坡过程

1949 年后，我国粮食生产共发生过两次大跌落。第一次在 1961 年（三年自然灾害时期），产量比此前最高水平的 1958 年水平降低 30.9％；第二次在 2003 年，比 1998 年降低 15.9％。比较而言，2003 年后，国家重视粮食生产，实现了十连增。但据统计资料显示，1996—2012 年粮食年增长规模为 531 万吨，年平均增长率为 0.98％，均处于 1949 年以来的年粮食增长率最低水平（表 2），由此表明，国家粮食生产正经历难度最大的爬坡增长过程，前景不容乐观。

表 2　1949 年以来我国粮食增长状况

年份	粮食总产（万吨）	间隔时间（年）	年粮食增长量（万吨/年）	年粮食增长率（％）
1949	11 318	—	—	—
1966	21 400	17	593	3.82
1978	30 477	12	756	2.99
1984	40 731	6	1 709	4.95
1996	50 454	12	810	1.80
2012	58 957	16	531	0.98

3. 国家粮食重心持续向北向西移动，生态环境安全压力增大

我国客观存在水土资源时空分布不均衡问题。南方与北方的耕地面积分布为 35：65，水资源分布为 81：19，这是我国粮食生产自古南重北轻、"湖广熟，天下足"格局形成的基础。同时，这也表明我国南方与北方和西北地区的生态环境差异大，北方、西北地区生态环境脆弱。但近期国家在粮食总产量持续增长的大趋势下，生产布局正在发生大比例的反常变化。1980 年南方与北方粮食产量比为 57：43，2013 年则逆转为 42：58。其中，辽宁、吉林、黑龙江粮食生产占全国比重由 11.1％ 增长为 19.5％，冀鲁豫由 18.9％ 增长为 22.6％，西北地区则由 11.8％ 增长到 15.7％。有资料显示，每向南方调运 1 吨粮食，意味着从北方输出 1 000 米³ 的水，这给当地脆弱的生态环境增加了更大的压力。

4. 粮价拉力严重不足，规模化生产落入石油农业陷阱

典型调查结果显示，单位面积粮食生产效益为每亩地 300～800 元不等，相当于果树、蔬菜及其他经济作物同等面积效益的 1/10～1/5；与养殖业相比，平均相当于一头猪、半只羊、半条牛腿、奶牛 10 天产奶量的收益；或为 3～10 天的农民工工资。在经济效益方面，种粮事实上已经成为最不受农民欢迎的农业生产选项，大部分农村能人、多数农业合作社很少在粮食生产上下功夫。粮食生产只剩下了规模化一条路可走。而目前的粮食生产规模化极可能滑向化肥、农药、除草剂、全程机械化的石油农业陷阱，即对石化能源的依赖度越来越大，由此导致农业生产系列发生不安全副作用。随着时间的推移，我国粮食安全形势趋于严峻。

5. 农业后备资源枯竭，粮食常规增产潜力不足

我国部分资源占世界之比为：陆地占 6.4％，耕地占 7％，草地资源占 7％，林地资源占 3.1％，湿地资源占 6.7％，淡水资源占 6％，磷矿资源占 36.7％，钾矿资源占

2.2%，煤炭资源占 19.2%，石油资源占 1.4%，天然气资源占 1.1%。由于我国长期连续高强度开发、使用农业资源，导致用于粮食生产的土地资源、水资源濒临枯竭，已经爆发荒漠化和水资源紧张等问题。此外，因后备可开垦粮田资源枯竭和粮食生产大面积稳步增产的科学技术储备不足，致使粮食增产潜力严重不足，粮食长期增产难度增大。

（二）食品安全状况

我国当前面临的农业安全问题，不单指粮食安全问题，还有食品安全、农村牧区安全、生物地理安全和国际农业安全问题。其中食品安全状况为：

1. 部分农业生产投入品超量或违禁，农产品原料污染严重

我国是世界上化肥、农药、饲料添加剂和饲用抗生素使用量较大的国家。存在化肥、农药、除草剂、生长调节剂、动物饲料添加剂和饲用抗生素种类生产与进口的监管不力，以及使用混乱、大量新投入品入市程序掌控不严等问题。这是食品安全问题泛滥的第一种形式。

2. 部分食品加工业因追求商业利益，添加违禁异物，造成安全风险

部分食品加工业在加工储运过程中，出于商业利益考虑，加入调味剂、着色剂、稳定剂、抗氧化剂、防腐剂、塑化剂和改性剂等；另外，在鲜活农产品商贩销售过程中，出于保鲜考虑，有时加入违禁保鲜剂，塑造商品感官效果。有关现象在行业内或单独作案，或彼此心照不宣，互助共犯，日复一日，损害了食品供应链。这是第二种形式。

3. 餐饮行业以色香味取人，不时发生违规掺杂问题

随着我国城市化高速推进，餐饮业顺势而起。餐饮业食品原料直接来自于农户或市场，烹调知识经验则源于传统习惯，操作宗旨基本指向取悦消费者的色香味爽感。于是，各种调味、调色和调嗅剂开放引入，加之监管不严，行业内部相互习染，长期累积，加重了食品安全问题。这是第三种形式。

4. 食材简化，高能食物畸形增长，社会整体营养结构失衡

我国水稻、小麦、玉米合计产量占粮食生产总量的比重，据统计，1952 年为 63.12%，1977 年为 77.47%，2010 年为 89.33%；而杂粮作物比重则由 1952 年的 7.35%降为 2010 年的 0.76%。从表 3 看中国膳食结构，整体呈现出高能量动物产品比重成倍、成 10 倍提高，动植物脂肪、食糖消费量大幅度增加的结构巨变特征。这是第四种形式。

表 3　1977 年、2011 年中国膳食结构演变

单位：千克/人

项目	1977 年	2011 年	2011/1977
粮食	297.7	416.8	1.4
植物油	2.1	19.5	9.3
糖	2.6	10.2	4.0
肉类	8.2	58.1	7.1

（续）

项目	1977 年	2011 年	2011/1977
奶类	1	26.7	26.7
水产品	4.9	40.9	8.3
蛋类	2.6	20.5	7.9
水果	8	93.4	11.7
蔬菜	84.1	494.0	5.9

数据来源：《中国农业统计年鉴》。

5. 形形色色的欧美饮食大量涌入市场，食物安全不确定性增加

我国不曾有消费棕榈油的历史，传统农业时期大豆油消费量极少，动物饲养中豆粕、玉米使用量低。但仅仅 10 多年时间，这些产品已经占据主导地位。欧美多国的食品、饮品大量涌入，麦当劳、肯德基、赛百味等品牌食品登上大众餐桌。国际上相当数量的植物、动物和微生物产品等涉农物品成批进入国内，汇入民族食谱，增加了食品安全的不确定性与风险性。这是第五种形式。

食品安全是保障公众健康的根本基础。目前我国食品安全领域发生了多重剧变，多种形式相互作用，直接影响公众健康。我国近期癌症、糖尿病、心脑血管病等代谢性疾病患病率井喷式上升，患者规模同时跃升世界第一，呈突发、高发、普发和续发态势，证明食品安全问题已经客观存在，严重干扰了国家社会经济健康发展。如：2008 年 4 月全国第三次死因调查结果显示，与 30 年前相比，全国癌症死亡率增长 80％以上，癌症在城市列为首位死因，在农村为第二位死因；糖尿病方面，我国 1979 年发病率仅为 0.67％，1994年增长为 2.5％，2002 年为 5.5％，2008 年为 9.7％，2013 年上升到 11.6％。另外，据国家卫生和计划生育委员会统计，我国心脑血管疾病患者已经超过 2.7 亿人。严峻的公共健康形势惊心动魄，发人深省。

（三）农村牧区安全状况

我国农村制度变革发生于 1978 年，牧区制度改革则在 1986 年。30 年左右后的今天，我国农村牧区安全状况表现为如下特征：

1. 青壮年劳动力持续大比例进入城市，农村生机衰落

一直到 1998 年，我国城市化率才达到 30.4％；之后步伐加快，2011 年达到 51.27％，城市人口过半，年城市化率增量为 1.6 个百分点。《2011 年中国农民工调查监测报告》显示，全国农民工总量为 25 278 万人，其中 16～40 岁占 61.7％，41 岁以上占 38.3％，同期农村劳动力中 41 岁以上部分占 75％左右（何宇鹏，2013）。这一城乡社会劳动力基本结构格局和以进入城市为首选的劳动力资源情况，意味农村向城市转移农民工，农村活力就将降低。农民打工者只要有条件，孩子一般会一同进城。一批批农民工因才智、机缘留在城市，老人也随后跟出。加之乡村学校撤点合并、新型农村合作医疗工作条件较弱等多因素作用，我国农村牧区普遍显露出家庭综合实力远低于全国平均水平的特征，农村社会生机越来越弱。

2. 乡村文化基础弱化，衰象频现

大量农村青壮年带着生产技术、生活经验进入城市，开始认识新的环境并流动生活，对于一代农民工自身来说是在经历锻炼成长与发展。但他们数以亿计，成十年在外，甚至永久离开乡村，"二代农民工"几乎100%转变为城市人，这在宏观整体上呈现为农村、牧区文化载体的消蚀与文化创新主体的逐步丧失。今天的农村、牧区如同在经历一场社会资本的"大出血"，农村老人、妇女、儿童"三留守"问题严重，安全状况不良，部分地方家族势力、黑势力抬头，宗教迷信活动升温，农村、牧区文化建设正能量严重不足，衰象频现。2014年2月，课题组对舞阳县马村乡湖西蔡村的调查表明，50岁以下的男性95%外出打工。其中30岁以上的男性基本做建筑工，在农忙时回归村里帮忙；30岁以下的基本进工厂，或搞电子信息服务，农忙时不回来；18岁以下的，则到南方寻找工作。务农劳力主要为50岁以上男性和30～60岁的妇女。1978年以来，全村有50位以上学生考上大专院校，无1人回乡务农。

3. 外力强势侵凌乡村事件如潮如涌，城乡矛盾尖锐对立

我国1978年前实行工农业剪刀差政策。1978年乡村与城镇居民收入之比为1∶2.36，1984年曾一度缩小为1∶1.71，之后再度反弹，1992年与1978年持平，2011年上升为1∶3.13。比较而言，世界多数国家城乡人均收入比值小于1.6。我国半个多世纪实行重城轻乡政策，已经在全社会塑造出界限鲜明的贱乡贱农的观念与意识及城乡社会经济差异的现实。近期工业与城市资本势力成型，利用城乡势差，开始强势向乡村渗透，城乡矛盾随即尖锐化。2013年中国社会科学院发布《2013年中国社会形势分析与预测》指出：社会群体事件呈继续上升趋势，其中的征地拆迁引发事件占50%左右，环境污染和劳动争议引发事件占30%左右。两类纠纷性质基本归属于城乡矛盾。城乡矛盾在众多社会矛盾中已经占据重要矛盾，甚至是主要矛盾地位。

4. 我国农村牧区正陷入有史以来最深刻的存亡危机之中

在国际农产品市场上，欧美国家长期奉行粮食"明贱暗补"政策，借以不断削弱发展中国家生存力量，从而牢牢掌控世界霸主地位。2001年我国加入世界贸易组织，与欧美常规农业对接，随即导致城乡矛盾严重对立局面。欧美常规现代化的内容就是工业化与城市化。在社会整体意义上，其本质为片面、局部的现代化。因此，今天世界任何国家与地区只要师法欧美，农业就必然走向衰败，乡村也就必然趋于崩溃。据2013年7月15日《瞭望》周刊报道，2000—2010年，我国自然村落由363万个锐减到271万个，10年间减少了92万个自然村。我国自古以农立国，历史上社会矛盾多为阶级矛盾对立，城乡对立问题不显著。用历史长远发展的观点来看，目前我国农村、牧区正陷入有史以来从未遭遇过的最深刻的存亡危机之中。农村、牧区安全问题与常规现代化相互缠绕，相对隐深。但从客观情况来看，我国农村、牧区安全问题已经大范围、深度暴露。

（四）生物地理安全状况

我国生物地理系统分为耕地、湿地水系、草地、林地、沙地、社区六个子系统。有关状况如下：

1. 耕地能力建设停滞不前，保障措施乏力

耕地能力包括耕地数量与质量两方面。耕地数量方面，2008 年我国有耕地 18.26 亿亩，2013 年完成的第二次土地调查结果显示，耕地面积高于这一指数。从发展趋势看，国家每年有约 300 万亩耕地转为建设用地。各地根据占补平衡政策，基本维持了近期总耕地面积不变状态，但问题是 21 世纪初尚存的 1 亿亩后备耕地资源已告罄，受土地财政思维惯性作用，未来守护耕地总量 18 亿亩红线必将面临越来越大的压力。耕地质量方面，受各地占水补旱、占近补远、占川补山和占优补劣趋势影响，加上化肥、农药、除草剂不当使用，水利建设与需求不适应，秸秆焚烧，大型养殖场动物排泄物循环路径阻断，耕作制度紊乱，荒漠化，工业化，水、土、气污染，以及气候变化等因素作用，我国耕地质量总体呈不平衡、不稳定、不可持续发展状态。据中国农业大学近期对西部农村 1 251 人进行的调查资料显示，回答"当地土地退化处于发生阶段""发展阶段"的问题的比重分别为 37%、41%，说明我国的耕地质量问题堪忧。

2. 湿地水系遭遇多重冲击，问题呈全局爆发态势

1949 年以来，我国有 500 多个湖泊干涸，黄河、海河、淮河等大量河流减流、季节性断流、永久性断流；全国地下水年超采量 44 亿米³，已形成 100 多个漏斗区，海河流域已经形成近 10 万千米²、世界最大的漏斗区；冰川消融加速，1962—2006 年，乌鲁木齐一号冰川面积减少了 14%，新疆监测的 1 800 条冰川在过去 26 年内总面积缩小了 11.7%；国家林业局近期公布，2003 年我国有湿地面积 37.78 万千米²，2013 年减少了 9%。水源质量方面，2007 年全国主要河流水质超过Ⅳ类的占 13.5%，Ⅴ类的占 5.3%，劣Ⅴ类的占 21.7%，饮用水达标率为 43.4%。工业、农业和生活污水大量直排偷排是造成水质劣变的基本原因。此外，还大量发生沿海地区海水倒灌、海水富营养化事件及经济发展较快地区酸雨问题。我国水资源问题及其连带的湿地问题已经暴露。

3. 草地系统遭受多方轮番切割挤压，草原文明面临崩溃威胁

我国北方、西部地区为世界著名的游牧文化区，草地资源发挥着重要的生态、生产、文化作用。我国草地资源已有近 35 年未进行清查。我国草地面积呈整体减少趋势，1950 年到 20 世纪后期，内蒙古草地面积由 8 800 万公顷减少为 7 370 万公顷，1980 年至 20 世纪末，仅仅 20 年时间，新疆草地面积减少 16%；1988 年至今，西藏、宁夏、青海草地面积分别减少了 4.5%、1.9%、2.9%。在草地面积变化的同时，草场质量发生严重退化。2007 年，新疆草地退化面积为 4 580 万公顷，与 1980 年相比，退化面积扩大近 10 倍；1947 年后的 50 年中，内蒙古草原退化率从 18% 上升到 73.5%；半个世纪前，青藏高原地区高山草甸覆盖率为 85%，2007 年有 30% 发生严重退化；2005 年，西藏一半以上的草场发生重度退化，1/10 的草场明显沙化。近期在西部地区进行的 789 人的调查资料显示，其中 61% 的调查对象认为植被退化主要发生在土地承包之后。草原文明是孕育中华文明的两大根源之一，但受多种因素影响，我国草地总量减少，质量下降。今天草原文明正在陷入崩溃威胁之中的事实，令人痛心疾首。

4. 六大单元同时异变，生物地理系统处于不稳定状态

除去上述三大地理单元发生变化之外，我国林地资源经历了两个发展阶段。第一阶段，20 世纪 70 年代前，大量砍伐天然林，造成严重的水土流失问题；第二阶段，1978 年至今，持续大规模人工造林，林地面积呈恢复性增长。目前存在林地建设问题为幼龄林比重高，成材林少，南方林地相对较好，北方林地存在与耕地、草地、湿地争地争水现象，林地经济效益低，自我循环能力差，林材国际市场依赖度大等问题。在沙地方面，第四次荒漠化公告显示，与 2004 年相比，2009 年我国荒漠化土地面积净减少 12 454 千米^2，沙化土地面积净减少 8 587 千米^2。但从更长历史时段考察，过去 3 000 年中，我国北方地区沙漠面积向南扩张了约 300 千米；近百年间，新疆、内蒙古沙漠呈扩大化趋势。近期黄土高原地区水土流失严重，西南区石漠化仍在扩大，东北区荒漠化形势依然严峻。社区方面，近 20～30 年，我国城市建设呈爆炸式增长趋势。重庆市近 25 年城市建成区面积增长近 11 倍，新疆、贵州近 30 年建成区面积分别增加了 4 倍和 5.1 倍。与此同时，工矿建设也呈增加态势。1996—2004 年全国工矿区增长量占建设用地面积增长总量的 48.5%。城市化高速发展加大了资源需求，进而加大了地理环境压力。

我国六大地理单元同时异变，单元间关系偏紧，系统风险处于积累上升状态的事实，表明生物地理安全问题严峻。

（五）国际农业安全状况

2001 年我国加入世界贸易组织，2012 年成为世界第一农产品进口大国。我国已经深度介入世界农业体系，农业为重要国际合作领域。全球农业安全与我国农业安全已经密不可分。

1. 粮食已经嬗变为美国的第三战略武器

1945 年后，美国正式登上全球领导地位。20 世纪 70 年代，美国逐步将粮食作为金融、石油之外的"第三战略武器"进行打造，半个世纪之后的今天，已经建成由跨国公司控制欧美粮食生产经营权、主导全球粮食市场和操纵所有国家农业的局面。美国"第三战略武器"的基本运行方式是长期维持国际粮食市场价格低于价值的 8%～15% 的水平，以使其国际竞争对手始终处于绝对不利地位，然后在其国内长期通过高额补贴政策维持竞争地位，这就是所谓的"明贱暗补"策略。进入 21 世纪后，美国利用其玉米出口量占世界70% 的生产优势，策划研发生物酒精耗竭粮食库存行动，如 2011 年将 1.27 亿吨玉米（粮食总产量的 32%）转化为生物能源，致使世界粮食储备在近 10 年中减少 1/3，直接导致全球粮价翻番。与此同时，跨国公司在国际市场大肆"剪羊毛"获取暴利，充分暴露出了粮食作为"第三战略武器"的真面目。

2. 欧美常规农业问题暴露，发展成强弩之末

长期以来，"美国用以取得高生产力和低食品价格的产业模式是通过一致化来提高效率的模式。不能简单地被市场价格所反映的性质，几乎得不到生产者或消费者的关注。比如口味、对环境的影响、健康和食品的安全、动物的待遇、对小型农场和乡村社会的关注远远小于人们预期的正常水平"（詹姆斯・W・布罗克，美国产业结构，2011），其结果为欧美农业在国际上长期强势竞争的背后，本身问题不断累计，发展已成强弩之末。如公众健康问题"井喷"不止，呈整体恶化趋势；农业可持续发展能力逐步丧失，苦无改良对策；农业企业的巨无霸群拔地而起，形成"店大欺客"，整个社会被绑架，唯企业巨无霸意志马首是瞻，原料生产农场、企业职工越来越弱势；农业石油化特质鲜明，浪费惊人，无可复制性。2012 年美国有 3.15 亿人口，耕地总量为 29.6 亿亩，当年其农产品出口规模约占总产量的 20%，而同时进口规模占其供给总量的 18%。这一事实表明，就土地承载力而言，现有美国农业体系是低效的，其发展潜力已经趋于枯竭。2011 年，欧盟发布《欧洲氮评估报告》指出：欧洲每年因氮污染遭受损失为 700 亿~3 200 亿欧元，相当于年农业收益的两倍多；仅由于氮污染一项因素，其产生的食物问题与环境问题，致使欧洲人均寿命减少 6 个月。2014 年哈佛大学大气化学家 Fabien Paulot 和 Daniel Jacob 研究指出，美国每千克氨的健康成本是 100 美元，美国每年损失为 360 亿美元，而同期出口食品净值为 235 亿美元。

3. 世界乡村处于全局性灾难之中

美国作为世界规则制定者之一，长期实行粮价"明贱暗补"政策，操纵世界农业，是今天世界乡村遭遇全局性灭顶之灾的根本原因。全球有一半人口、80 多个发展中国家、96% 的农民依靠土地与农业生存。由于长期处于竞争绝对不利地位，发展中国家农业经济与农村社会陷入绝境。罗伯特·阿尔布里坦指出："就家庭农场而言，如果农产品市场价格下跌，那么家庭农场最自然的反应就是扩大生产规模以弥补大规模生产的低价格，而不是放弃生产。当然，许多农民这样做的结果就是导致了市场供应的增加，从而引起市场价格的进一步下跌。这样的恶性循环最终导致的是许多农民的彻底破产，而这些农民一旦离开了农场就再也不会回来了。"由美欧主导形成的常规现代化体系在世界范围占据主导地位，扩张发展，造成全球每年 3 000 万以上农民被迫离开土地，流入城市，农村趋于凋敝，社会动荡。

4. 全球处于农业灾变边缘

据有关研究表明，在过去 50 年内，海洋中的大鱼已经消失了 90%；用于海洋鱼类产卵场地的海岸湿地、红树林、江河的 90% 遭到严重毁坏；世界珊瑚礁已被摧毁 20% 以上，剩余部分中有 24% 濒临崩溃；占世界人口 40% 的 80 个国家正面临水危机；世界 67% 的农用地已经退化；每年滥伐森林面积达到 3 亿亩；荒漠化使世界每年减少农用地面积为 1.5 亿亩；世界 6 000 种两栖动物中的 1/3、20% 的鸟类面临灭绝；世界 8 万种广泛使用的化学品中合格率只有约 1%；世界每年迁移到城市的农村人口约 3 000 万人，而每 3 个城市居民中就有 1 人生活在贫民窟；世界有 11 亿多人饱受饥饿折磨，约有 30 亿人患有营养不良或相关病症，每 30 分钟就有 360 名儿童死于饥饿与营养不良，全年有 600 万儿童死亡。2012 年，乔根·兰德斯在总结 1972 年以来人类在全球气候变暖控制等方面所做努力的进展时指出："直到四十年后的今天，我们还没有见到每年的温室气体排放量减少的迹象。人类仍然牢牢地处于'过冲'（overshoot）状态下。"

5. 农业科学技术体系基本丧失先导能力

马克思指出："假设资本主义生产方式已经控制了农业领域，那么也就意味着它同时控制了生产的各个领域，甚至是整个资产阶级社会。"我们用马克思的这一论断对 20 世纪 70 年代后美国在完成金融、石油控制后，迅速将粮食与农业战略武器化，在世界兴风作浪的事实进行判断，农业是资本主义市场化的最后领地。资本主义生产方式已经在走向控制全世界生产的各个领域。由于"资本主义体制永远是与合理的农业体系相背离的"，对世界农业践踏的开始，就意味着全球农业体系必然走向崩溃。

毛泽东曾经将知识分子与国家体系的关系形象地比喻为"毛"与"皮"的关系，即个体意义上的"毛"绝对地依附于系统意义上的"皮"。这就是讲，当代西方国家的科技人员作为"毛"，必然地依附于控制了整个社会的资本主义生产方式的"皮"之上。罗伯特·阿尔布里坦指出，大型农业企业出于商业利益与垄断需要，控制了科学研究的方向，决定着经费支持领域与规模，时而还收买科学家作伪证，在一步步腐蚀科技体系。2005年对3 000位美国科学家进行的调查表明，其1/3科学家承认曾参与过伦理上受到质疑的事件。由于历史原因，发展中国家科学家多与发达国家科技体系间存在历史性的渊源关系。既然发达国家农业科学技术体系已被基本蛀空，全球农业科技力量事实上已经基本丧失先导支持能力。

（六）我国粮食安全状况与建设任务

我国是世界近10 000年以来的三大农业起源中心中唯一一个相对独立遗存至今的国家。中国自古以农立国，农业是保障中华民族在历史上度过无数次劫难的基础，也是全部中华文明繁荣的根基，中国农业所积累的经验智慧也曾为全人类文明的发展多次做出过具有决定意义的历史性贡献。迄今为止，我国依然是世界第一农业大国。

但是，这一切正在成为历史。我们逐项对比我国粮食安全问题紧密关联的全部五项农业安全内容，可以明确得出结论：中国农业正处于有史以来最大的危机之中。中国农业安全问题是世界农业安全问题的一部分。全球农业也已处于最大的危机之中。中国农业现代化在粮食安全领域上取得的进步，将意味着不仅是解决了中国自己的问题，而且将是对全人类文明的巨大贡献。

1. 粮食安全是我国农业现代化建设的基本任务

我国当前面临的粮食安全问题是全部农业安全问题的一部分。其紧密关联部分还包括食品安全、农村牧区安全、生物地理安全、国际农业安全四个方面。实践中我们既要把握粮食安全问题的独立性，也要注意它们彼此间的关联性，以保证在农业现代化建设中始终处于主动地位，积极稳妥地推动建设。

当前我们面临的粮食安全问题不仅是中国的问题，同时也是世界每一个国家与地区面临的重大建设问题，将所有国家与地区积零为整，就构成了统一的当代全球粮食安全体系与农业安全体系。我国粮食安全问题与全球粮食安全问题的关系是局部与整体相统一的关系，只有解决了全球粮食安全问题，才能最终解决我国粮食安全问题。以粮食安全问题为抓手的农业安全问题是全部国家农业现代化建设的目标与任务。

2. 充分认识粮食安全工程建设的复杂性、艰巨性与长期性

我国农业现代化建设事实上就是农业安全工程建设，它包括粮食安全工程在内的五项子工程。五项子工程之间的建设关系，既是由里到外逐步展开的建设，也是自下而上的建设。这意味着只有一方面完成一国农业现代化建设，才能完成全球农业现代化建设；另一方面，必须首先实现全球农业现代化，才能最终完成国家农业现代化。五大子工程间的这种关系构成了复杂的系统工程关系，因而建设是长期的、复杂的、艰巨的，对此我们必须有充分的思想准备。

二、河南农业在国民经济中的地位

（一）历史地理地位

河南省位于我国中东部，界于北纬 31°23′～36°22′，东经 110°21′～116°39′之间，总面积 16.7 万千米²，占全国的 1.73%，是我国第 17 大省。与冀、晋、陕、鄂、皖、鲁 6 省毗邻，东西长约 580 千米，南北跨约 530 千米。河南处于黄河中下游，因大部分地区在黄河以南，故名河南。夏代禹时，分天下为九州，豫州位于九州中心位置，故历史上有"中州"之称，河南横跨我国中部黄淮大平原，又有"中原"之谓。河南是中华民族文明的发祥地，新石器时期开始至今，中华民族的发展与河南紧紧地联系在了一起。具有 8 300 年历史的贾湖遗址分布在河南漯河市舞阳县，安阳殷墟遗址作为中华文明发育的主要源头享誉全球，安阳、洛阳、郑州、开封等古都名地遍布全境。数千年来，优越的物候和区位条件，长期的中心地位，使这一地区的政治安危关乎天下兴亡，经济起伏关乎国家强弱，文化盛衰关乎民族荣辱，在中国历史进程中发挥着无可比拟的作用。河南自然条件优越，物产资源丰富，市场广阔，交通条件便利，成为中国的重要省份。作为华夏文明的摇篮和文化发祥地之一，河南对中华民族的发展做出过巨大贡献。

（二）时代地位

新中国成立以来，河南作为全国特别重要的重点建设地区之一，经济发展速度非常快，逐步在全国形成了农业、能源和原材料等经济发展优势。河南自然资源丰富，农产品资源丰富。基于各类资源加工的工业比较发达，是中国比较重要的农业大省和新兴工业大省。河南 2013 年国内生产总值（GDP）达到 3.15 万亿元，年均增长 8.5%。特别是改革开放 30 年来 GDP 增长速度平均达 11.2%，均高于全国平均速度，从而使河南成为全国经济大省，GDP 已经连续多年居全国第五位。当前，河南经济社会发展处于历史上最好的时期，在全国发展大局中的战略地位越来越重要。

河南省是我国小麦、玉米等粮食作物的优势产区。2009 年 11 月，国务院常务会议正式批准了河南省《河南省粮食生产核心区建设规划》，按照国家建设粮食生产核心区要求，着力建设粮食生产核心区，到 2020 年，在保护全省 1.03 亿亩基本农田的基础上，河南省粮食生产核心区粮食生产用地稳定在 7 500 万亩，河南要确保粮食生产能力达到 650 亿千克，成为全国重要的粮食生产稳定增长的核心区、体制机制创新的试验区、农村经济社会全面发展的示范区。2011 年，国务院出台了《关于支持河南省加快建设中原经济区的指导意见》，建议加快推进中原经济区建设，在支撑中部地区崛起和服务全国大局中发挥了巨大的作用。《指导意见》中给河南的五大战略定位之一是"国家重要的粮食生产和现代农业基地"，这既是对河南历来是中华民族的粮仓的客观肯定，也是国家对中原经济区建设寄予的厚望，更是要求河南对国家粮食安全要承担起重要的责任。河南持续加大对农业的投资和支持力度，加强农业基础设施建设，推动农业科技进步，想方设法鼓励农民种粮的积极性，以粮食核心区建设为载体，全面促进新型农业现代化，为国家粮食安全做出越来越大的贡献。

（三）农业的地位

河南省土地总面积为 16.8 万千米²，其中山地面积约 4.4 万千米²，占 26.6％；丘陵面积约 3 万千米²，占 17.7％；平原面积约 9.4 万千米²，占 55.7％。截至 2012 年年底，河南省总人口 10 246 万人，其中农业人口 5 989.1 万人，占总人口的 58.45％；耕地面积为 788.9 万公顷，人均耕地面积为 1.11 亩/人；2013 年河南城镇居民人均可支配收入 22 300 元，农民人均纯收入 8 400 元，分别实际增长 7％和 9％左右。

河南地处亚热带向暖温带过渡地带，适宜于多种农作物生长，是全国小麦、玉米、棉花、油料、烟叶等农产品重要的生产基地之一。河南作为农业大省，其粮食产量占全国的 1/10，小麦产量更占到全国的 1/4，油料产量占全国的 1/7，牛肉产量占全国的 1/7，棉花产量占全国的 1/6，小麦、玉米、烟叶、豆类、芝麻等农产品和肉类、禽蛋、奶类等畜产品产量也都居全国前列。

截至 2012 年，河南耕地面积 792.6 万公顷，占全国耕地面积的 6.51％；农作物总播种面积 1 426.2 万公顷，占全国作物总播种面积的 8.73％；农林牧渔业总产值 6 679 亿元，占全国农林牧渔业总产值的 7.47％；主要农产品产量 5 638.6 万吨，占全国主要农产品产量的 9.56％。2013 年河南粮食总产量 571.35 亿千克，增产 7.5 亿千克，实现"十连增"，新增粮食产量居全国首位。全省年粮食加工能力达到 2 500 多万吨，肉类加工能力达到 230 多万吨，乳品加工能力 70 多万吨，涌现出双汇肉制品、莲花味精、三全凌汤圆、思念水饺等驰名中外的名牌产品，味精、方便面、速冻食品在全中国市场占有率分别达到 46％、25％和 60％。作为农业第一大省、小麦生产第一大省，河南对确保粮食安全具有举足轻重的作用（表 4、表 5）。

表 4　2000—2012 年河南省粮食生产在全国的地位

年份	河南省		河南占全国比重		粮食单产（千克/公顷）	
	粮食总产量（万吨）	播种面积（千公顷）	总产量占比（％）	播种面积占比（％）	河南	全国
2000	4 101.50	9 029.60	8.87	8.33	4 542	4 261
2001	4 119.88	8 822.79	9.10	8.32	4 670	4 267
2002	4 209.98	8 975.10	9.21	8.64	4 691	4 399
2003	3 569.47	8 923.33	8.29	8.98	4 000	4 332
2004	4 260.00	8 970.07	9.07	8.83	4 749	4 620
2005	4 582.00	9 153.41	9.47	8.78	5 006	4 642
2006	5 112.30	9 455.94	10.26	9.01	5 406	4 745
2007	5 245.22	9 468.03	10.46	8.96	5 540	4 748
2008	5 365.48	9 600.00	10.15	8.99	5 589	4 951
2009	5 389.00	9 683.61	10.15	8.99	5 565	4 871
2010	5 437.09	9 740.17	9.95	8.86	5 582	4 974
2011	5 542.50	9 859.87	9.70	8.92	5 621	5 166
2012	5 638.60	9 985.15	9.56	8.98	5 647	5 302

表5　主要农产品产量

単位：万吨

项目	年份	小麦	玉米	花生	水稻
全国产量	2010	11 518.1	17 724.5	1 564.4	19 576.1
	2011	11 740.1	19 278.1	1 604.6	20 100.1
	2012	12 102.3	20 561.4	1 669.2	20 423.6
河南产量	2010	3 082.2	1 634.8	427.6	471.2
	2011	3 123.0	1 696.5	429.8	474.5
	2012	3 177.4	1 747.8	454.0	492.6
河南占比重（%）	2010	26.76	8.50	27.20	2.41
	2011	26.60	8.80	26.79	2.36
	2012	26.25	8.50	27.20	2.41

数据来源：中国统计局。

三、项目建设机遇与基础

（一）建设机遇

"十二五"是实现传统农业向现代农业转变的关键时期。中央历来高度重视"三农"问题，近年来出现了农民收入不断增长、农业和农村呈现新发展机遇良的局面。中共十八大以来，新一轮农业与农村改革发展的理论与实践空前活跃。中共十八大报告中提出了新形势下走中国特色现代化道路，促进工业化、信息化、城镇化、农业现代化同步发展。农业在其中占有十分重要的地位。中共十八届三中全会进一步明确指出："鼓励和引导工商企业到农村发展企业化经营的现代种养业，向农业输入现代农业要素与经营模式"，这为国有企业、工商资本进入农业与农村建设领域明确了方向。2014年中央1号文件进一步明确了"在落实农村土地集体所有权基础上，稳定农户承包权，放活土地经营权"，土地的三权分离为土地流转、企业进行粮食规模化生产经营提供了政策依据。

2014年3月，李克强总理在《政府工作报告》中对农业与农村工作进行了明确阐释与具体部署："农业是扩内需调结构的重要领域，更是安天下稳民心的产业。要坚持把解决好'三农'问题放在全部工作的重中之重，以保障国家粮食安全和促进农民增收为核心，推进农业现代化。坚守耕地红线，提高耕地质量，增强农业综合生产能力，确保谷物基本自给、口粮绝对安全，把13亿中国人的饭碗牢牢端在自己手中。"

"农业新增补贴向粮食重要农产品、新型农业经营主体、主产区倾斜。增加对粮油猪等生产大县的奖励补助，扶持牛羊肉生产。发挥深松整地对增产的促进作用，今年启动1亿亩试点。统筹整合涉农资金。不管财力多么紧张，都要确保农业投入只增不减"。

"引导承包地经营权有序流转，慎重稳妥进行农村土地制度改革试点。坚持家庭经营基础性地位，培育专业大户、家庭农场、农民合作社、农业企业等新型农业经营主体，发展多种形式适度规模经营。完善集体林权制度改革。加快国有农牧林场改革。健全农业社会化服务体系，推进供销合作社综合改革试点。农村改革要从实际出发，试点先行，切实尊重农民意愿，坚决维护农民合法权益"。这是新的历史发展时期，面对现代化建设新形势，国家所进行的重大理论与实践尝试。

2014 年 4 月，李克强为国务院召开的全国农村金融服务经验交流电视电话会议作出重要批示，指出："三农"工作是政府工作的重中之重。加强金融对"三农"的支持，对于强化粮食安全保障、建设现代农业、增加农民收入、缩小城乡差距，具有重要意义。要从"三农"发展的要求出发，深化农村金融改革，培育农村金融市场，加大涉农信贷投放和政策支持力度，落实好差别化存款准备金制度，完善金融监管和风险防控机制。这为规划的顺利实施和获得国家金融机构的支持提供了政策机遇。

2011 年 9 月，《国务院关于支持河南省加快建设中原经济区的指导意见》提出，要将中原经济区建设上升为国家战略，其核心任务就是持续探索"不以牺牲农业和粮食、生态和环境为代价的新型城镇化、新型工业化、新型农业现代化"三化协调，科学发展的路子，目标是"建成粮食生产核心区，建设全国新型农业现代化先导区"。同年 10 月，河南省第九次党代会明确提出将河南省建设成为国家重要的粮食生产和现代农业基地、全国"三化"协调发展示范区战略构想，再次强调新型农业现代化是以粮食优质高产为前提，以绿色生态安全、集约化标准化组织化产业化程度高为主要标志，基础设施、机械装备、服务体系、科学技术和农民素质支撑有力的农业现代化。加快农业发展方式转变，促进城乡共同繁荣是加快推进"三化"协调发展进程的根本路径，也是发展完善现代农业的必然选择。

国家与河南省在粮食安全、农业安全问题上的明确定位与基本政策，为本项目建设提供了重要前提与保障。全面提高项目区农产品质量和农业的经济效益，确保农产品的生产安全、市场安全和消费安全。积极把握位于京津冀、长三角经济区结合部区域优势，承东启西、连南贯北，充分利用陆路、铁路和空路运输的全国"两横三纵"城市化战略格局中陆桥通道和京广通道的交汇区域优势，建立大型农产品市场集散基地。

在河南全省范围内引进先进的农业生产技术和农机设备，利用国内外生产要素和信息，提高农业现代化装备水平和管理水平，加速改造项目区的传统农业，实现向现代化、专业化和信息化农业的转变，改革小城镇建设方式，由建设小城镇转向经营小城镇，形成小城镇建设市场化。建立起适应项目区小城镇发展要求的住房、医疗、教育和社会保险等制度，发展公益事业，逐步建立和完善项目区小城镇的社会保障制度。健全建设区域内的小城镇公共服务和社区服务等功能，增强项目区小城镇的凝聚力。

（二）项目建设基础

1. 河南省农业企业基本情况

我国农业企业发展迅速，如雨后春笋般涌现。河南省是我国农业产业化发展水平最高的区域之一。2013 年河南省确定的农业产业化集群达 139 个。其中单纯种植业部分集群有 5 个，种植业连带加工业的集群有 81 个，两者占集群总数的 62%；养殖业及养殖业连带加工业部分约占 27%，其余为综合农产品加工业（表 6）。

表 6   2013 年河南省 139 个农业企业产业集群类属情况

企业类型	企业数	各占比重（%）
种植业企业	5	3.60
种植兼加工企业	81	58.27
养殖业企业	12	8.63
养殖兼加工企业	26	18.71
综合农产加工企业	15	10.79

数据来源：根据河南省农业厅网站资料整理。

2. 河南省土地流转背景情况

在土地流转方面，据河南省农业厅统计，截至 2013 年 12 月底，全省农民专业合作社达到 70 091 家，其中从事种植业合作社 17 724 家，从事养殖业合作社 5 300 家。全省符合统计条件的家庭农场有 15 538 家，合计耕种总面积 287 万亩，占全省承包耕地面积的 3%。全省流转率较低，但进程在不断加快。全省农村土地流转面积 2 824 万亩，比 2012 年年底增加 229 万亩，占家庭承包耕地面积的 29%。目前河南省流转的农村土地中，用于粮食生产的占流转总面积的 62.7%，用于经济类作物生产的占流转面积的 37.3%。规模经营面积在百亩以下的有近 5 万户，100～500 亩的有 1.5 万户，500～1 000 亩的有 2 900 户，千亩以上的达到了 2 600 多户。从全省各市流转情况来看，流转量大的地区大多数为农业经济比较发达的县、乡。调查发现，全省主要存在六种土地流转模式：

（1）转包。部分农户将土地承包经营权以一定期限转给同村的其他农户从事农业生产经营，转包后原土地承包关系不变，原农户继续履行土地承包合同规定的各项权利和义务，接包方按转包时约定的条件对原农户负责。

（2）出租。部分农户将土地承包经营权以一定期限租赁给他人从事农业生产经营。出租后原土地承包关系不变，原农户继续履行原土地承包合同规定的权利和义务，承租方按承租时约定的条件对原农户负责。对于国家各项补贴，双方按租赁合同约定的一方享受。

（3）互换。农户相互之间为方便耕作或者各自需要，对属于同一集体经济组织的承包地块进行交换，同时交换相应的土地承包经营权。

（4）转让。一些农户有稳定的非农职业或收入来源，经其申请和发包方同意，将部分或全部土地承包经营权让渡给其他农户，由接收方履行相应土地承包合同的权利和义务。

（5）股份合作。农户之间为发展农业规模经营，将土地承包经营权作为股权，入股组成股份公司或者合作社等，联合从事农业合作生产经营。

（6）其他形式。一是代耕代种。部分暂时无力或不愿经营承包地的农户，经自行协商临时把承包地交由他人（大多是亲友、邻居）代耕代种，原承包合同关系不变，时间、条件一般由双方口头约定。此种形式分布较为零散，但在广大农村较为普遍。二是反租倒包，指农村合作经济组织将农户承包的土地反租过来，再转包给种养大户或企业。其特点是原土地承包关系不变，接包方不履行原土地承包合同的权利和义务，只交纳土地使用费用，这种方式主要适合成方连片调整产业结构，发展种养小区和规模经营。

3. 晋开集团发展现状

河南晋开化工投资控股集团有限责任公司于 2004 年 5 月成立，位于河南省开封市，是世界 500 强企业山西省晋煤集团在山西省外设立的第一家煤化工子公司，总资产过百亿元，总氨生产能力 260 万吨/年。主要产品有：尿素固态肥料、尿素硝铵溶液等系列新型液体肥料、硝酸磷肥等系列复合肥。

集团公司现拥有 6 家分公司、6 家子公司，形成了跨地区、跨行业、跨所有制的大型现代煤化工集团的多元化发展特色；通过了中国质量协会的质量、环境和职业健康安全管理三项体系认证；位列开封市强企之首，是河南省政府确定的百强企业之一。公司董事长樊进军当选第十二届全国人大代表。

集团公司已投产的百万吨总氨项目和在建的百万吨液体肥料项目，全部采用国际先进的技术和设备，项目安全节能，环境友好，有望成为全世界最大的煤原料化肥生产厂家。

4. 项目建设前期基础工作

（1）官学研先行。本项目得到了河南省开封市政府和相关部门的大力支持，开封市领导高度重视，多次指示、亲力亲为，帮助解决实际困难和处理问题，并协调中国农业大学和中国农业机械化科学研究院等"国字号"教科单位支持，两单位分别拟将本项目设立为"科教示范基地"和"示范基地"项目。中国农业大学由李召虎副校长挂帅，多个院系参与，已对本项目实施了顶层设计、整体规划和种植指导。

（2）土地流转支撑。目前已启动开封兰考东坝头、开封龙亭柳园和驻马店驿城诸市三个试点项目，分别流转土地 9 507 亩、5 224 亩和 5 386 亩，合计 20 117 亩，签订了规范的流转合同，社会反响很好。对流转土地的全部耕地采取测土配方施肥工艺，晋开集团已为流转土地定制生产化肥和施肥，目前小麦长势良好。

（3）机械化运行。全部选用中国农机院产品——中心支轴式喷灌机，采用水肥并施技术，为农作物的稳产高产提供了保障。目前，该机械已为开封兰考项目安装 15 台、开封柳园项目安装 8 台。从中国农机院了解到，这是我国北京以南地区规模最大的喷灌机组，将成为我国农业机械化的亮点。

（4）规划项目进展。开封兰考东坝头农牧园项目已进入规划、设计阶段，漯河舞阳泚河洼农业综合开发区项目（10 余万亩）已签订合作意向。

（三）我国农村确有改变农业生产模式的内在需求

1978 年，我国实行改革开放，社会经济进入快速发展轨道。2010 年我国经济规模达到世界第二水平。伴随这一发展趋势，城乡经济结构性差异逐渐明显。1978 年城乡人均纯收入分别为 316 元/年、133.6 元/年，城乡居民收入比为 2.37∶1；2013 年分别为 26 955元/年、8 896 元/年，城乡居民收入比为 3.03∶1。上述经济差别持续扩大成为农民工进城的根本动力，经济基础决定人的社会行为。长期、持续、大幅度、全局性城强乡弱的结构性变化，使得今天的城乡关系出现了一系列明显的谋求变革的要求。根据 2014 年 2 月在漯河市舞阳县马村乡湖西蔡村的调查统计，全村有 380 户 1 350 人，耕地 3 000 亩，村中 18～50 岁的男性劳力几乎都外出打工。在谈到土地流转时，大家基本赞同流转，只是对流转集中后如何安排劳动力就业、增加收入、安心生活感到疑惑。

2014 年 4 月，通过信阳邢集镇调研得知农民工外出打工的收入情况。普通小工日工资为 100 元，必须是当日结算，技术工 200 元或者更高。而现在种植水稻、小麦每亩地的纯收益为 200 元或 300 元，种粮的收入太低，只相当于 2～3 天的打工工资。农民现在种粮只是口粮，如果不种地怕邻居笑话，没有种粮积极性。许多群众就近流转土地，象征性地收一些流转费，或干脆不收费用。信阳金穗科技农业合作社 2009 年开始流转土地，先后流转 8 000 多亩地，运转 5 年中未发现异常。近期有临近村庄多次主动提出要求，请企业接受流转土地。

从上述典型调查案例发现，结合原有土地承包分块过细，土壤肥力参差不齐，农户自营土地，存在种子、化肥、农药、除草剂、技术和经营管理不统一，屡屡发生失误，造成生产损失，加工原料不统一，影响质量，因而影响成本效益等问题。可以得出基本结论：进行全新意义上农村土地改革的条件已经存在，适时推进，可望成功。

在此，谨介绍两例实践模式。

（1）中鹤模式。中鹤现代农业开发集团公司位于鹤壁市浚县王庄镇，于 1995 年成立，2010 年形成年加工玉米 45 万吨、小麦 30 万吨、挂面 10 万吨、大豆 3 万吨的能力，日产馒头 30 万个。产品种类拓展到玉米淀粉、麦芽糊精、饴糖、玉米蛋白粉等七类 20 余品种。2012 年，集团实现总产值 32 亿元，利税 1.7 亿元，吸纳劳动力 3 500～4 000 人，是国家财政参股企业。

2010 年 5 月，公司按照企业向产业园区集中、土地向农机合作社集中、人口向新城社区集中三原则，建立浚县鹤飞农机服务专业合作社，投资 3 000 万元购置拖拉机 95 台、麦玉收获机 164 台，深松机、免耕机、新型播种机、施肥机等 300 多台（套），植保机械150 部，可保证 4 万亩机耕、5 万亩机播、8 万亩秸秆还田、13 万亩机收作业需要。

与此同时，公司完成了王庄镇 100 千米^2 镇域 42 个行政村及 4 个居委会、7 万人口和 9 万亩耕地规划。其中，工业园区 5.8 千米^2，社区 11 千米^2，耕地面积增加到 12 万亩（新增 3 万亩）。此外，为增加收入，同时启动了养羊内容。项目总投资 60 亿元。一期占地 3 000 亩、涉及农户 2.8 万人；二期占地 4 000 亩，涉及 1.8 万人；三期占地 5 000 亩，涉及 2.8 万人。2013 年 3 月，一期工程的 60 栋楼房主体建成，安置 5 个村农民搬迁入住。

近三年来，中鹤项目得到政府补贴扶持资金 3 648.5 万元，中鹤新城建设政府参股投资 2.42 亿元。按人均 4 万元城镇化成本，中鹤要实现 12 万亩集约生产，还需投入资金 28 亿元，加上企业自身发展所需的 10 亿元，资金压力巨大。

基本评价：开弓没有回头箭。中鹤用 60 亿元换 3 万亩地，平均每亩地 20 万元，建设期旷日持久，加上农民生活方式剧烈改变将增加社会成本，目前项目仍在推进中。这一经验值得借鉴。

（2）宁晋模式。河北省宁晋县，2012 年 9 月在县城由县农技人员、科技致富带头人、村两委干部成立土地托管协会，设立村级服务站，成立了农机服务队、农技服务队、农资服务队、农政服务队、植保服务队五队。

实行两种模式。半托管模式：协会根据与村民协商，承担机耕机播机收和（或）化肥种子、打药浇水部分，会员（协议后村民）验收合格后，协会按照市场价格优惠 10%收费；全托管模式：会员签约按每亩 500 元交托管启动金，协会全程服务，每年分两次付给会员共计 1 000 元。协议期满如不续约，协会退还启动金。一般要求会员以 50 亩成方连片申请托管。

2012 年 9 月成立土地流转协会，建有 5 个分会，有会员 96 名，流转土地 550 亩；2013 年 10 月，建有 30 个分会，有会员 863 名，流转土地 11 200 亩。

基本评价：利用县域社会资本，依托基层农业生产人力资源、机械资源，企业资金负担大大解放，同时实现了规模经营。其发展要求地方政府的支持与配合。此模式仍在发展中，值得晋开集团领导层关注。

四、面临的挑战

（一）农业系统本身是复杂巨系统，粮食系统是最复杂的系统

河南粮食生产体系在我国粮食生产体系中单产水平高，规模大，比重高，在国家粮食政治中的敏感度大，是最复杂的系统（表7、表8）。近年来的农业领域发展事实证明，企业进入单一农业行业，如蔬菜、水果及动物生产领域，所遭遇到的情况与工业领域相比异常复杂。晋开集团 500 万亩高产粮田项目直接面对的将是最复杂的系统，可谓难上加难。因此，要做好在克服困难中成长的思想准备，全身心投入、用智慧来做，才能有所建树。

表 7　河南省 2010—2013 年主要粮食生产指标

项　　目	2010	2011	2012	2013
播种总面积（万亩）	14 573.2	14 747	14 973	15 122.7
粮食总产量（亿千克）	542.85	554.25	563.86	571.37
单位面积产量（千克/亩）	372.5	375.58	379.18	377.82
小麦播种面积（万亩）	7 922.9	7 987.2	8 010	—
小麦总产量（亿千克）	308.2	312.3	318.6	—
小麦亩产量（千克/亩）	389	391	395.8	—
玉米播种面积（万亩）	6 650.3	6 759.8	6 927.7	—
玉米总产量（亿千克）	234.65	241.1	245.25	—
玉米亩产量（千克/亩）	352.8	356.7	354	—

数据来源：《河南省统计年鉴》。

表 8　1950—2013 年全国粮食亩产量增长状况

时间	年限	亩产量范围（千克/亩）	年亩产量增加值〔千克/（亩·年）〕
1950—1957	7	77～97	5.7
1958—1981	23	103～189	3.7
1982—1997	15	208～299	6.0
1998—2013	15	300～358.5	3.9

数据来源：《中国农业统计年鉴》。

（二）国家稳定的"三农"政策体系、粮食安全体系处在建设之中

从历史发展来看，近代史上我国曾经进行过三次全国性的土地改革。第一次在土地革命战争与土改时期，实行"打土豪，分田地""耕者有其田"的政策，在 1949 年后顺利完成；第二次在农业合作化时期，国家通过互助组、初级社、高级社和人民公社，逐步将土地收归集体所有；第三次是在 1978 年改革开放后，实行土地联产承包责任制，再次将土地分给农民。从 1978 年至今已经 35 年，土地承包责任制所激发出的能量已经基本完成释放。如今正在酝酿的土地所有权、承包权、经营权"三权分离"，适当集中、适度规模经营的制度改革，事实上为第四次土地制度改革。应当认识到，这次改革是在前三次改革基础上的升华与肯定。在此过程中，要总结我国在 100 年间所经历的全部土地制度改革的经验教训，利用成功经验，避免失败教训，同时参考近代以来发达国家与发展中国家的同类经验教训，在系统分析研究与积极试验基础上，形成指导模式，推进建设。这一建设任务刚刚启动，尚未成型。此外，在粮食安全问题上，我们仍然处在国际上跨国公司力量相对强势，国内相对弱势，粮食自给能力持续降低，新的模式没有形成的发展过程中。

面对这一格局，我们既有机遇，同时也面临挑战。本项目立足河南省全境，既可能在相关领域创新定格，也可能受政策影响，加大成本。在此情况下，从国家、甚至世界的层面认识并行动，步步脚踏实地，才能规避风险，推进建设。

（三）晋开集团为国有大型工业企业，尽管进行了大量的准备工作，但在农业生产经营方面几乎是一张白纸

晋开集团为大型国有企业，在国内外煤化工领域享有盛誉。2013 年以来，出于拓展企业发展途径需要，在流转土地、耕种小麦和施肥等方面进行了积极尝试。但毕竟涉农时间短，农业与粮食生产接触面十分有限，与未来发展的要求相比，在农业生产经营方面几乎还是一张白纸。这意味着集团公司大力开进农业领域中难度水平最高的粮食生产版块，去啃硬骨头，必然存在巨大风险。晋开人必须克服常规工业企业思维，开放学习，在局部与整体系统多层次，时时事事实行全员创新，脱胎换骨，才能完成建立崭新的新企业的任务。当然，这也将同时与河南现代农业的成长绑定在一起，铸造出集团公司独有的竞争力。

（四）当前农村生态、社会、经济矛盾同时强化，关系错综复杂

我国国有大型企业的身份不是资本主义的企业，而是社会主义市场经济的代表。当前，我国农村社会主义市场经济体系尚未建立。因此，国有大型工业企业进入农业，将面对农村经济、农村社会与农村自然环境等三方面的建设需要，要主动承担参与创建农村社会主义市场经济体系的任务。事实上，这也是晋开集团进入农业领域将要面临的基本任务。

从资源环境状况来看，河南省水资源短缺，水质型缺水明显。2012 年总量为 265.5 亿米^3，比 2011 年减少 62.44 亿米^3，年际间变幅大。人均水资源占有量 254 米^3，甚至低于以色列水平（表 9）。资源短缺造成平原区地下水超采率已近 40%，郑州、开封、焦作、

平顶山等 11 个城市存在降落漏斗，总面积达 1 247.18 千米²。其中郑州已形成面积约 450 千米² 的降落漏斗，漏斗中心最大水位埋深达 95 米。

表 9　2012 年河南省水资源状况

项　　目	2012 年（亿米³）	较上年同期增减（％）
水资源总量	265.5	−62.44
地表水资源量	172.6	−49.85
地下水资源量	161.8	−30.01
地表水与地下水资源重复量	68.9	−17.42
降水量（毫米）	605.2	−131
人均水资源量（米³/人）	252.47	−96.55
供水总量	238.61	9.57
地表水	100.47	3.61
地下水	137.22	5.92
其他	0.92	0.04
用水总量	238.60	9.56
农业用水	130.03	5.42
工业用水	60.51	3.70
生活用水	37.44	0.10
生态环境补水	10.62	0.34
人均用水量（米³/人）	254.00	17.00

数据来源：《2012 年河南省环境报告分析》。

水质型缺水区分布面积近 50％，其中，未污染占 32.4％、轻微污染占 37.56％、中等污染占 14.16％、严重污染占 15.88％。主要污染因子为总硬度、溶解性总固体、硫酸盐、硝酸盐。由于地下水水位大幅下降，污染地表水向下渗漏呈加快趋势，平原农区地下水污染面积目前超过 2 万平方公里。豫北、豫东土壤为沙质土，在地下水位下降后，土壤沙化加重。

2012 年，全省农用塑料薄膜 15.52 万吨，比上年增长 2.3％，其中，地膜使用量 7.31 万吨，同比下降 0.4％；化肥施用量增长 1.6％，农药使用量下降 0.4％。塑料薄膜、农药、化肥的大量使用，给水体和土壤安全带来不容忽视的危害。

因此，集团公司领导要有充分的思想准备，在做好经济建设基础之上，还要注意地方社会建设、生态建设工作，创造性地将其及时转化为经济机会与经济效益。这事实上对晋开集团未来的团队建设提出了高标准、严要求。实践中要注意进行耐心细致、长期坚持，实施全员人才培养与使用战略，完成好项目建设。

（五）常规现代化思维惯性大，国内外公司强势竞争，国际形势瞬息万变

人的活动、社会的运动本身潜藏着对自然的破坏。商业活动的目的是盈利，在本质上

轻视社会、漠视自然，最终成为一种潜在的或公开的负面力量存在于社会运动中。资本主义是在商业文明基础上成长起来的，其在本质上潜藏着对社会、对自然的暴力。允许资本主义入境便意味着允许其对社会、对自然施暴。中国社会主义市场经济建设引入资本主义元素，其目的在于补资本主义历史内容，汲取资本主义文明的精华，融入社会主义。但必须时刻警惕资本主义对脆弱的社会基础与自然基础造成伤害。

人们说的常规现代化指的是以工业化、城市化为基本内容的现代化。虽然这是已经过时的现代化方式，但其思维方式还将长时期存在，深度影响农业建设。此外，国内外经营实体间广泛存在直接或间接、良性或恶性竞争。加之国际政治经济形势瞬息万变等，这些都将大大增加企业成长过程中的不确定性。企业既需要以不变应万变，也需要以变应变，因势利导，变被动为主动，变不利为有利，以不失时机地发展壮大自己。

（六）国家农业科技力量薄弱，科技资源分散，新的科教体系尚未成型

我国农业科教体系多年来师法欧美，而欧美体系基本不符合未来具有中国特色的农业现代化建设需要。我们创建具有中国特色的农业科学技术体系还处在进行时。集团公司在本项目工程建设中长期面临的基本形势将是：迫切需要牢牢依靠科技，然而又无现成的科技可直接依靠；满目是人，但往往不是自己最急迫需求的专业人才。企业只有仅仅依靠国家与地方政策，积极利用现有科技资源，综合集成，创建自己独具特色的农业科技创新体系。

五、项目建设指导思想

高举中国特色社会主义伟大旗帜，以邓小平理论、"三个代表"重要思想和科学发展观为指导，全面贯彻落实党的十八大、十八届三中全会和 2014 年中央 1 号文件精神，按照《中原经济区规划》的总体要求，以"用可持续发展观念统领农业，用产业联动思路拓展农业，用城乡一体化战略推进农业，用现代科学技术武装农业，用体制与机制创新提升农业，用景观设计理念塑造农业"为指导思想，以建设高产粮田为基础，构建现代农业产业化集群和新型农业经营体系，以稳定农村、服务城市、企业增效和农业增收为目标，走生产技术齐备、经营规模适度、市场竞争力强、农民生产积极性高、生态环境可持续发展的新型农业现代化道路，积极推进现代农业发展方式的建设。

以市场为导向，科技为支撑，建立完整的"肥料—种业—标准化生产—加工物流—金融信息与科技一体化服务"的产业链条，立足河南，面向中部，辐射全国，建设特色突出、优势明显、功能多样、社会繁荣与环境友好的现代农业体系，探索河南省及我国中部地区健康、稳定、可持续发展的区域农业发展模式。

本项目规划的总体思路为：以区域社会经济可持续发展观念为指导，以经营体制机制创新为动力，以促进企业增效和农民增收为落脚点，以现代农业科技为支撑，依托多产业联动，通过不断创新农业经营体系，打造现代农业产业化集群，推进现代农业又快又好地发展。建成粮食生产规模达到 400 万吨、集约高效综合经营的国家级现代农业龙头企业。

六、建设原则

（一）不改变原有土地农牧用途原则

我国农业资源不足，土地资源是所有农业资源中最稀缺的资源。国家三令五申，全社会达成共识，严格坚守耕地红线。在项目建设中，企业必然面临建设畜牧场、建设加工业基地等基础设施建设问题，应避免与国家和地方农用地保护政策发生冲突。从长远发展来看，未来农业企业必须在实践中建立一整套保护所在地区农用地与自身结构体系健康发展以及农业物质生产力持续提高的制度。

（二）平稳过渡，稳步推进的原则

河南农业生产在全国处于高水平状态，单位面积产量长期高于全国平均水平。由于初期阶段企业尚未建立成建制、大规模的提高粮食生产水平技术体系与经营体系，就以百万亩规模进入粮食生产领域，必然存在对原有系统扰动，在此过程中存在生产力降低的风险。实践中一定要注意虚心地向农民群众学习，先作学生，再作先生。在中国农民身上蕴藏着千百年来积累的应对各种农业不确定因素挑战的智慧，这是包括河南农业在内的我国农业系统在世界处于最先进水平状态的根本基础。轻率地放弃这样的基础将会导致农业生产力的倒退。而产量持续大幅度降低，则将成为企业与地方所不能接受的重大事件。因此，在未来发展中企业绝不可以在自己能力不足的情况下，犯独断专行，大包大揽，造成生产挫折的原则性错误。

（三）为民谋利，互利共赢的原则

国有大型企业的身份不是资本主义的企业，而是社会主义市场经济的代表。现阶段我国农村社会主义市场经济体系尚未建立，国有大型企业进入农业中必须清醒地认识到，农业现代化建设的每一项内容，都涉及农民群众的利益及社会大众的利益，实践中要注意时时事事从大局出发，分清楚各方利益，确定自己的利益与群众利益的关系，明确划分界限，建立企业利益与群众利益共生共荣的生长机制。

（四）依托村庄发展的原则

村庄是整个中国农村社会的细胞，是基本功能单位。只有解决了一个又一个村庄的农业建设问题，整个农村社会经济建设与地理生态环境建设才能步入全新发展状态。

村级建设是未来农村建设与农业建设的关键层级，集中力量进行村级农业建设是撬动农业现代化建设的最有力的支点，是下好农村现代化这盘围棋的活眼所在。建设实践中要注意将所有实际操作环节一项一项地落实到村庄层级。其中包括：土地流转制度建设，土地代耕制度建设，粮食生产合作社建设，生产管理任务分解落实，加工企业建设落脚，有关生产与社会服务组织机构网点建设，人才培养与培训工作。

（五）土地规模经营原则

村庄原有土地在家庭承包经营情况下条块分割，耕地因不同家庭经营技术差异导致地力不统一，肥料、农药、灌溉、机械作业各自操作，资源浪费大。此外，坟墓多安置在自家地里，坟头四处分布。未来公司粮食生产规模化经营要求解决建立新的丧葬制度，建立集中统一的村庄陵园，实现土地连片成方，便于统筹安排灌溉、施肥、施用农药，以及机械化。本项要求处理得当，将有利于同时解决村集体经济破产，村庄公共事业建设乏力问题，推动解决新农村建设的动力问题。实践中要注意解决村民自己留有自留地，种植蔬菜、水果等实际问题。关于耕地连片规模问题，耕地集中连片规模 5 000 亩的地块，更有利于公司直接经营，提高效率。如果村庄较小，土地规模较小，也可鼓励实行多种形式的经营制度，统一技术，统一市场，共谋发展。

（六）节约水资源原则与可持续发展原则

能够解决河南粮食规模化生产面临困境的基本因素有三个。第一，河南是我国重要农业与粮食生产区域，关于河南农业现代化建设的任何重大进展都将被摆放在国家层面进行严格的科学检验；第二，河南为我国人口第一大省，人均水资源占有量属于全国最低水平，水资源问题已经客观存在；第三，河南又位于中部地带的中原经济区，是近年来国民经济发展最快的区域之一，国民经济发展对农业、对资源环境正在提出越来越高的要求。随着时间的推移，人口、资源环境、经济发展之间的矛盾必将更加尖锐。上述情况将贯穿于本项目实施的全过程之中。对此，企业必须始终保持清醒的头脑，将节约水资源原则落实到每一项技术环节及全过程之中。保证整个建设工作可持续发展。

七、建设方针

（一）基本依靠农户生产，家庭农场、合作社、合作联社、企业化经营等多经营主体并存，企业统筹管理，协调运行

目前我国农村存在有两种经营管理模式：一种是 1978 年以来形成的农民个体经营管理模式。这是在极度困难条件下，由安徽小岗村农民创造的渡难图存的救难模式。随着 1984 年之后困难缓减，该模式在转向社会主义市场经济建设中面临改革需要。一种是一竿子戳到底的"中鹤模式"。即所谓的农村城市化、农业工业化模式。其结果为把农民就地或异地推向城市，农业文明消亡。本质上为"圈地运动""大鱼吃小鱼"式的欧美模式。河北衡水以村为单位建立粮食生产协会。目前采用协会代耕，2013 年集中到 20 000 亩。我们称之为不完善的第三种模式。

晋开集团现在进入农业有两个方面的优势。一方面，我国城市化进程仍在推进之中，近期农民进城势头有所减弱，大量的农民在可以预见的将来仍将留在农村从事农业生产，这本身是具有中国特色的农业现代化建设的基本内容与特质；另一方面，我国农业产业化已进行多年，农业产业领域个体经济、股份制经济、国有与民营混合型经济、跨国公司经

济同时并存，相当部分已经成长为健康的发展力量。这种情况下，国有经济成分作为新的建设力量进入农业领域，有利于正确面对各种有益的经济成分，有效团结与联合一切积极因素，推进相关建设。未来发展中，根据近年来的有关实践经验与教训，在积极探索的基础上，应尝试走以自己进行部分生产经营为基础，积极依靠村庄专业合作社或个体家庭农场进行粮食等生产，加工与经营方面努力与多种良性经济成分积极互动或合作，国有经济统筹一元化管理，上下左右前后中协调运营管理的道路。

（二）以粮产经营为基础，现代畜牧业配合，多元、多环节经营，协调发展

我国农业产业化发展是从畜牧业、蔬菜、水果等经济作物与生产启动的。作为农业生产的核心部分的粮食生产板块始终没有正式全面启动。随着时间的推移，我国粮食生产正遭遇进口规模越来越大，农村优势劳动力大量减少，粮食生产经济效益低下导致生产积极性降低，土地撂荒，生产技术投入不足，产量降低等一系列粮食安全问题。这成为国家与地方关心粮食安全问题的基本原因。粮食安全问题作为国家安全政策建设的重要内容将长期受到重视。未来企业启动本项目中要注意始终坚持以短期项目养长期项目，以加工利用项目、服务性项目，养种植生产项目，以粮食生产经营为基础，畜牧业为辅，多种经营，全面协调发展。在获得经济效益的同时，为国家分责分忧。

（三）以健康生产为目标，建立与完善技术体系

人们日常认识的粮食安全问题事实上是一个五位一体（食品安全、粮食安全、农村牧区安全、生物地理安全、国际农业安全）的农业安全的系统问题。粮食安全问题只是其中的一部分。企图不涉及农业安全问题，单纯解决粮食安全问题的方案是不存在的。只有彻底解决农业安全问题，才能最终解决中国粮食安全问题。农业安全问题是当代农业现代化建设的真正问题，也是晋开集团进入农业面对的基本问题。农业安全问题五位一体的事实明确无误地告知我们：农业现代化建设的目标任务包括相互关联的五项内容，在实践中必须时时谨记统筹兼顾，有序推进。要避免犯那种"摁倒葫芦起了瓢""拆东墙补西墙"，最后误打误撞，做尽亏本买卖，头破血流，铩羽而归的悲惨错误。实践中，只有在产品与生产体系中追求有机农业建设方向，才可以抓住农业安全五大问题核心，牵住了"牛鼻子"，然后就能步步为营，扎扎实实推进农业安全问题的解决。实践中要注意以有机农业、健康农业为抓手，建立与完善技术体系，稳步建设发展。

（四）突出经济效益，兼顾经济效益、社会效益、生态效益

企业的宗旨就是赢利，这是近400年以来资本主义发展的基本准则。客观地讲，这种运行模式促成了资本主义的发展与泛滥，这也同时成为当代世界社会问题成堆，人类生态环境问题之中难以自拔的基本原因。克服资本主义缺陷，走向可持续发展是人类发展的需要，也是中国特色社会主义建设的根本要求，这种要求必然地反映在具体的经济建设之中。从系统方面来把握，国有企业进入农村将面临三个战略层面的工作。其中，摆在明处的是：农业生产体系建设（植物业体系、动物业体系）；摆在暗处的是农村地理资源环境建设和农村社会建设，即所谓"一明两暗"。实践中，只有经济效益、社会效益、生态效

益三者兼顾，才能把握全局。如果只顾明处、浅处，不顾暗处、深处，则终将陷入被动局面。

（五）开放学习，积极吸纳一切先进成果，形成自己特色

在河南全省范围内进行 500 万亩高产粮田综合开发建设是一项系统工程和创新性工程。这是由于：第一，公司团队是由大量新人组成的队伍，在人员、知识方面面临大量的集成磨合任务；第二，项目建设内容中相当部分为从未尝试过的任务，在单项任务及复合任务组织方面面临众多新挑战；第三，在不同科学技术领域尽管有若干进展，但就整体来说没有现成的体系可以直接套用。以上三方面基本情况决定了项目建设必须本着开放学习的态度，既不盲目迷信，也不故步自封，积极地向各方面吸纳与学习一切先进的科学与技术成果，进行实验研究与分析总结，在实践的基础上，集成到生产体系中去，努力创建形成独具特色的产业体系。

（六）以培养人，使用人，充分发挥人的积极性为核心，将企业建设成理农大学

农学领域本身是一个大的实践领域。500 万亩高产粮田综合开发项目涉及十项建设任务。有关量产阶段的建设目标结果将包括：中原地区粮食生产综合经营的旗舰级企业；中原粮食第一大省的种业龙头；国内先进的奶业生产基地；全国领先的特色面食综合加工业园区；覆盖河南全省、功能齐备的农业与农村综合服务网；现代农业科技综合成果的展示窗口。这样的建设成果同时意味着企业将达到国家粮食主产省中小麦、玉米等主要粮食作物规模生产经营全国领先水平，中国农业核心省区规模较大的农业综合生产经营公司，国有企业在省域尺度主动、成建制进入粮食安全领域的成功典范，以及国有大型企业主导，政、产、银、研、民全面参与建设，稳步取得进步的现实案例。上述工作与主要结果对于稳定中原地区粮食安全地位，为新时期国家农业现代化建设开创全民创新局面，从经济基础着实推进国家农业现代化、推进中国特色现代化建设均具有特殊的意义。这将同时为河南省农业现代化、农村城镇化建设提供重要支撑，为国家区域农业现代化实践提供活的教材。企业应自觉地认识到项目建设的重要意义，注意全心全意地依靠科学技术，努力将企业建设成具有影响力的理农大学，不断为企业发展增强向心力与辐射力。

八、建设目标

（一）总目标

项目规划建设期为 2014—2020 年，总计流转土地 500 万亩，总投资 159.5 亿元。围绕种植业、养殖业、种业、农产品精深加工业、农产品贸易与服务体系，最终建成目标为十大板块。主要包括：年养殖优质奶牛与肉牛 10 万头；农作物播种土地面积 940 万亩，其中，优质粮食播种面积 800 万亩，优质青贮饲料种植 30 万亩，优质饲草 10 万亩，农作物制种面积 50 万亩；年产各种优质农产品达到 420 万吨以上，优质青贮料 105 万吨，优质青干草 8 万吨，农作物良种 20 万吨，优质原料奶 48 万吨，优质有机肥 35 万吨，加工

优质农产品 320 万吨，粮食贸易量 100 万吨。目标完成时，总产值与总利润分别达到 439 亿元和 64 亿元，带动 90 万户农户，年提供就业岗位达到 20 000 个。

（二）阶段目标

（1）2014—2016 年。流转土地 200 万亩；奶牛养殖规模 3 万头；优质粮食播种面积 321 万亩，优质青贮饲料种植面积 9 万亩，优质饲草种植面积 3 万亩，经济作物种植面积 20 万亩，农作物制种面积 24 万亩；年产优质粮食 168 万吨（其中粮食总产 160 万吨）以上，优质奶产品 14.4 万吨，优质有机肥 10.5 万吨，优质青贮料 31.5 万吨，优质青干草 2.4 万吨，农作物良种 9.2 万吨，加工优质农产品 125 万吨，粮食贸易量 40 万吨；总计投资 63.2 亿元，年销售收入将达到 122.3 亿元，年总利润 2.4 亿元；带动 36 万户农户，增加就业岗位将达到 8 000 个。

规划步骤：完成 200 万亩土地流转任务；以开封为中心，建设包括 144 万亩的小麦—普通玉米一体化生产基地、9 万亩的小麦—青饲玉米一体化生产基地、20 万亩小麦—花生一体化生产基地、3 万亩沿黄滩区（开封、郑州）苜蓿饲料生产加工基地和 24 万亩的良种繁育基地；建成 4 座标准化奶牛养殖场，使奶牛存栏规模达到 3 万头；开始建设日产 3 300 吨现代化制粉企业（年产 100 万吨）、加工园区配套设施等；建设育种基地、育种研发科研楼、种子检验中心、加工和仓储车间等工程。建设完成千乡千店网络覆盖；完成信息工程体系的基础设施建设及试点项目建设；建设农业科学与技术开发中心、科技试验站、农业科技示范园、试验推广基地，培养和引进农业领域急需紧缺人才。

（2）2017—2018 年。新增流转土地 200 万亩，公司流转土地总面积累计达到 400 万亩；奶牛养殖规模 8 万头；优质粮食种植面积 632 万亩，优质青贮饲料种植面积 24 万亩，优质饲草种植面积 8 万亩，经济作物种植面积 40 万亩，农作物制种面积 48 万亩；年产各种优质农产品 332 万吨（其中优质粮食 316 万吨）以上，优质奶产品 38.4 万吨，优质有机肥 28 万吨，优质青贮料 84 万吨，优质青干草 6.4 万吨，农作物良种 18.4 万吨，加工优质农产品 250 万吨，粮食贸易量 80 万吨；总投资额累计达到 127.6 亿元；年销售收入将达到 307.9 亿元，年总利润 1.5 亿元；带动 72 万户农户，增加就业岗位将达到 16 000 个。

规划步骤：完成 200 万亩土地流转任务；以漯河、驻马店和南阳市为重点，在新增土地流转面积中，新增 136 万亩小麦—普通玉米一体化生产基地、15 万亩小麦—青饲玉米一体化生产基地、24 万亩种子繁育基地、20 万亩小麦—花生一体化和 5 万亩沿黄滩区苜蓿生产基地。新建完成标准化奶牛养殖场 7 座，使奶牛存栏规模达到 8 万头；再建设育种基地 24 万亩，使总面积达到 48 万亩，配套建设种子质量检验中心；建设第二期日产 3 300 吨现代化制粉企业（年产 100 万吨），同时建设日产 3 000 吨玉米淀粉项目（年）和日产 200 吨保鲜馒头和保鲜包子项目（年产 6 万吨），日产 50 吨焙烤食品和 250 吨冷冻面团的焙烤食品企业；完善千乡千店的产品与服务体系，建立相对成熟的营销系统；全面建设产销加储运销信息化应用体系；深入发挥科技支撑体系的作用。培养和引进农业种植、作物遗传育种、畜禽养殖、农业加工、信息技术和有机农业创新人才。

（3）2019—2020 年。新增流转土地 100 万亩，公司流转土地总面积累计达到 500 万亩；奶牛养殖规模稳定在 10 万头；优质粮食种植面积 800 万亩，优质青贮饲料种植面积 30 万亩，优质饲草种植面积 10 万亩，经济作物种植面积 50 万亩，农作物制种面积 50 万亩；年产各种优质农产品 420 万吨以上，优质奶产品 48 万吨，优质有机肥 35 万吨，优质青贮料 105 万吨，优质青干草 8 万吨，农作物良种 19 万吨，粮食贸易量 100 万吨；总投资额累计达到 159.5 亿元；年总产值达到 439 亿元，年总利润 64 亿元；带动 90 万户农户，提供就业岗位将达到 20 000 个。

规划步骤：完成 100 万亩土地流转任务；以信阳为重点，80 万亩建成小麦—水稻生产基地、6 万亩建成小麦—青饲玉米生产基地、10 万亩建成小麦—花生生产基地、2 万亩建成苜蓿生产基地和再建成 2 万亩的种子繁育基地。再建设标准化奶牛养殖场 3 座，奶牛存栏规模达到 10 万头；在流转土地达到 500 万亩时，建设年产 20 万吨油脂加工企业、6 万吨食品加工项目和 20 万吨饲料加工项目；建设 B2C 网络销售平台，实现实体类产品、服务类产品同步网络销售，建立配套网络销售物流体系；在所有种植区、养殖区、工厂、仓储、物流中心、门店全面部署信息系统，实现一体化信息管理；重点提升人力资源效能为重点，着力优化人才发展环境。

表 10　500 万亩高产粮田一体化工程预期指标

序号	指标类别	单位	建设分期		
			2014—2016	2017—2018	2019—2020
1	累计流转土地	万亩	200	400	500
2		**万亩**	种植板块		
2.1	种植面积	万亩	321	632	800
	青贮种植		9	24	30
	饲草种植		3	8	10
	经济作物种植		20	40	50
2.2	种植产量	万吨			
	粮食产量		160.5	316	400
	青贮产量		31.5	84	105
	青干草产量		2.4	6.4	8
	经济作物产量		8	16	20
2.3	种植业总产值	亿元			**115.2**
3			种业板块		
3.1	育种面积	万亩	24	48	50
3.2	育种产量	万吨	9.2	18.4	19
3.3	种业总产值	亿元			**11.8**
4			养殖板块		
4.1	奶牛存栏	万头	3	8	10
4.2			**养殖产量**		
	优质牛奶	万吨	14.4	38.4	48

（续）

序号	指标类别	单位	建设分期		
			2014—2016	2017—2018	2019—2020
4.2	良种奶牛	万头			1.45
	淘汰母牛				1.4
	奶公犊				2.8
	优质有机肥	万吨	10.5	28	35
4.3	养殖业总产值	亿元			**30.8**
5	加工板块				
5.1	粮食加工量	万吨	125	250	320
5.2	加工总产值	亿元	64	128	**164**
6	贸易板块				
6.1	粮食贸易量	万吨	40	80	100
6.2	贸易额	亿元	9.6	19.2	**24**
7	综合指标（加入千乡千店、物流、金融、信息、科教投资5亿元）				
7.1	完成总投资		63.2	127.6	159.5
7.2	年总产值	亿元	122.3	307.9	339.7
7.3	年总利润		2.4	1.5	43.8
7.4	带动农户	万户	36	72	90
7.5	增加就业	个	8 000	16 000	20 000

九、建设布局

（一）经营项目战略布局

1. 奶业先行战略（独营）
国家奶业建设的重大技术问题基本解决，企业经济效益可靠，发展空间大。

2. 千乡千店先行战略（合营）
企业已有肥料技术创新成果与产品规模，可望将潜在效益转化为现实效益，为项目后续展开架桥铺路。

3. 农作物新品种育繁推体系建设先行战略（自营）
国家有政策，投入少、科技成果含量高，效益显著，为后续建设架桥铺路。

4. 农机服务站先行建设战略（合营或自营）

国家有补贴政策，高投入，高效益，高影响力，为后续建设架桥铺路。

5. 粮食产品加工增值体系建设先行战略（自营）

高投入，高产出，效益高，影响力大，为后续建设架桥铺路。

6. 粮食贸易体系先行战略（合营或自营）

国家政策保障，高投入，高产出，效益保障，影响大，为后续建设架桥铺路。

7. 科技服务先行战略（自营或合营）

与千乡千店并行服务，投入低，效益高，影响大，为后续建设架桥铺路。

8. 科技示范先行战略（合作或自营）

联合国内科技力量，分区定向建立长期生产试验示范中心，投资少，效益高，影响大，为后续建设架桥铺路。

9. 人才先行与软件先行战略（自营）

筛选、锻炼、培养、使用人才，网络信息工程建设，投入低，效益高，影响大，为后续建设架桥铺路。

10. 耕地流转与合作经营稳步推进战略（与村庄合作社合营）

投入低，效益高，影响大，建设难度大，是模式成功的决定因素。在500万亩耕地中基本采用2：8结构。即20%的土地流转，用于试验示范，包括10万亩的苜蓿生产基地，30万亩青贮饲料，50万亩的制种基地，以及10万亩的高产稳产试验示范基地；80%的部分以农户为主体，通过综合服务，包括提供良种、优质肥料、农机、农技、售后等无微不至的服务，实现合作经营。

（二）产业空间布局

以开封市为核心，以千村千店网络服务为依托，在产业布局上以粮食生产为主，设立种植区、养殖区、粮食储存及加工区三大功能区，依据区域资源及生态环境条件，确定三大功能区适宜占地面积与空间布局，实现区域资源的优势互补，良性互动。

1. 种植区域布局

根据河南省农业自然资源与社会资源特征，建立小麦—玉米（粮用、饲用）一体化优质高产生产基地（开封、周口、商丘、漯河等）、小麦—花生一体化优质高产生产板块（驻马店）、小麦—水稻一体化优质高产生产板块（信阳）、小麦和苜蓿一体化生产板块（沿黄滩区）等四大核心作物生产板块和作物新品种繁育研发中心，形成"1341（一个服务网络、三大功能区、四大作物生产板块和一个研发中心）"模式，在粮食种植区形成"一纵四横"之空间发展格局（图1），并逐步辐射周边土地集中、农业资源条件优越的县市。

在河南开封小麦、玉米主产区建设一个综合育种试验站，规划用地500亩。在河南其他区域建立区域品种测试站6个，每个50亩。

2. 养殖区域布局

河南是农业大省，多数地市均为国家和地方的粮食主产区，且奶业具备特有的沿黄地区绿色奶业带的布局特色，综合考虑本省奶业密集带、原奶收购乳企位置、当地土地规划

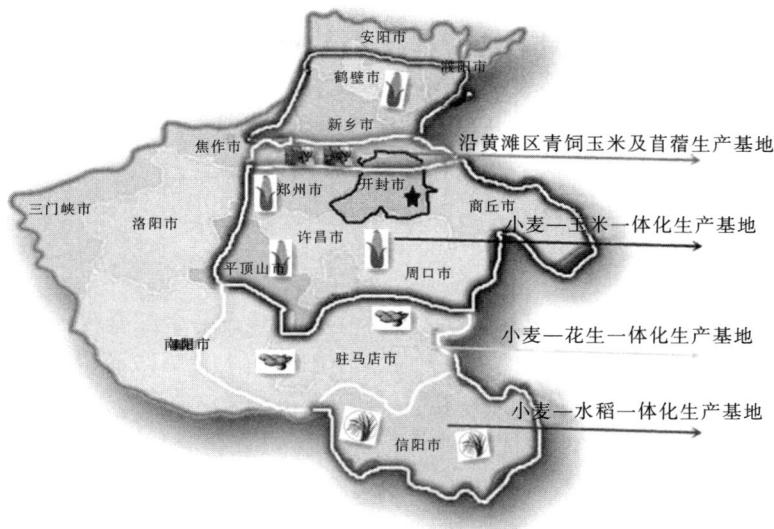

图 1　500 万亩高产粮田 "一纵四横" 空间布局

类型及交通条件，进行养殖功能选址整体布局。

以郑州为中心，依托主要高速公路，形成贯通东西、纵横南北的 "十" 字形奶业发展布局。在已完成土地流转区域及其他有发展潜力的重点区域，规划建设布局。

（1）开封市以兰考县作为主要建设地，建设存栏 2 万头超大型牧场 1 座。

（2）郑州市以中牟、新郑为理想建设地，规划建设存栏 1 万头超大型牧场 1 座，存栏 5 000 头大型牧场 1～2 座。

（3）焦作市以博爱县、温县及修武县为预期考察建设地，规划建设存栏 1 万头超大型牧场 1 座，存栏 5 000 头大型牧场 1～2 座。

（4）洛阳市以伊川县、嵩县、洛宁县为预期考察建设地，规划建设存栏 1 万头超大型牧场 1 座，存栏 5 000 头大型牧场 1～2 座。

（5）漯河以舞阳县、临颍县、召陵区为预期建设地，规划建设存栏规模 5 000 头大型牧场 1～2 座。

（6）驻马店以驿城区、平舆县、新蔡县为预期建设地，规划建设存栏规模 5 000 头大型牧场 1～2 座。

3. 粮食加工区域布局

晋开集团粮食加工增值体系项目建设在开封市内的加工园区进行，选址要求交通便利、水质和空气适当、距现有化工企业距离适中，以便化工企业排出的蒸汽能够较便利地输送到加工园区。

在加工园区内建设项目及用地情况如下：

（1）年加工 200 万吨小麦的专用粉生产企业，占地 100 亩。

（2）年加工 100 万吨（日加工 300 吨）玉米的玉米淀粉生产企业，占地 220 亩。

（3）年产 6 万吨保鲜馒头和保鲜包子的新型常温流通主食食品生产企业，占地 120 亩。

（4）年加工 6 万吨半鲜面条与保鲜饼生产企业，占地 120 亩。

（5）年加工 20 万吨油脂项目生产项目，占地 100 亩。

（6）年产 20 万吨饲料加工项目，占地 30 亩。

（7）小麦麸皮多糖、膳食纤维生产企业。在企业发展到一定阶段，经济实力和市场推广能力都较强时，发展这类有一定功能和健康作用的食品。

上述加工企业合计占地 720 亩。附属普通设施等占地 40 亩，粮食干燥、仓库等占地 200 亩，预留地 40 亩，合计需要土地 1 000 亩以上。

4. 育种区区域布局

（1）综合育种试验站。在河南开封小麦玉米主产区建设一个综合育种试验站，计划用地 500 亩。在河南其他区域豫北、豫中、豫东、南阳、信阳、旱作不同区域建设品种测试试验站 6 个，每个 50 亩。共计用地 800 亩。

（2）优质种子生产基地。小麦优质种子生产基地 41.1 万亩，其中小麦大田用种种子生产田 40 万亩，原原种 1 万亩，育种家种子田 1 000 亩；玉米杂交种制种田 10 万亩，其中西北传统玉米种子生产基地 7.5 万亩，河南建设生产基地 2.5 万亩。共计用地 51.1 万亩。

（3）生产性基础设施。包括研发大楼与种子生产能力相配套的加工车间、晒场、库房、配套工具房等，共计用地 1 200 亩。

（三）产业建设期分布

产业规划建设期为 2014—2020 年，总计 7 年，具体划分为三个建设期。

2014—2016 年为项目一期；2017—2018 年为项目二期；2019—2020 年为项目三期。

（1）项目一期的主要建设内容。完成 200 万亩土地流转任务；以开封为中心，建设包括 144 万亩的小麦—普通玉米一体化生产基地、9 万亩的小麦—青饲玉米一体化生产基地、20 万亩小麦—花生一体化生产基地、3 万亩沿黄滩区（开封、郑州）苜蓿饲料生产加工基地和 24 万亩的良种繁育基地；建成 4 座标准化奶牛养殖场，使奶牛存栏规模达到 3 万头；开始建设日产 3 300 吨现代化制粉企业（年产 100 万吨）、加工园区配套设施等；建设育种基地、育种研发科研楼、种子检验中心、加工和仓储车间等工程。建设完成千乡千店网络覆盖；完成信息工程体系的基础设施建设及试点项目建设；建设农业科学与技术开发中心、科技试验站、农业科技示范园、试验推广基地，培养和引进农业领域急需紧缺人才。

（2）项目二期的主要建设内容。完成 200 万亩土地流转任务；以漯河、驻马店和南阳市为重点，在新增土地流转面积中，新增 136 万亩小麦—普通玉米一体化生产基地、15 万亩的小麦—青饲玉米一体化生产基地、24 万亩的种子繁育基地、20 万亩小麦—花生一体化和 5 万亩沿黄滩区苜蓿生产基地。新建完成标准化奶牛养殖场 7 座，使奶牛存栏规模达到 8 万头；再建设育种基地 24 万亩，使总面积达到 48 万亩，配套建设种子质量检验中心；建设第二期日产 3 300 吨现代化制粉企业（年产 100 万吨），同时建设日产 3 000 吨玉米淀粉项目（年）和日产 200 吨保鲜馒头和保鲜包子项目（年产 6 万吨），日产 50 吨焙烤食品和 250 吨冷冻面团的焙烤食品企业；完善千乡千店的产品与服务体系，建立相对成熟的营销系统；全面建设产销加储运销信息化应用体系；深入发挥科技支撑体系的作用。培养和引进农业种植、作物遗传育种、畜禽养殖、农业加工、信息技术和有机农业创新人才。

（3）项目三期的主要建设内容。完成 100 万亩土地流转任务；以信阳为重点，80 万亩建成小麦—水稻生产基地、6 万亩建成小麦—青饲玉米生产基地、10 万亩建成小麦—花生生产基地、2 万亩建成苜蓿生产基地和再建成 2 万亩的种子繁育基地。再建设标准化奶牛养殖场 3 座，奶牛存栏规模达到 10 万头；在流转土地达到 500 万亩时，建设年产 20 万吨油脂加工企业、6 万吨食品加工项目和 20 万吨饲料加工项目；建设 B2C 网络销售平台，实现实体类产品、服务类产品同步网络销售，建立配套网络销售物流体系；在所有种植区、养殖区、工厂、仓储、物流中心、门店全面部署信息系统，实现一体化信息管理；重点提升人力资源效能为重点，着力优化人才发展环境。

十、项目建设基本内容

（一）高产粮田规模化生产管理与经营

1. 建设目标

按照十八大报告提出的"工业化、信息化、城镇化、农业现代化"同步发展和 2014 年中央 1 号文件的要求，立足河南省农业资源特征和粮食生产现状，着眼国际、国内和地方农产品市场和战略需求，按照高标准、高科技、规模化、集约化、生态化的原则，用现代化的发展理念引领农业，在管理上以粮食生产"产前、产中和产后"关键环节为主链条，集成现代化的物质装备和现代化的高新技术，提高农业生产集约化、机械化、信息化、标准化水平；在经营上以市场为导向，建立种养加、产供销、贸工农一体化的现代农业产业体系，提高规模化、专业化、组织化与社会化服务水平，全面提高土地产出率、资源利用率和劳动生产率，提高粮食生产素质、效益和竞争力。力争在 7 年内（2014—2020 年）建成 500 万亩稳产抗逆、资源高效和环境友好的高产粮田，分别发展粮食、经济和饲料作物生产，实现年产原粮 400 万吨，并辐射带动周边区域农业产业化的发展。

2. 建设内容

以开封市为核心，以千乡千店网络服务为依托，在产业布局上以粮食生产为主，设立种植区、养殖区、粮食储存和加工区三大功能区。根据河南省农业自然资源与社会资源特征，在种植功能区以夏秋一年两熟为主要种植制度，充分挖掘夏秋一年两熟光热土地资源潜力，以优质专用小麦生产为核心，突出河南省地方特色农产品，建立小麦—玉米（粮用、饲用）一体化优质高产生产基地（开封、周口、商丘、漯河等）、小麦—花生一体化优质高产生产基地（驻马店）、小麦—水稻一体化优质高产生产基地（信阳）、沿黄滩区苜蓿生产基地（沿黄滩区）等四大核心作物生产基地和作物新品种繁育研发中心，形成"1341（一个服务网络、三大功能区、四大作物生产板块和一个研发中心）"模式，在粮食种植区形成"一纵四横"的空间发展格局（见图 1），逐步辐射周边土地集中、农业资源条件优越的县市。

在项目分期分批有序建设的基础上，在粮田管理和经营中，根据土地实际情况，有步骤地进行"土地流转、农田基本建设与保护、现代化肥水管理与病虫草害防控、现代化防灾减灾、全程机械化管理与服务、面源污染控制、现代化适时收获与产量测报、农产品分级储运、综合利用"等工程建设。

3. 阶段性建设目标

高产粮田建设项目，空间上以开封市为中心，分批分期向北向南扩展，作物上以小麦—玉米一体化规模生产为主体，分期分批扩大至油料、水稻等作物，具体分以下三期进行。

一期建设（2014—2016 年）：以开封为中心，向北（新乡、安阳、焦作）和向东南（商丘、周口、漯河）完成土地流转面积 200 万亩，建设包括 144 万亩的小麦—普通玉米一体化生产基地、9 万亩的小麦—青饲玉米一体化生产基地、20 万亩小麦—花生一体化生产基地、3 万亩沿黄滩区（开封、郑州）苜蓿饲料生产加工基地和 24 万亩的良种繁育基地。建成后实现年稳定产粮 158.5 万吨（包括 144 万亩小麦—玉米吨粮田产粮 144 万吨，9 万亩小麦—饲料玉米产粮 4.5 万吨，20 万亩小麦—花生产粮 10 万吨），花生产量 8 万吨（每亩 400 千克/亩）。粮食总产值达 38.04 亿元（每吨粮食价格以 2 400 元计算），花生产值 5.6 亿元，实现种植业总效益 43.64 亿元。

二期建设（2017—2018 年）：以漯河、驻马店和南阳市为重点，新增流转土地面积 200 万亩，流转土地总面积累计达到 400 万亩。在新增土地流转面积中，新增 136 万亩小麦—普通玉米一体化生产基地、15 万亩的小麦—青饲玉米一体化生产基地、24 万亩的种子繁育基地、20 万亩小麦—花生一体化和 5 万亩沿黄滩区苜蓿生产基地。建成后实现年新增稳定产粮 153.5 万吨（包括 136 万亩小麦—玉米吨粮田产粮 136 万吨，20 万亩小麦—花生产小麦 10 万吨、15 万亩的小麦—青饲玉米产粮 7.5 万吨），新增花生 8 万吨。新增粮食总产值达 36.84 亿元，新增花生产值达 5.6 亿元（每吨花生价格以 7 000 元计算）。实现种植业总效益 90.30 亿元。

三期建设（2019—2020 年）：以信阳为重点，新增流转土地 100 万亩，完成 500 万亩土地流转。在新增的 100 万亩流转土地中，80 万亩建成小麦—水稻生产基地、6 万亩建成小麦—青饲玉米生产基地、10 万亩建成小麦—花生生产基地、2 万亩建成苜蓿生产基地和再建成 2 万亩的种子繁育基地。建成后实现年新增稳定产粮 88 万吨（包括 80 万亩小麦—水稻吨粮田产粮 80 万吨，10 万亩小麦—花生产小麦 5 万吨，6 万亩小麦—青饲玉米产粮 3 万吨），新增花生 5 万吨。新增粮食总产值达 21.12 亿元，新增花生产值达 3.5 亿元。并实现种植业总效益 115.20 亿元。

（二）农作物新品种推广经营体系建设

1. 建设目标

本项目针对 500 万亩高标准农田现代化农业生产发展形势，建设以小麦、玉米为主的新品种推广经营体系。

2. 建设内容和投资预算

项目主要进行种业三大环节建设。新品种选育—优质种子生产加工—种子营销推广。项目以流转土地自主供种为主，兼顾辐射区域优质种子需求。具体实施分步进行，以小麦种子生产自供种起步，逐步建立以杂交玉米种子为主的现代化晋开新品种推广经营体系。

新品种来源采用购买品种与自建育种研发体系，选育拥有自主知识产权品种两条腿走路的方式。在河南开封及项目目标区域地区建立育种站与品种区域试验站。

新品种优质种子生产基地中，涉及小麦的育种家种子、原原种、原种以及优质大田生产用种的种子基地主要在河南建设。配套优质种子加工厂建设，种子贮藏储运中心建设。玉米种子亲本种子及部分杂交种生产在具有制种气候优势条件的中国西北进行。部分杂交种通过在河南玉米种子消费大省建立现代化加工厂。配套建设种子质量检验中心。

其中，小麦新品种选育以黄淮海平原冬麦区的适应品种为主，以北方冬麦区为辅；以粮食加工增值小麦品质需求为主，主抓强筋小麦和弱筋小麦两个极端品种，兼顾高产、广适、抗病抗逆等多个性状品种，建设优质小麦种子生产基地 40 万亩、原种 1 万亩、原原种 1 000 亩和育种家种子田 100 亩。

建设小麦种子现代化加工中心 4 个，每个中心安装 6 条单机，每小时产量 10 吨，日加工能力 960 吨，每个生长季生产加工 40 天左右，一年一季，年加工生产优质种子 4 000 万千克左右；具有种子现代化加工线的中心 4 个，将年产 1.6 亿千克优质小麦种子，每亩播种量 12.5 千克，可供 1 200 万亩使用。种子销售价 4.3 元/千克，销售额为 6.88 亿元，种子生产成本 2.8 元/千克，年实现利润 3.68 亿元左右。

玉米新品种以黄淮海夏播普通玉米为主、饲料用青贮玉米为辅，建设优质种子生产基地 10 万亩，亲本种子生产田 1 250 亩。建设可实现单粒机械播种质量要求的优质玉米和子生产现代化加工厂，建设 4 个烘干能力为 2 500 吨的种子加工线，平均烘干周期为 4 天，40 天加工期。每亩生产 300 千克种子，共生产 3 000 万千克种子，每亩播种量 2.5 千克，可供 1 200 万亩生产使用。

玉米杂交种，农业部公布 2012 年平均单价 22.79 元/千克，可实现销售额 6.837 亿元，每千克成本为 9.2 元，利润为 4.077 亿元。

本项目的实施将能够促进我国粮食生产主产区小麦、玉米种子业现代化发展，为我国粮食安全奠定坚实的基础。

（三）一体化现代奶牛场示范与经营

1. 建设目标

以"绿色奶业、农牧结合"为宗旨，规划期内，在河南省境内逐步建设布局合理、规划科学的大型规模化现代化奶牛示范场，并配套相应的饲用青贮玉米和苜蓿种植用地及饲料加工厂，实现种养一体化经营。

2. 建设内容

项目建设以开封市兰考县东坝头乡 2 万头存栏超大型奶牛牧场为开端，逐步向全省展开布局，建成后形成东起开封，西至洛阳，北起焦作，南至驻马店的贯通东西、纵横南北的十字形奶业发展布局。

采取洲际引种和场内自繁两种形式相结合,进行奶牛快速扩群和品种改良。在 7 年时间内快速将全群存栏规模由 0 扩充至 10 万头,牧场及配套设施规划建设总面积约 10 000 亩,配套种植用地 700 000 亩(其中:种植饲用青贮玉米和苜蓿干草用地 300 000 亩)。

建成达产后,形成单体存栏规模 2 万头的超大型牧场 1 座,单体存栏规模 1 万头的大型牧场 3 座,单体存栏 5 000 头的规模化牧场 10 座;总存栏规模达到 10 万头(其中成母牛 5.70 万头,青年牛 1.42 万头,犊牛及后备牛 2.88 万头);年销售优质原奶 48.44 万吨,良种奶牛 1.45 万头,淘汰成母牛 1.42 万头,淘汰奶公犊 2.81 万头,优质有机肥 35 万吨(表 11)。

表 11　规划期项目预计产出表

产品/年份	原奶（吨）	其中：成母牛头数	头均单产[吨/(头·年)]	良种母牛（头）	淘汰母牛（头）	奶公犊（头）	有机肥（吨）
2014 年	—	—	—	—	—	—	—
2015 年	35 000	5 000	7.0	0	1 000	202	48 481.34
2016 年	66 600	9 000	7.4	0	2 567	518	97 001.23
2017 年	117 571.3	15 269	7.7	0	5 023	1 014	173 038.03
2018 年	203 253.3	25 093	8.1	0	8 872	1 791	274 678.56
2019 年	301 648	35 488	8.5	12 444	13 904	28 068	341 941.34
2020 年	472 719	55 614	8.5	14 514	14 248	28 762	350 400.00
2021 年后	484 415	56 990	8.5	14 514	14 248	28 762	350 400.00

3. 建设分期与投资预算

本项目自 2014 年启动,至 2020 年完成建设,总计 7 年。其中,固定资产建设期自 2014 年至 2019 年,总计 6 年。牛群引种及扩群工作建设期自 2014 年至 2020 年,总计 7 年(表 12)。

表 12　项目年度建设目标

年份	存栏数（头）	奶牛单产[吨/(头·年)]	牧场建设（座）	牧场设计存栏规模（头）	牧场建设用地面积（亩）	配套种植用地面积（亩）
2014 年	5 000	—	1	20 000	2 000	140 000
2015 年	13 836	7.0	1	20 000	2 000	140 000
2016 年	27 683	7.4	4	30 000	3 000	210 000
2017 年	49 383	7.7	7	50 000	5 000	350 000
2018 年	78 390	8.1	11	80 000	8 000	560 000
2019 年	97 586	8.5	14	100 000	10 000	700 000
2020 年	100 000	8.5	14	100 000	10 000	700 000

4. 投资预算

项目建设期总投资规模 304 001.44 万元,包括固定资产投资 293 428.83 万元和铺底流动资金 10 572.61 万元。

固定资产投资包括：土建工程投资 141 380.08 万元，设备建安工程投资 57 310.67 万元，引种投资 46 000.00 万元，防护林建设投资 22 200.00 万元，递延资产投资 9 854.47 万元，以及工程预备费 16 683.62 万元。

项目自 2015 年投产，2020 年达产，效益计算期 20 年。计算期内年均销售收入合计 255 043.20 万元，年均经营成本 129 960.36 万元。计算期内项目税后财务内部收益率为 31.07%，财务净现值为 700 062.73 万元，投资回收期 7.40 年，投资利润率为 41.08%，盈亏平衡点为 11.02%，具有较好的盈利能力和抗风险能力。

（四）粮食产品加工增值体系建设

1. 建设目标

通过 6 年的建设，晋开集团粮食加工增值体系的建设基本完成后，将实现以下发展目标：

（1）在开封市建设一个占地 1 000 亩左右，集粮食仓储、贸易和加工为一体的高水平晋开粮食加工园。

（2）工业园年加工粮食 320 万吨，其中：小麦 200 万吨，玉米 100 万吨，花生 20 万吨。

（3）粮食加工增值体系项目总投资 30 亿元，全部建成投产后，年产值达到 250 亿元。

2. 建设内容

（1）年加工 200 万吨（各 100 万吨，日产 3 300 吨）小麦专用粉生产企业，分两期建设。利用集团公司的蒸汽资源优势，对小麦进行清洁处理，主要生产速冻食品专用粉、面包专用粉、焙烤杂粮专用粉、馒头专用粉、半鲜面专用粉等。

（2）年加工 100 万吨（日加工 3 000 吨）玉米的玉米淀粉生产企业，在生产淀粉的同时，生产葡萄糖、低聚糖和高聚果糖等更高附加价值的产品。

（3）年产 6 万吨保鲜馒头和保鲜包子的新型常温流通主食食品。日产 140 万个保鲜馒头（每个 100 克）和 100 万个保鲜包子（主要为肉包、豆沙包、紫薯包、燕麦包、奶汩包、蟹黄包、香菇包等非叶菜类包点），实现在常温下保鲜 3～6 个月的目标。

（4）年加工 6 万吨半鲜面条与保鲜饼生产企业，实现常温下面条和饼（手抓饼、印度抛饼等）保质期 6 个月。

（5）年加工 20 万吨油脂项目。利用制粉企业的小麦胚芽、玉米加工企业的玉米胚芽以及花生，生产不饱和脂肪酸含量和维生素含量较高的健康油脂。

（6）年产 20 万吨饲料加工项目。利用小麦加工企业的麸皮、次粉，油脂加工企业的饼粕和玉米加工企业的玉米渣加工奶牛养殖企业需要的饲料。

（7）小麦麸皮多糖、膳食纤维生产项目。在粮食加工园区建设后期，以小麦加工企业的麸皮为原料，生产麸皮多糖和膳食纤维等功能性食品。建设规模为年产 200 吨功能食品。

3. 分期与投资预算

2014—2016 年，实施日产 3 300 吨现代化制粉企业（年产 100 万吨）、加工园区配套设施等（包括蒸汽输送、办公与检验和研发大楼等）建设，总投资 11.5 亿元。

2017—2018 年，实施第二期日产 3 300 吨现代化制粉企业（年产 100 万吨），同时进行日产 3 000 吨玉米淀粉项目（年产 100 万吨）和日产 200 吨保鲜馒头和保鲜包子项目（年产 6 万吨）建设，总投资 15 亿元。

2019—2020 年，实施年产 20 万吨油脂加工企业、6 万吨半鲜面等食品加工项目与 20 万吨饲料加工项目建设，总投资 3.5 亿元。

（五）粮食购销储运贸易体系建设

1. 建设目标

确保国家粮食安全、保障重要农产品有效供给，始终是发展现代农业的首要任务，而新形势下保障粮食安全则更需强调"永续发展"和"转变农业发展方式"，要向市场化、有效规模化、经营机制创新化以及科技支撑化方向转变。

在此背景下，晋开集团作为国有大型涉农化工企业，勇于开拓、锐意进取，力争在 7 年内（2014—2020 年），通过整合配置各方面优势资源，逐步打造一个集种植养殖、生产加工、仓储物流以及贸易服务为一体的全产业链农业龙头企业，努力走出一条中国农业新型经营主体创新发展的成功之路，为实现国家粮食安全大计做出强有力的支撑。

2. 建设内容

根据晋开集团 500 万亩高产粮田建设经营项目粮食购销储运贸易体系的规划目标，规划组建一个粮食贸易事业部、一个 20 万吨高标准粮食储备库和一个现代化的涉农物资物流中心。

（1）组建一个粮食贸易事业部。负责粮食的收购、销售以及风险管理，承担集团公司在农资、粮食价格、农业政策以及宏观经济等方面的研究分析职能，是需求导向的粮食销售模式、服务导向的集中农资采购、风险管理导向的价格策略和经济效益导向的特色农产品购销经营的研究者和执行者。

（2）建设一个 20 万吨仓容的粮食储备库。有效对接粮食深加工产业规划，充分利用晋开集团的蒸汽和物流资源优化粮食的运输、烘干、贮存、销售流程，既可承担国家临储职能，同时争取成为郑州商品交易所（小麦）和大连商品交易所（玉米）指定商品交割仓库。

（3）现代化的涉农物资物流中心建设。充分利用集团公司现有物流运力资源，对接千乡千店需求，承担种子、化肥、农药、农机具等农业物资的配送及中转功能，同时，物流中心负责粮食收购运输和粮食加工品销售配送。在项目建设中，充分争取国家鼓励"在国家年度建设用地指标中单列一定比例，专门用于新型农业经营主体建设配套辅助设施"的政策进行规划布局。

3. 阶段性建设目标

一期建设（2014—2016 年）：贸易方面，逐步形成贸易规模 40 万吨、贸易额 9.6 亿元的粮食贸易事业部，组成 5 名研究分析师、3 名交易员以及 2 名管理人员的贸易研发团队；仓储方面，2014 年开工，于 2016 年建成 20 万吨仓容的粮食储备库；物流方面，改造升级原有铁路专用线，对接粮食和农用物资的物流，物流车队规模达到 500 辆，其中 LNG 新能源型车 100 辆。

二期建设（2017—2018 年）：贸易方面，粮食贸易规模达到 80 万吨、贸易额为 19.2 亿元；物流方面，增设一条粮食和农用物资的物流铁路专用线，物流车队规模达到 800 辆，其中 LNG 新能源型车 400 辆。

三期建设（2019—2020 年）：贸易方面，粮食贸易规模达到 100 万吨、贸易额为 24 亿元；物流方面，增设一条粮食和农用物资的物流铁路专用线，物流车队规模达到 1 000 辆，其中 LNG 新能源型车 500 辆。

（六）千乡千店综合服务体系建设

1. 建设目标

"千乡千店"建设主要目标是将其打造成为"全过程、一站式、专业化、保姆化"的综合运营网络。"全过程、一站式"，是指对农民的相关农业活动从产前、产中、产后的农资提供与技术指导，以及销售农（副）产品与食品，使农民足不远行，满足生产与生活所需；"专业化、保姆化"，指向农民提供科学、专业、正规的农事指导服务，同时，对有需求的农民提供全程的专业种植培训与技术指导服务等。

积极推进千乡千店工程建设，加快农业社会化服务进程，实现服务体系与农业产业化发展的良好对接，在土地流转、现代农业种植、粮食经销、养殖技术等方面为项目提供更广阔的发展平台。这样做既符合国家的总体发展规划，又为国家农业发展贡献了力量，同时，为集团公司拓展了更大的市场、提供了更多的产品需求量、扩大了利润提升空间，普惠广大农民的利益，让农民在生产方面拥有更多的自主选择权。

2. 建设内容

"千乡千店"工程网络建设，主要分为 4 个部分：

（1）经营模式。实体店铺：规划在项目期完成"千乡千店"农资与服务销售网络，在河南全省的乡镇开设不少于 1 000 家直管店铺。

电子商铺：借助网络平台，开设 B2C 模式网上直销系统并建立配送系统。农户可以直接在网上订购所需产品，节省了从村庄到乡镇的路途，同时企业也可以按照订单集中配送，节约资本。

（2）经营范围。实体类产品：在原有产品的基础上积极开发符合各个不同区域的针对性农资及农机具产品，以符合当地农业生产需要；收购粮食；销售加工产品。

服务类产品：提供包括信息传播、专家咨询、技术指导、小型培训、物流服务等专业性农业社会化服务。

（3）信息网络建设。建立健全信息传递机制，包括财务系统、应急事件处理系统、日常信息传递系统、农事信息系统、农业专家团队服务系统等信息网络的建设，达到每店一个信息终端，以便信息能够准确、快捷地传递。

（4）管理机制建设。完善管理机制的建设，实现"区域—市县—乡镇"三个管理层级，每一区域设 1 名负责人（5 人），每一市县设 1 名负责人与 2 名助理（30～50 人），每一个店铺至少设 2 名店员（3 000～6 000 人），三级共管店铺运转。

3. 项目建设分期与投资概算

2014—2015 年，在河南省粮食主产县域内开设 1 000 家（或以上）实体店，进行农资与农机具销售和农业技术指导等服务；建立配套物流体系，实现产品从厂家到农户的全流程销售链。总投资 3 000 万元（3 万元/店）。

2016—2018 年，完善产品与服务体系，建立相对成熟的营销系统。与集团公司产业化进程对接，扩大经营范围，在原有经营产品基础上，增加（深）加工粮油、食品及农副产品的销售。

2018—2020 年，建设 B2C 网络销售平台，实现实体类产品、服务类产品同步网络销售，建立配套网络销售物流体系，实现快速便捷的送货上门服务。

（七）金融安全体系建设

1. 建设目标

抓住战略机遇，力争在规划期内（2014—2020 年），将农业产业项目逐步发展成以"规模化粮食种植＋耕地修复型肥料＋新能源涉农物流仓储＋生态奶牛产业＋循环经济粮食深加工"为创新经营模式的农业全产业链龙头上市公司，通过入股、反向入股及发起等方式成立农村商业银行、农业保险公司等金融机构，将产业链向涉农金融服务领域延伸，构建企业内外金融支撑体系。

2. 建设内容

（1）农业全产业链龙头企业上市计划。抓住国家扶持新型农业经营主体发展以及支持符合条件的农业企业在主板、创业板发行上市的重要契机，力争在四、五年内，实现晋开集团农业产业化项目从规划到上市公司的质变，并借助资本市场的力量为现代农业发展和国家粮食安全增添强有力的支撑。

（2）引入多元化优势的战略投资者和战略合作者。在坚持绝对控股的条件下引入多元化的战略投资者和战略合作者，以流转土地、水肥资源以及创新经营模式为核心，整合资金、品牌、管理经验、技术、渠道等各方面优势资源，全方位打造混合经济体制下的农业全产业链龙头企业。

（3）构建涉农金融服务产业链。通过入股、反向入股及发起等方式成立农村商业银行、农业保险公司、小额贷款公司等金融机构，将产业链向涉农金融服务领域延伸，构建企业内外结合的涉农金融服务支撑体系，并充分发挥期货市场和农业保险促进农业发展的风险管理功能。

（4）多层次融资渠道支撑农业全产业链发展。实现自有资金＋股权投资基金＋政策性贷款＋债券市场＋土地信托＋上市融资及再融资＋融资租赁＋政策补贴奖励＋农业保险＋期货农业等十方面的资金渠道齐头并进。

针对规划期内预算的 160 亿元投资总额，坚持多渠道、多元化的融资方式，降低项目的总融资成本，保证全产业链的协同发展和资金高效运转，实现资金链的安全。

3. 建设分期

一期建设（2014—2016 年）：为突出新型农业经营主体地位以及较早启动上市计划，2014 年，由晋开集团发起成立"农业发展股份公司"，重点引入战略型股权投资基金、大型种子公司以及大规模现代奶牛公司的战略入股。在该阶段发起成立小额贷款公司，积极寻求入股农业保险公司和农村商业银行的机遇，通过对全产业链经营模式的成功经验积累，为 2018 年在上海股市主板上市做准备。

主要融资方式及额度 60 亿元。由"自有资金 10 亿元＋股权投资基金 2 亿元＋中央地方配套资金 3 亿元＋商业银及政策银行贷款 15 亿元＋银行综合授信额度 30 亿元"构成，其他融资方式为辅。

二期建设（2017—2018 年）：2017 年，确立"规模化粮食种植＋耕地修复型肥料＋新能源涉农物流仓储＋生态奶牛产业＋循环经济粮食深加工"农业全产业链创新经营模式；2018 年，晋开集团农业公司上市，计划融资规模 50 亿元，募集资金主要用于扩大再生产，重点投向水肥产能及技术升级和粮食深加工项目。

主要融资方式及额度 100 亿元。由"上市募集资金 50 亿元＋股权投资基金 5 亿元＋中央地方配套资金 5 亿元＋银行贷款 10 亿元＋银行授信额度 30 亿元"构成，其他融资方式为辅。

三期建设（2019—2020 年）：集团公司发展成为百亿市值的农牧上市公司，向种子和农药领域扩展，农业全产业链创新经营模式在河南省全方位复制，并逐步辐射到全国，对中国粮食规模化生产经营和现代农业产业化发展做出有益的探索和启示。

主要融资方式及额度 100 亿元。由"股市再融资 20 亿元＋股权投资基金 5 亿元－中央地方配套资金 5 亿元＋银行贷款 10 亿元＋银行授信额度 60 亿元"构成，其他融资方式为辅。

（八）科技支撑体系建设

1. 项目建设目标

农业科技支撑体系建设的最终目标是建立符合当地现代农业发展要求，层次分明、布局合理、手段先进、高效运转、开放的农业科技支撑体系，并形成适应市场经济发展规律、社会广泛参与的新型农业科技支撑运行机制。

2. 建设内容

（1）农业科学研究与技术开发体系建设。在开封成立农业科学研究与技术开发中心，下设作物种植部、作物遗传育种部、奶牛繁育与疾病防控部、农业机械研发部、食品科学部、农业信息化部等。

同中国农业大学、中国农业科学院、中国农业机械化科学研究院、河南农业大学、河南农业科学院等农业科研院所、农业高等院校合作，建立公共实验平台；在每个基地至少建立一个农业科技试验站。

（2）农业科技成果转化及推广体系建设。在郑州、新乡、安阳、焦作、商丘、周口、漯河等地建立试验推广基地；在开封、郑州、新乡、洛阳、南阳、信阳成立农业科技专家工作组，负责所在地区科技试验示范推广工作。通过"千乡千店"网络体系，建立覆盖河南省的科技信息共享平台（传播方式包括互联网、电话、广播、电视、报纸等）。千乡千店运营好的乡由 5～10 名农业工程师组成专家团队，达到全省 5 000 人规模，进行农业科技服务。

（3）农业科技中介服务体系建设。成立农业科技中介服务公司，筹建农业科技数据库，下设农业数字化教学中心和农业综合技术人才培训中心，以提高效率和优化服务为目标，逐步完善为技术开发、技术转移、科技创业和人才培养提供支撑的高效运转的专业化、规范化农业科技中介服务体系。

（4）农业科技管理体系建设。针对农业科技多头管理、重复和分散的现状，设立由集团总部行政主管部门牵头，以公司农业行政主管部门、财政主管部门、计划主管部门为主体的农业科技管理体系——农业科技领导中心。

（5）农业科技保障体系建设。以制度创新和环境建设为重点，以科技投入、基础条件平台和人才队伍建设为突破口，充分发挥集团的组织领导作用，建立和完善以公司投入为引导、社会多元化投入的农业科技投入运行机制，构建资源与生态环境信息、科技数据、科技成果和大型科研仪器设备、科技文献和科技信息等内部共享机制，创新选人用人机制、人才和成果评价机制、激励机制，形成推动农业科技持续创新、快速发展的农业科技保障体系。

3. 建设分期与投资预算

根据规划总体目标要求，预计总投资 2 亿元，分三个阶段进行推进。

（1）2014—2016 年。快速起步和突破重点阶段。成立农业科技领导中心，建立农业科学与技术开发体系；在开封建立农业科技示范园，在郑州、新乡、安阳、焦作、商丘、周口、漯河等地建立试验推广基地；在开封、郑州、新乡、洛阳、南阳、信阳成立农业科技专家工作组，负责所在地区科技试验示范推广工作。

通过"千乡千店"网络体系，建立覆盖河南省的科技信息共享平台（传播方式包括互联网、电话、广播、电视、报纸等）。千乡千店运营好的乡由 5～10 名农业工程师组成专家团队，达到全省 1 000 人规模，进行农业科技服务。与政府合作，建立农机培训中心，完成农机人员上岗资质认证与升级考核。本阶段工作预计投资 1 亿元（包括农业科学与技术开发中心的建立，科研投入，试验设备的购买，人员招聘培训等）。

本阶段以培养和引进农业领域急需紧缺人才为重点，加大招才引智力度，突出人才队伍建设，强化培训，完善服务，满足 200 万亩基本农田建设与发展当期目标的人力资源需求。

（2）2017—2018 年。全面铺开和形成框架阶段。成立农业科技中介服务公司，下设农业数字化教学中心和农业综合技术人才培训中心。完善农业科学与技术开发中心的功能；在河南其他地市建立农业科技试验推广基地。农业工程师组成专家团队，达到全省 3 000 人的规模。该时期预计投资 5 000 万元（包括试验设备的购买，科研投入，人员招聘培训等）。

该时期以培养和引进农业种植、作物遗传育种、畜禽养殖、农产品加工、信息技术和有机农业创新人才为重点，加快人才结构调整，推进体制机制创新，满足 400 万亩基本农田建设与奶业发展的人力资源需求。

（3）2019—2020 年。优化提升和持续发展阶段。加强农业科技基础条件平台建设，积极组织公司和推动民间开展多渠道、多形式的国际农业科技合作与交流，积极引进国内、国际优秀人才。农业工程师组成专家团队，达到全省 5 000 人规模。预计投资 5 000

万元（包括试验设备的购买，科研投入，人员招聘培训等）。

该时期以提升人力资源效能为重点，着力优化人才发展环境，进一步完善人才结构、创新选人用人机制、人才和成果评价机制、激励机制、提高公司农业创新活力，确立集团农业人才的竞争优势，满足 500 万亩基本农田建设与发展的人力资源需求。

（九）信息工程体系建设

1. 建设目标

促进信息技术在企业生产、经营、管理中的深入应用；满足粮食生产、奶牛养殖、农产品加工、购销、储运等业务的具体需求；构建企业一体化信息服务体系；综合利用各种信息技术实现无障碍跨区沟通、自动化协同办公、科学化辅助决策、产加储运销全程监控、农业信息服务全区覆盖、智能化的仓储物流配送、全生命周期的客户关系维护，以及千乡千店的一体化管理。

2. 建设内容

根据公司业务需求，结合信息系统建设的一般规律，可将信息工程体系这一相对复杂的大系统，分解成组织保障层、基础设施层、基础工具层、管理支持层、业务运营层、决策分析层 6 个层次和企业的对内对外门户两个门户进行迭代建设。具体内容可以分解为 7 个重要项目、9 个重点项目。

（1）7 个重要项目。信息中心基础设施建设、视频会议系统建设、呼叫中心系统建设、地图编辑软硬件系统建设、企业邮箱及门户网站建设、协同办公管理系统建设、舆情监测管理系统建设。

（2）9 个重点项目。农场牧场资源管理系统建设、粮食生产智慧管理系统建设、粮食仓储加工监控管理系统建设、牧场安全生产管理系统建设、物流配送智能管理系统建设、产加储运销全程质量安全管控追溯平台建设、千乡千店信息管理系统建设、农业综合服务平台建设、农业综合服务平台触摸查询终端建设。

3. 建设分期及投资概算

信息工程体系建设自 2014 年启动，截至 2020 年基本完成，总计 7 年，累计总投资 8 500 万元。建设分期及各阶段投资概算如下：

第一阶段（2014—2016 年）为基础与试点建设阶段。该阶段以信息化组织体系、基础设施、基础应用、试点项目的建设为重点；完成门户网站、农田、牧场地理信息系统、农业生产综合服务平台、舆情监测管理系统的建设；为已建农场部署粮食生产管理系统，为已建牧场部署安全生产管理系统；启动并试点部署千乡千店信息管理系统、仓储物流配送管理系统、农产品全程质量安全回溯系统建设。该阶段总投资概算为 3 600 万元。

第二阶段（2017—2018 年）为全面建设阶段。建设协同办公管理系统、客户关系管理系统；深入应用农业生产综合服务平台；全面建设千乡千店信息管理系统、仓储物流配送管理系统、农产品全程质量安全回溯系统建设、粮食生产管理系统。该阶段总投资概算为 3 100 万元。

第三阶段（2019—2020 年）为全面部署与改进阶段。该阶段所有系统都将建设完成，并在所有农场、牧场、工厂全面部署，信息化建设的主要工作将转向系统维护、优化改进，以及新需求的持续满足。总投资概算为 1 800 万元。

十一、风险评估

（一）经济风险

1. 盈亏平衡分析

盈亏平衡点通常是指全部销售收入等于全部成本时的产量或销售收入。基于本项目的特点，采用按销售收入计算盈亏平衡点。

（1）生产期平均盈亏平衡点。

本项目生产期的盈亏平衡点为：

固定成本/（1－变动成本/销售收入）＝固定成本/贡献毛率

＝846 088.997 3/（1－923 326.498 3/1 897 618.27）

＝1 647 919（万元）

生产期的盈亏平衡点为 1 647 919 万元，表示在生产期（2014—2019 年），如果年销售收入大于 1 647 919 万元，则表示该项目在该年盈利，如果年销售收入等于 1 647 919 万元，则表示该项目在该年盈亏平衡，如果年销售收入小于 1 647 919 万元，则表示该项目在该年亏损。

（2）达产年盈亏平衡点。

本项目达产年的盈亏平衡点为：

固定成本/（1－变动成本/销售收入）＝固定成本/贡献毛率

＝1 423 705.853/（1－2 297 226.77/4 391 878.88）

＝2 985 099（万元）

这表明，在正常达产年及以后（2020 年及以后），如果年销售收入大于 2 985 099 万元，则表示该项目在该年盈利，如果年销售收入等于 2 985 099 万元，则表示该项目在该年盈亏平衡，如果年销售收入小于 2 985 099 万元，则表示该项目在该年亏损。

2. 敏感性分析

通常情况下，销售收入、原材料及动力、建设投资三项因素对项目运营影响较大。本项目的敏感性分析主要分析不确定性因素，包括销量、原材料价格以及固定资产投资对本项目的最终经济效果指标，即净现值 NPV 的影响及影响程度。

本项目按不确定性因素变化 10% 为例。结果显示：销量增加 10%，则 NPV 增加 51.334 1%，销量减少 10%，NPV 减少 52.928 3%；原材料价格增加 10%，则 NPV 减少 49.297 0%，原材料价格减少 10%，则 NPV 增加 47.505 1%；固定资产投资增加 10%，NPV 减少 6.849 4%，固定资产投资减少 10%，NPV 增加 6.849 4%。因此，在这三个不确定因素当中，销量和原材料价格的敏感性更强一些，固定资产投资的敏感性相对更弱一些，在实际生产当中，要特别注意销量和原材料价格的变化情况。

表 13 税前 NPV 的敏感性分析表

NPV		销量	原材料价格	固定资产投资
基本	0	0	0	0
变化方案	+10%	+10%	+10%	+10%
	NPV 变动率	51.334 1%	−49.297 0%	−6.849 4%
	−10%	−10%	−10%	−10%
	NPV 变动率	−52.928 3%	47.505 1%	6.849 4%

（二）社会风险

社会风险是一种导致社会冲突，危及社会稳定和社会秩序的可能性，更直接地说，社会风险意味着爆发社会危机的可能性。一旦这种可能性变成了现实，社会风险就转变成了社会危机，对社会稳定和社会秩序都会造成灾难性的影响。根据对农地流转项目实施过程中易发生的社会风险的经验判断，结合晋开集团具体情况，本项目可能会诱发的异议、损失或不适等诸多社会风险及其评价主要如下：

1. 项目合理性和合法性风险小

本项目以保证农民合法权益为前提，通过农业产业化经营，提升我国粮食生产能力，满足国家粮食安全战略要求，与河南省粮食主产区地位相一致，符合党的十八大"促进工业化、信息化、城镇化、农业现代化同步发展"，十八届三中全会"鼓励农民土地承包经营权在公开市场上向农业企业流转，发展规模经营；鼓励和引导工商资本到农村发展适合企业化经营的现代种养业，向农业输入现代生产要素和经营模式"，以及 2014 年中央 1 号文件关于"深化农村土地制度改革"精神，土地流转尊重农民意愿，签署土地流转合同有政府部门监督，手续完备，程序合法，因此，晋开集团农业产业化项目的合理性和合法性风险较小。

2. 项目环境风险总体较小

本项目环境风险总体上较小。在粮食种植方面，由于不改变土地用途，因此对环境破坏可能性非常小。田间工程建设会对空气和噪声环境有一定的不利影响，大型农业机械及大量运输车辆对环境造成的污染现象将不同程度地存在；在肉牛奶牛养殖方面，牛粪及污水会对周边环境造成较大破坏，对黄河水源污染的可能性较大，为此，通过先进的污水和粪便处理设备与技术的引进，可以严控养牛项目对环境破坏的风险；养牛场基础设施建设对环境具有一定的破坏；在粮食加工方面，基础设施建设阶段以及投产之后，对环境噪声、空气污染均有一定程度的影响。

3. 农民抵制土地流转的风险

农地流转本质上应该是契约行为、市场行为，因此一旦签约就要履约，这是签约各方的权利和义务。农民和农业企业作为签约方，理论上应该严格恪守自己的契约承诺，履行契约，因此没有什么风险。但是，由于农地是农民的主要生产资料，失去农地对当地居民的日常生活和农业生产都会产生严重的影响。因此，在人均耕地过少特别是农地流转收入水平偏低时，群众可能会对土地流转项目产生强烈的排斥和抵触情绪，这种负面情绪一经积累有可能演变为激烈的抵制行动，从而影响社会稳定。因此，为了赢得农民对土地流转项目的支持，晋开需要在最大限度维护农民利益的基础上，不断总结和探索土地流转中的成熟做法，有效化解群众对土地流转项目的不理解、不支持，进而为推动土地流转奠定良好基础。

4. 农民对生活方式变化的不适应风险不大

在土地流转后，除少数农民还留有一点土地外，其他符合条件且有意愿的农民可能会受雇于晋开而变成农业工人，老年农民靠养老保险和土地租金安度晚年。这种生活方式的变化可能会使得一些农民感到不适应，有的甚至变得闲散起来。但是，随着当地更多非农产业的发展以及新型城镇化的推进，那些不愿或不能外出务工的农民，也会逐渐在本地的非农产业或所在的新型社区中找到自己的就业机会。

5. 农民对生活保障担忧的风险不大

在完全的市场经济条件下，如果使用单一的货币方式支付土地流转金，长期土地流转会弱化农民的持续生存能力，那么流转土地的农民就会对未来的生活保障感到担忧。为了把村民的短期需要和长远利益结合起来综合考虑，本项目在设定合同条款时提供实物（粮食）和货币两种支付方式供农民选择。为了减少农民对通货膨胀的忧虑，本项目拟按年度最低粮食保护价与农民结算，这样就保护了农民的合法利益，降低了农民对生活保障担忧的风险。

6. 项目可能引发社会治安的风险较小

本项目的土地流转工作应在充分宣传、真诚沟通、积极推进基础上开展，通过召开村民大会、征求意见、完善流转方案来赢取多数农民的支持。对极少数抵触情绪较大、确实不愿意流转土地的农民，通过"土地等额置换"，既充分尊重了他们的意愿，又实现了流转土地的规模化经营。因此，该项目可能引发的社会治安的风险较小。

7. 项目社会风险的综合评价

为便于度量该项目整体风险的大小，有必要对各类风险的可能性大小进行量化，然后得到项目的综合风险大小。首先根据专家经验和相关研究结果确定每类风险因素的权重 W，取值范围为 [0，1]，W 取值越大表示某类风险在所有风险中的重要性越大。其次确定风险可能性大小的等级值 C，这里将风险划分为 5 个等级（很小、较小、中等、较大、很大），等级值 C 按风险可能性由小至大分别取值为 0.2，0.4，0.6，0.8，1.0。然后将每类风险因素的权重与等级值相乘，求出该类风险因素的得分（即 W×C），把各类风险的得分加总求和即得到综合风险的分值，即 $\sum$W×C。综合风险值越高，项目的风险越大。一般而言，综合风险分值为 0.2～0.4 时，表示该项目风险低，有引发个体矛盾冲突的可能；分值为 0.41～0.7 时，表示该项目风险中等，有引发一般性群体性事件的可能；分值为 0.71～1.0 时，表示该项目风险高，有引发大规模群体性事件的可能。本项目的社会风险综合评价见表 14。

从表 14 可看出，晋开农业产业化项目可能引发的不利于社会稳定的综合风险值为0.31，风险程度低，意味着项目实施过程中出现群体性事件的可能性不大，但不排除会发生个体矛盾冲突的可能。

表 14　项目社会风险综合评价

风险类别		风险权重（W）	风险发生的可能性（C）					W×C
			很小 0.2	较小 0.4	中等 0.6	较大 0.8	很大 1.0	
项目合法性、合理性遭质疑的风险		0.15		√				0.06
项目可能造成环境破坏的风险	种植	0.15		√				0.05*
	养殖				√			
	加工			√				
农民抵制土地流转的风险		0.20	√					0.04
农民对生活环境变化的不适风险		0.10		√				0.04
租金支付风险		0.20	√					0.04
项目可能引发社会矛盾的风险		0.20		√				0.08
综合风险								0.31

* 项目可能造成环境破坏的风险值为种植、养殖和加工风险值的平均值。

（三）其他风险（表 15）

1. 市场风险

市场风险是指未来市场价格的不确定性对企业实现其既定目标的不利影响。就农产品而言，它主要包括未来农产品市场的供求量偏差、项目产品缺乏竞争力以及实际价格与预测价格偏差等，其影响主要表现在项目农产品销路不畅和价格低迷会导致销售收入无法达到预期的目标。本项目农产品主要涉及优质粮种、普通粮食及加工产品、肉牛和奶牛等，其市场风险都不大。这里仅以粮食为例来分析本项目的市场风险。

（1）处于紧平衡状态的粮食供求关系降低了本项目市场风险。虽然我国粮食生产已经实现"十连增"，2013 年粮食产量已突破 0.6 万亿千克，但由于耕地、淡水等资源要素趋紧，粮食增量赶不上需求的快速增长和结构的不断变化，加之今后吃商品粮的人口将越来越多，我国粮食需求将继续刚性增长，因此，紧平衡将是我国粮食安全的长期态势。因此，本项目实施的市场风险不大。

（2）国家的粮食安全战略降低了本项目的销售风险。据统计，全球每年谷物贸易量大约 3 000 亿千克，仅相当于我国谷物年消费量的一半左右，而全球还有 8 亿多人口处于饥饿状态，如果我国大量进口谷物将带来严重的经济风险和政治风险。因此，对于中国而言，依赖进口保吃饭，既不现实也不可能，饭碗还得牢牢地端在我们自己的手上。在此意义上说，本项目的市场需求潜力较大，销售风险较小。

（3）国家粮食价格保护政策降低了本项目粮食的价格风险。总体上，我国国内粮食价格逐年提高，但价格提升的空间越来越小，进口带来的压力越来越大，因此，粮食市场存在一定的价格风险。但由于国家对粮食价格实施保护政策，市场粮价能稳定在合理的区间，因此，本项目粮食价格风险也不大。

此外，晋开农业产业化项目规模较大，品种较多，产业链较长，又地处国家粮食主产区，在未来国家粮食市场能扮演重要角色，因此，本项目具有较强的自我调节能力，市场风险不大。

2. 财务风险

项目的效益与项目的融资成本有关，贷款的利率以及融资的结构都可能引起融资成本升高，还有资金来源的可靠性和充足性都会影响到项目的进行。

为此，一是项目企业要充分利用国家农业支持政策，争取中央或地方财政配套资金；二是要争取银行贴息或低息贷款，努力降低贷款成本；三是要提升建立银信诚信度，多渠道筹集资金，保障项目资金来源的可靠性和充足性；四是利用流动资金的周期性，合理调度，保证各项工作开展前准备充足的资金。

3. 经营管理风险

农业生产的组织与管理通常具有不稳定性。首先，农业企业生产的来源、生产和管理人员的素质以及技能都不易把握和提高。其次，不同生产环节的不同特点，使得生产组织难以优化和实施有效管理，而且强化组织管理往往又会以牺牲效率和增加成本为代价。最后，生产管理过程的不确定因素多，导致生产经营目标难以控制和实现，从而增加企业经营风险。

就本项目而言，其经营管理风险明显。由于项目规模大，涉及环节多（包括农业种植、肉牛奶牛养殖、农产品加工和物流贸易等环节），对资源、技术和管理要求高（这些不同环节的经营管理对原料、资金、技术以及人员的要求也不同），就从目前的情况看，晋开集团虽是一个涉农企业，也具有一定的资源基础，但在实施农业产业化项目方面，晋开集团还要面临诸多资源、技术、中高级管理人才方面的约束。显然这些约束会使该项目面临直接的经营管理风险。

为此，一是建立一支专业化的人才队伍，增强项目企业的经营决策能力。二是建立购销服务体系，提高企业农产品进入市场的组织化水平。三是选择风险强度较小的生产经营项目。四是利用投资组合原理，实施农业生产多元化经营。五是通过农业期货市场或签订销售合同，特别是预售合同，借事先的合同约束产销双方的经济行为。六是提高仓储和加工能力，力求避免农产品的集中上市。

4. 自然灾害风险

农业生产本身是一个受自然因素影响较大的产业，本项目实施期间，不排除由于重大自然灾害和疫情的影响而导致本项目生产的可靠性降低和技术指标完成的风险。

为此，本项目应通过实施并启动农业保险，有利于增强农业防灾防损和抗灾能力，降低农业企业的自然灾害风险。同时，建立农业风险预警系统，以便及时预测、预报风险，以利于采取积极有效的防范措施，将风险控制在可承受的限度内。

表 15　风险程度预测表

序号	风险因素名称		风险程度	主要对策
1	市场方面	市场需求量	*	紧盯市场供需动向，适时调整应对策略
		竞争力	*	采用现代设备和技术，提升产品质量和服务水平
		价格	*	密切关注市场价格波动，根据市场制定购销策略

（续）

序号	风险因素名称		风险程度	主要对策
2	财务方面	利息	*	争取银行贴息或低息贷款
		资金可靠性	**	建立银信诚信度，多渠道筹集资金
		资金充足性	**	利用流动资金的周期性，合理调度
3	经营管理方面	生产与管理	**	专业化的人才队伍，增强经营决策能力
		效率与成本	**	建立购销服务体系，提高市场组织化水平
		不确定因素	*	通过优化经营和销售水平来规避风险
4	灾害方面	自然灾害	*	开展农业保险
		动物疫情	**	建立疫情预警与防控体系

注：风险等级分一般风险（＊）、较大风险（＊＊）、严重风险（＊＊＊）和灾难性风险（＊＊＊＊）。

十二、保障措施

（一）强化完善企业核心机构组织体系建设

本项目是一项系统工程建设。正确的行动计划、强有力的企业执行力与持久工作的能力均要求强化完善企业核心机构组织体系。除去企业正常的组织结构设置之外，本项目建议在集团总公司正式建立常设机构科技规划委员会，作为企业的参谋部，负责专门追踪和监督企业建设进展，把握发展形势，调整企业发展规划，制定项目实施方案。公司根据发展进程需要，成立科技研发中心，并适时聘用研究人员、建立研究分支机构与确定研究内容，支撑企业科技发展需要。此外，鉴于企业的社会事务与生态建设事务任务巨大，应分级设立（总公司、分公司、子公司）分管社会工作的社会经理，专门负责协调有关工作。

（二）将社会经理岗位平行设置到乡镇层级

农业产业化建设事关农业生产、农村社会与农村生态环境方面的关系。妥善处理上述关系，有利于形成合力，推动企业发展；如果关系处理不当，则将影响企业形象与企业持续发展。本项目建设面大，建设期长，建设内容复杂，与社会与生态责任高度关联。建议在企业总公司、分公司与（或）子公司管理队伍结构中，特设分管社会与生态事务的专职社会经理，以便在全企业系统中专门协同社会建设力量，理清相关关系，推动企业建设顺利发展。鉴于每个乡镇人口均达到万人以上规模，基层社会经理应至少设置到乡镇一级，长期驻点了解情况，将建设工作落到实处。也可同时结合千乡千店工作，统筹行动，保证上通总公司，下联村庄，协同建设。

（三）建立县—乡—村农业工程师体系

针对国家农业科技推广体系中缺乏村庄一线基层技术人才指导生产技术的现实，要在项目所在地和千乡千店业务开展好的地方建立"县—乡—村"农业工程师体系，农业工程师为懂得粮食生产技术管理、粮油产品加工、粮食工程规划管理等工作的技术应用型专门人才，负责村庄一级的粮食生产、储运、加工、食品分析、销售领域的技术与管理工作，作为公司最基层的建设基础力量，从根本上保障基地粮食生产工作健康有序进行。

（四）建立扁平管理体系

河南全省范围内 500 万亩农田管理系统将涉及 100 万个家庭。按照 5 000 亩为一个单元，将有 1 000 个左右的经营实体分布在全省各地。如果加上千乡千店等 10 项工程建设任务，管理工作压力大。在这种情况下，传统组织形式很难适应快速变化的市场环境，会发生决策链过长、反应缓慢的问题。通过建立扁平化管理机制，可以减少上传下达任务的中间管理层次，简化集团公司的管理机构和复杂的生产流程。实践中注意设立精干高效、责权对应的管理层机构和岗位，整合相近区域、相邻工艺流程，做到职能设置科学，管理便利，集散有度和信息畅通。同时注意提高员工素质，实行竞争上岗，保证关键岗位的人员素质。在垂直运行方面，要周密编制好科学、详尽的实施方案，积极推进企业管理信息化建设，做到统一管理，分层分块单独核算，减少管理层次，扩大管理幅度，全面提高企业管理水平和工作效率。

（五）创建独有的信息工程支撑体系

加强企业网络基础设施建设，并且重视持续改造、升级、扩容企业的现代信息工程，积极开展基于无线宽带的乡村信息化应用，推进"三网"（互联网、物联网、通信网）融合。加强项目区内重要信息基础设施的共享，建设区域数据中心、呼叫中心和应急服务中心。加快基础信息数据库建设，构建项目区信息共享体系，规范信息安全等级保护管理，提高信息安全保障能力。建设项目区内电子商务综合平台网络，建立安全、方便的网上支付体系，实现信息互通共享、集中发布。鼓励创办信息产业，引入竞争机制，逐步实现信息资源共享，搞好支撑体系建设。

（六）调查研究入手，典型试验示范开路

在未来 5~8 年左右时间内，企业将面临团队成员往往会对工作对象不熟悉，需要在实践中逐步建立系统的知识体系和工作标准的问题。解决这一问题的方法为，重视在实践中进行调查研究。要区别业务特点制订计划，进行典型试验示范，投石问路，解剖麻雀，以摸索经验，培养人才，为稳步推进面上工作不断打牢基础。

（七）建立企业周年学习制度与职工终身学习制度

建立企业周年循环学习制度与职工终身学习制。按照专业情况与学科类型的不同，系统设计培训学习课程、学习方式、考核办法和各类鼓励与奖励条例，满足产业与员工工作与生活的学习需要，为企业员工实现企业预期目标提供知识增长渠道与条件。要明确培训学习目标，疏通学习动机，加强员工达到目标的决心和克服学习困难的意志。培养职工自主学习的意识和习惯，形成自主、自觉学习的风气，实现不受时间和空间限制，终身学习的目的。要注意调动职工学习积极性，鼓励学习相关农业科学与技术知识，主动参与学习

活动，举办各类专业技术比赛活动，促进产业工人勤学苦练操作技能，提高整体素质，适应社会的发展，建立良好的企业学习的氛围。

（八）建立全员实事求是，锐意创新的发展机制

在项目建设实践中，要着力推进集团公司职能与制度建设，健全行政执行机制、责任追究机制、纠错机制，打造创新、务实、高效的工作团队，建立健全集体讨论决策程序。对同集团公司和产业工人利益密切相关的重大事项，实行公示、听证等制度。建立科学合理的管理人员与员工绩效评估指标体系和评估机制，强化工作的考核，推行问责制，提高决策执行力。在此基础上，分阶段、分步骤、科学地建立企业全体员工围绕企业建设发展总目标，实事求是，合情合理的创新建设鼓励与考核机制，形成良好的企业创新发展风气。

（九）用科学技术来武装产业

科学技术是建设农业现代化的根本力量。在项目实施中，企业要不断研究与应用最新科技成果。要以国内外市场为导向，以经济、社会、生态效益为中心，以科学技术武装产业建设，积极研发健康产品，高效合理使用农业资源，严格控制农业污染。要加强技术指导，培育科技服务团队，提升集团科技服务能力，促进科技成果的市场转化、优化和技术融合，大力引导和鼓励社会力量参与建设，完善科技服务体系，促进科技力量的健康发展，积极探索科技机构创新发展的新模式，加速科研成果转化利用。

（十）用主人翁企业文化统帅团队

国有企业是国民经济的坚强骨干，是国家社会经济的导向性建设力量。我国农村现代化建设的任务必然地落到了国有企业身上。面对严峻的农村建设形势，繁重的农业现代化建设任务与紧迫的建设时机，国有企业作为共和国的重要力量，只有全面、彻底完成农村现代化建设的任务，才能真正成长起来。这是新的历史时期时代赋予国有企业的历史使命。应该将主人翁文化作为企业的灵魂，成为企业经营活动中的统帅与企业行动的指南，使之在企业经营活动中具有无法替代的核心作用。为满足企业自身发展与建设的要求，集团公司必须以共同的目的、共同的理想、共同的追求、共同的行为准则以及相适应的机构和制度为核心，以企业信仰、价值观、原则为前提，在长期的实践活动中，持续不断地建设价值观念、团队意识、行为规范和思维模式。运用主人翁企业文化来统一团队的思想，促进高效工作、有效管理和各项规章制度的贯彻执行。

附表1　土地流转规划

单位：万亩

	2014年	2015年	2016年	2017年	2018年	2019年	2020年
	30	100	200	300	400	450	500
青饲玉米	1.8	6	12	18	24	27	30
苜蓿草	0.6	2	4	6	8	9	10
花生	3	10	20	30	40	45	50
小麦玉米	24.6	82	164	246	328	369	400

国 外 篇

土地流转视角下的东亚农业规模化经营研究

——中日韩三国比较分析

胡 霞 丁 浩

一、引言

以土地流转促进农业适度规模经营既是保障我国粮食安全、促进我国农业可持续发展的重要途径，也有利于缩小城乡差距和扩大内需。近年来，农业规模经营和土地流转成为发展经济学家研究的一个视角（秋野正胜，1984；速水佑次郎，1986；佐伯尚美，1989；農林行政を考える会，1993；大内力等，1997；神門善久等，2002；梶井功等，2004；梶井功等，2005；胡霞，2009；温铁军等，2010；冯献等，2012；范剑勇等，2013）。许多学者对中、日、韩三国土地流转问题进行了研究，但是研究多是孤立进行，本课题在一个统一的框架下，对东亚地区从土地流转出发，展开国际比较分析，探索东亚地区实现农业经营规模的途径，为东亚地区如何通过土地流转实现农业规模化经营，从而发展现代化农业提出相应的政策建议，具有一定的理论价值和社会应用价值。

二、中日韩农业规模化经营现状与启示

（一）中国农业规模化经营现状

中国农村改革 30 年来，已经有 2 亿多农业劳动力转移到了非农业部门，其中有 2 000多万是举家迁徙到城市。大批的农业劳动力转移到非农部门之后，必然会腾出大量的土地，那么究竟留下多少土地需要重新调整经营方式？对此，目前官方还没有任何准确的数据公布，我们只能根据人均或劳均土地面积进行粗略的估算。如果按 9 亿的农村人口估算，农村里人均耕地大约是 2 亩。假如有 2 亿农村人口离开农业去从事非农工作，那么这些已经离开农业的人口腾出的土地应该是 4 亿亩左右，相当于全国耕地面积的 20% 多。但我们知道，真正外出打工或从事其他非农工作的人，大都是农村里起骨干作用的劳动

力。因此，我们还有必要从每个劳动承担的土地耕种面积来估算有多少土地需要重新安排劳动力配置。如果按 4.8 亿全国农业劳动力总量计算，那么 18 亿亩耕地平摊下来，每个劳动力大约承担 3.75 亩土地耕种任务。假如他们当中有 2 亿人离开了农业，这就意味着有 7.5 亿亩土地腾了出来。换言之，全国大约 40% 的土地需要重新配置劳动力。

1. 农业劳动力素质弱化

随着大量劳动力向非农业部门转移，早期在个别地区曾发生过土地摞荒的现象。在1990 年代中后期，由于当时土地种植收益非常低，各种税费比较高，农民种地的积极性不高，因此在家庭主要劳动力外出打工后，一些农户就干脆什么都不种。这种土地闲置的时间都不长，乡村基层组织也会对这种摞荒行为进行干预。近些年来，随着农产品收购价格提高，以及农业税费减免和国家给予的各种补贴增多，土地摞荒的现象很少再发生。

比较普遍的情况是，家庭主要劳动力离开后，家里的土地由留下来的老人和妇女耕种，这导致中国农村基层流行这样的说法："精兵强将去创业，年轻力壮去打工，老弱病残搞农业。"这反映了现实中大量劳动力转移后农业劳动力素质弱化的现象。而劳动力素质弱化必然影响到农业生产效率，就如我们前面说过的，仅靠老人和妇女是无法建设中国现代农业的。把青壮年劳动力走后留下的土地交给老人和妇女来耕种并不是一种好的劳动力配置，它只是一种权宜之计，这也是任何政策制定者都不希望看到的局面。

劳动力素质弱化的现象也不是中国特有的，其他国家都曾经发生过。例如，日本在20 世纪 60 年代经济高速成长时期也曾出现过大量青壮年劳动力离开农业，只留下老人和妇女经营农业的现象。日本农业经济学家将此现象形象地概括为"三チャン农业"（日语中的三チャン是老头、老太太和家庭主妇的昵称）。日本政府为了纠正这种不合理的资源配置状况，从 60 年代开始就制定各种政策，尽一切努力试图将土地从老人和妇女手中转移到青壮年劳力的手中，但因为土地资产价格高涨等原因，土地集中并没有取得实质性进展。不过 40 多年来，日本政府似乎从没有放弃过这样的努力。

2. 农业经营兼业化及其影响

大量农业劳动力向非农部门转移引发的另一重大变化就是农业经营兼业化。它是指在农村附近从事非农工作的农民，在农忙时再回去帮助干农活，平常大部分时间还是从事农业以外的工作。大量农业劳动力转移也引发了土地经营权的转移。一部分农业劳动力转移出去后，由于缺少足够的劳动力耕种，也有的因为种地的收益太低，自己不愿耕种，所以有许多农户通过各种形式将自己的土地交给经营大户或者与农业相关的工商企业耕种。

农业兼业化在现阶段有存在的合理性，有助于解决农民收入问题，但从长远看，兼业并不是提高中国农业生产力的最好选择。而各种方式的土地经营权流转表明了中国农业的规模经营已经初露端倪，这不仅有利于解决继续务农的农民的收入问题，也有助于促进中国农业的现代化发展。目前的规模经营还处在初期阶段，随着今后更多的劳动力从农业部门中转移出来，腾出更多的土地，扩大经营规模的条件将愈加成熟。如何引导、扶持和规范农业的规模经营，必将成为今后农业政策关注的重要课题之一。

3. 规模化经营不等同欧美的大农场

如果按照美国的标准，日本、韩国和中国台湾省搞的规模经营，也仅仅相当于美国农家后院的菜园子。日本正是在这种目标下，作为推进规模经营代表的"自立经营农户"的土地规模标准，在 60 年代初期设定为 2.3 公顷，之后随着城市职工工资迅速上涨，这个标准也不断提高，到 90 年代末期提高到 8 公顷。这个 8 公顷与美国那些上百公顷规模的农场相比算不了什么，但对日本来说，就意味着成功地实现了规模经营。

我们国家的规模经营标准究竟多大才合适呢？这要看农村与城市之间的收入差距有多大，或者说单个农户经营多大面积的土地才能取得与城市相当的收入。按现有的农产品价格水平计算，除掉各种物质成本，以每亩 600 元收入计算的话，农村一个普通农户大约需要经营 50 亩地，就可以获得与城市普通工薪家庭相当的收入。如果再假定未来中国农户的收入有一半是来自于外出兼业收入，那么每个农户大约经营 25 亩土地，再加上兼业收入，就可获得与城市工薪阶层差不多的收入。当然，我们上述的测算仅仅是提供了一种思路。其中，假设的 50 亩这一标准是否能让农户过上与城市人相当的生活，还需要更为严密的计算。

4. 现代农业离不开规模化经营

以大量劳动力向非农部门转移为契机，将腾出来的土地交给继续从事农业的农户来耕种，不仅可以解决劳动力素质弱化问题，还可以提高继续从事农业的农民的收入水平。这也是中国发展现代农业所必需的。中国同发达国家现代农业的差距主要在劳动生产率方面，而不是土地单位面积产量。要提高劳动生产率，就必须用资本替代劳动，为此就必须提高单个农户的土地经营规模。这是发展现代农业不可避免的。

比起投资和物质资本来，更为重要的一点是，发展现代农业离不开培养懂得现代农业经营的农民。的确，任何发展都离不开人的发展，就像美国经济学家舒尔茨在《改造传统农业》中所强调的那样，人力资本是现代农业发展的基础。

实际上，我们同发达国家现代农业的差距主要体现在劳动生产率上，而不是土地单位面积产量上。那么，如何才能提高劳动生产率呢？从其他国家的经验来看，用资本替代劳动是提高劳动生产率的一个主要途径。农业生产过程机械化是资本替代劳动的一个重要表现，而要使农业机械化有效率，就必须提高土地的经营规模，以避免出现日本那样的小型机械过度投资导致的高成本低效率问题。当然，提高农业机械化效率的方法很多，除了单个农户扩大土地经营规模这种最为普遍的形式之外，还有代耕制、农业机械共同利用的合作制、村庄集体农场等。但无论哪一种形式，都离不开土地利用权的流动和调整，唯一的区别是调整的层面是在单个农户上，还是在单个农户之上的集体层面上。这种差异反映的只是实现扩大规模经营不同的方式和特点，而不是规模化经营本身。

5. 委托耕种：一种间接的规模经营方式

委托耕种是中国农村目前更为普遍的一种土地流转方式。外出打工的农民即使有了稳定的工作和收入，出于恋土情结，他们不太愿意放弃自己的土地，更不愿意到村委会办理正式的转包或转让的手续，担心以后再也收不回来。因此，绝大多数人选择了私下委托亲戚朋友或熟人来代替自己耕种自家承包地。有的收取一定比例的租金，有的干脆白让人种。这种方式比较简单放心，口头约定，也不需要书面合同和备案，委托人随时回来可以随时收回土地。因此，绝大多数的外出打工农民都选择这种方式处理自己的土地。

到目前为止，这种土地经营权流转的形式多种多样，诸如转包、转让、转换、租赁及土地入股等方式。无论是哪一种形式的土地经营权流转，都有助于开展农业的规模经营。这种农户私下委托耕种的方式，不仅在中国，而且在其他国家和地区均存在，有人把此称为"代耕制"。这种代耕制被看作是一种迂回式的扩大规模经营。

让我们再来看委托耕种与规模经营的关系。从目前看，委托耕种还只能说是规模经营的一种萌芽形式。尽管土地不是自己的，但对于接受委托的农户来说，土地的经营规模还是扩大了。增加的土地自然会给接受委托的农户带来更多的收益，如果委托的土地面积足够大，农户就有积极性去购置农业机械，也就是我们所说的用资本替代劳动。同时，为了使引进的机械充分发挥作用，农户也会更为主动地去接受更多的委托，或者通过其他方式扩大自己土地规模。暂不触动农民土地承包权的委托耕种，不失为一种有效的扩大规模经营的道路。在现实中如何规范农民间私下委托耕种，使这种委托关系相对稳定，是今后推进农业规模化经营过程中应该解决的主要问题。

（二）日本农业规模化经营现状与发展途径

长期以来，日本农业一直为小规模且土地分散的农业经营所困扰。即使到现在，日本农户的平均规模也只有 1 公顷左右。与欧美国家相比，日本农户拥有的土地规模少得可怜，以至于有人形象地比喻，如果与欧美国家的大规模农业经营比较，日本农业仅仅相当于后花园里的菜园子。正因为人多地少，为了在有限的土地上养活更多的人口，日本必须实行精耕细作，让有限的土地生产出更多的粮食。精耕细作意味着投入较多的农业劳动力。这种经营方式在劳动力相对廉价的经济发展初期，不会增加多少生产成本。然而，日本在经济快速发展过程中，劳动力成本也变得越来越高，较多的劳动力投入就意味着较高的生产成本。这也是为何日本农产品的价格远远高于国际市场价格的原因。面对日趋加深的贸易自由化潮流和外国廉价农产品的涌入，日本不得不尽可能削减生产成本，以提高本国农产品的竞争力。对日本来说，要降低现有的农业生产成本，最重要的就是要减少劳动力投入，提高能够代替人工劳动的机械化水平，而要使农业机械有效工作，就必须扩大农业规模化经营。

扩大农业经营规模的最早开端，可以追溯到 1961 年的《农业基本法》制定时期。这一时期正是日本经历了战后恢复，开始进入了高速经济成长时期。农业发展方式也面临着方向性的转折。就如现阶段在中国所看到的情况一样，前所未有的经济繁荣也给当时的日本农业和农村带来了巨大的冲击。首先，粮食的增产基本解决了长期以来的粮食短缺问题，农产品需求重点转向畜产品、水果等更高级阶段。其次是农业与非农业部门之间的收入和生活水平差距扩大。1960 年日本农户家庭的人均收入仅相当于城市职工家庭的 70%，日本农村家庭的人均生活消费支出也只有城市家庭的 75%[①]。造成农业与非农业间收入差距的主要原因是农产品的需求收入弹性低，随着收入的增加，用于农产品的开支比例相对缩小。这就决定了农业部门发展相对缓慢，而需求弹性较高的工业部门则呈现较快的发展速度。农业相对劳动生产率低下的根本原因，还是由于经营规模小，不利于引进先进生产方式，不利于降低成本和提高产品竞争力。第三，由于农业与非农业部门间存在收入水平

---

① 收入水平数据参见（日）速水佑次郎、神门善久著《新版农业经济论》（沈金虎等译），中国农业出版社，2003 年，第 132 页。生活消费支出数据参见（日）甲斐谕"日本经济高速增长期新农村建设政策的实施和经验教训"，载于段应碧主编《社会主义新农村建设研究》，中国农业出版社，2007 年，第 588 页。

上差距，大量农业劳动力流向城市，以至于日本农村缺少青壮年劳动力，许多地方从事农业的都是老人和妇女。劳动力素质参差不齐，必然影响到农业生产率的提高。也正是因为看到了大量农业劳动力离开了农业，这让当时的农业政策制定者认为，改造传统的小规模农业的时机已经到来①。

在这样的背景之下，1961 年日本出台了《农业基本法》。这部法律虽然不涉及具体政策措施，但是它规定了今后制定农业政策的方向。因此，它也被称为日本的农业宪法，代表日本农业的发展方向。也正是在这部农业基本法中，日本首次提出了扩大农业经营规模的目标②。

《农业基本法》具体目标就是该法开篇所讲的："为纠正农业与其他产业之间的生产力差距，提高农业生产率，并增加农业劳动者的收入水平，以期使他们能达到与其他产业劳动者相对均衡的生活水准"（基本法第一条）。为实现这样的目标，农业基本法规定了生产政策、农产品的价格和流通政策、结构调整政策三个方面的政策方向。

阻碍日本规模化经营的原因是，兼业农户对土地资产升值的预期和扭曲的农产品价格，而这些因素在中国并不存在。而日本之所以期望兼业农户放弃土地，是因为兼业农户90％收入来源于农外就业，而且外出工作的80％以上都有了固定的工作，临时雇佣的只占14％，而且主要是 50 岁以上的老年人。不触动农民土地承包经营权，并不意味着不能实现农业规模经营。日本的生产合作组织的经验告诉我们，农民可以在保证自己土地承包经营权的前提下，加入生产互助组织或生产合作组织，通过机械共同利用，统一耕种，统一销售等方式取得单个农户不能取得的规模效益。现实中，外出打工的农户把自己的土地委托给亲戚邻居耕种的现象普遍存在。如何将这种个人之间的委托发展成有组织的委托经营，是今后中国农业实现规模经营的重要方式。

（三）韩国农业规模化经营现状与发展路径

韩国自从 20 世纪 60 年代开始，通过大力发展劳动密集型产业和出口导向型产业的产业发展战略，国民收入迅速提高和城市化飞速发展，创造了举世闻名的"汉江奇迹"，与中国香港、中国台湾和新加坡并称为"亚洲四小龙"。数据显示，1970—2000 年，韩国农业人口占比从 44.73％迅速减少到 8.74％，实现了年均 1.2％的城镇化增长率。在城镇化和工业化加速推进的同时，面对不断扩大的城乡收入差距，1980 年之后，韩国政府大力发展"新村运动"，农业家庭收入迅速增加，1980—2000 年短短 20 年，韩国农业家庭收入从 2 693 千韩元飞速提升到 23 072 千韩元，之后年均增速保持平稳的缓慢增长，韩国由此成功实现了农村的现代化转型。

---

① 曾参与制定《农业基本法》的日本经济学家大内力回顾道：进入高度成长期，当时农林渔业基本问题调查会认为农业劳动力流出之后，农户数量也迟早会减少，这无疑为扩大经营规模开辟了道路。但后来的事实证明，当时的判断并不符合后来的发展趋势，农户数量未出现同比例的下降，而是走向兼业化，从而阻碍了经营规模扩大。参见（日）大内力编集『新農基法への視座』，農林統計協会，1997 年，第 175 页。

② 需要指出的是，除了上述的农业经营环境发生的变化之外，欧洲各国当时纷纷制定农业基本法的风潮也影响了日本，特别是前联邦德国 1955 年制定《农业法》后大幅度增加农业预算的事实刺激了日本的农业团体和农林水产省加紧制定《农业基本法》。参见秋野正勝等著『現代農業経済学』，東京大学出版会，1981 年，第 48～49 页。

韩国于 1950 年实行"耕者有其田原则"的土地改革，一方面禁止土地流转，另一方面规定农民实际耕种的农地面积不能超过 3 公顷，实际上是实行了农户家庭经营的基本农业经营制度。在 20 世纪 70 年代，韩国基本实现工业化之后，分散的土地经营方式严重影响到国民经济的发展，不利于发展现代农业。与日本的经历类似，为了扩大农业经营耕种规模，扶持协同组合的发展，20 世纪 90 年代，韩国对相关农业法规进行修改，允许土地所有权突破 3 公顷的限制，放宽到 10 公顷，并大力支持长期租赁。

为了扩大农业经营耕种规模，在 2002 年，韩国农林部提出《土地法》修正案，进一步废除了农地所有面积的上限，大力吸引非农部门投资，为在贸易自由化和世界贸易组织（WTO）协定下，提升韩国农业的国际核心竞争力，促进土地适度规模经营铺平了道路。特别是韩国于 2012 年 12 月实施了《协同组合基本法》，与以往的农业协同组合不同，该法规定的协同组合设立限制较小，规模要求不高，具有组织规模小、出资少的特点，在农村具有广泛的适用性。一方面，允许从农业生产的物资采购、联合生产耕种、集中加工、物流运输等环节的协同经营，另一方面，还能在农村旅游观光、村庄开发等集体参与项目展开合作，并能为地区扶贫和社会服务提供支持。

目前在农村地区出现的新协同组合中，农户以农产品生产及销售为目的的设定的协同组合较多，从业务来看，履行与已有的营农组合法人类似的职能。对于农业和农村而言，今后应积极开展教育与宣传等活动，提高农户对协同组合的综合参与度。

三、中日韩三国农业规模化经营的比较研究

农业是对自然资源高度依赖的产业，各国农业规模化经营需要依赖各国资源禀赋条件。农业规模化经营模式和改革路径的选择要从各自特定的自然禀赋、地理区位、技术条件、人才资源、资金来源、政策措施出发，因地制宜。在中日韩三国在农业规模化经营的发展模式形成过程中，取得了各自的成效，但也有失败的经验教训。中日韩三国农业规模化经营既有相似性，又存在着一定的差异，既具有一定共性特征，又各具特色。

（一）中日韩三国农业规模化经营的共同点

1. 中日韩三国农业禀赋的比较：人多地少

（1）耕地资源比较。2008 年年底，中国耕地面积为 12 171 万公顷，约占国土面积的 13%。日本作为一个岛国，国土面积为 37.77 万千米^2，仅占世界陆地面积的 0.27%，相当于中国的 4%，日本的土地资源比较贫乏，山地和丘陵约占总面积的 80%，耕地面积为 479 万公顷，占其国土面积的 12.7%，仅为中国耕地面积的 3%。与日本的情况相似，多丘陵山地的韩国，农业耕地极其有限，为 187 万公顷，仅为中国的 1%，日本的 39%，且多为山坡和谷地。

从人均耕地面积来看，中日韩三国都是典型的人多地少国家。由于发展阶段不同，处于城镇化中期的中国由于乡村人口所占比重大，耕地的户均占有水平仅为 0.53 公顷，韩国为 1.39 公顷，日本为 1.56 公顷。从图 1 可以看到，1961—2011 年中日韩三国人均可耕地面积不断下降，由于户均耕地面积有限，小规模的农户经营是三国农业所具有的共同特征。

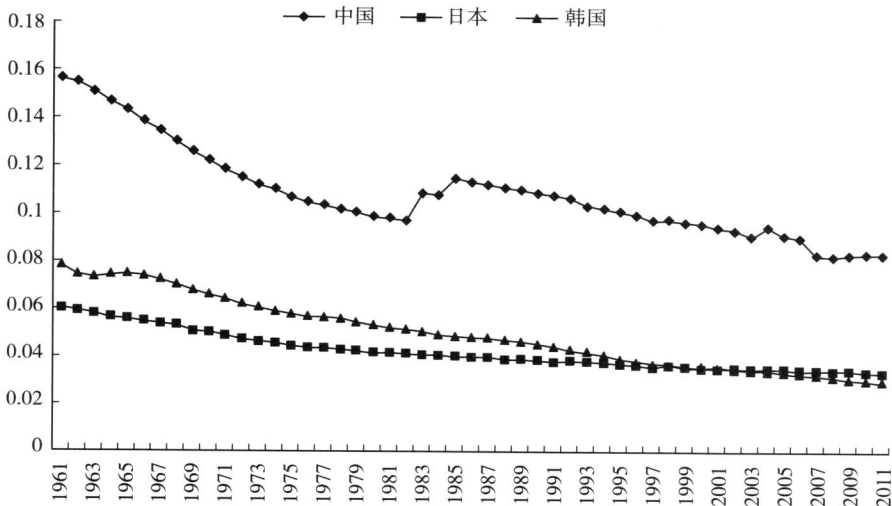

图 1　1961—2011 年中日韩三国人均可耕地面积

（2）农业劳动力资源比较。从劳动力绝对数量来看，中国是世界上人口最多的国家，根据《2013 年中国统计年鉴》提供的数据显示，截止到 2012 年，中国有 13.54 亿人口，其中男性 6.939 亿，占比为 51.25%，乡村人口为 6.4 亿，占比为 47.43%。丰富的农业劳动力资源是中国农业精耕细作传统的基本禀赋条件。

与中国的情况显著不同，由于日本和韩国已经历经城镇化的主要过程，服务业发达，城镇化率高，农业人口比重较低，劳动力收入较高。日本和韩国农业的要素投入结构和生产结构与中国差异明显。

从日本的农户情况来看，1960—2000 年，农户数量从 605.7 万户下降到 233.7 万户。在这些农户中，兼业现象突出，60% 的农户为兼业农户，而以农业为主的兼业农户仅占 10%，土地细碎化问题没有得到有效解决，难以形成集中连片的适度规模经营。日本农林水产省在 2005 年公布的《农业结构展望》中描绘的未来理想的农业结构是，到 2015 年，在 210 万～250 万农户中，33 万～37 万规模化的家庭经营和 2 万～4 万生产合作组织成为日本农业经营的主流。2007—2012 年，韩国农户总数从 123 万户下降到 115 万户，农业人口也从 327 万下降到 291 万，专业农户数从 61.33% 下降到 54.30%，但是 I 兼农户从 11.70% 上升到 14.68%，II 兼农户从 26.97% 上升到 30.93%。兼业农户的增加，不仅阻碍了土地集中和农业经营规模的扩大，而且使农业机械不能充分发挥应有的优势，难以创造出高效率的农业生产，其结果造成了高投入带来的高成本。同时，中日韩三国农业劳动力减少，由此造成的老龄化问题均比较严重。

2. 中日韩三国促进农业规模化经营的主要措施

（1）加强立法建设。必须通过法律的强制力量，才能推动农业规模经营发展。20 世纪 70 年代末，韩国废除土地最高限制和对租赁的限制。1994 年制定的《农地基本法规》取消了对农场获得、出售、租赁农地的限制，支持土地流转和农业规模经营。韩国于 2012 年 12 月实施《协同组合基本法》，与以往的农业协同组合不同，该法规定的协同组合设立限制较小，规模要求不高，具有组织规模小、出资少的特点，在农村具有广泛的适用性。

为改变日本农业小规模的经营状况，几十年间日本政府不断出台相关法律措施。1961年，政府出台《农业基本法》，1962年修改《农地法》。1967年，农林水产省做出"结构政策的基本方针"的决议。1970年，政府对《农地法》做进一步的修改。1980年，制定了《农用地利用促进法》，主要促进了以农用地为目的的土地所有权转让和使用权的设立或转出，促进农用地合理利用。到1984年，日本户均耕地面积扩大至1.2公顷。根据日本农林水产省的调查，整个日本农村中各种类型生产合作组织在2000年有9 961个，在2005年发展到10 063个，在全日本13.5万多个村落中占7.4%。从生产组织平均规模来看，加入生产合作组织的农户在9户以下的占总数的10.4%，10~19户的占24.2%，20~29户的占21%，30~39户的占14%。从经营的耕地面积来看，在日本都府县中，经营的耕地面积在10~20公顷的生产合作组织占27.9%，20~30公顷的占18%，5~10公顷的占16%。在日本北海道，生产合作组织经营的耕地规模要大一些，拥有50~100公顷的生产合作组织占20%，拥有100~200公顷的占25.8%，拥有300公顷以上的有13.4%[①]。单从上面的数据上看，生产合作组织仍然有很大的发展空间。农林水产省在2005年公布的《农业结构展望》中描绘的未来理想的农业结构是，到2015年，在210万~250万农户中，33万~37万规模化的家庭经营和2万~4万生产合作组织成为日本农业经营的主流。

中国涉及农业方面的国内法律、法规主要有：《农业法》（2002年）、《草原法》（2002年）、《农业技术推广法》（1993年）、《动物检疫法》（1998年）、《植物检疫条例》（1992年）以及《退耕还林条例》（2003年）等。

（2）稳步实施各项补贴措施。农业规模经营的前提是土地流转，实现农地资源的集中。但是，由于部分国家土地所有权制度不完善和对于底层农民的社会保障功能，阻碍了土地的自由流动。为此，中日韩三国政府在财政和税收上采取相关措施给予适当补贴，推动农民自愿流转土地。为推动农地流转，韩国政府于1997年制定了"农民退休支付计划"，鼓励年龄超过65岁以上的农民将土地流转给专业农民，韩国还对稻农直补、旱田直补、稳定收入直补（以农业收入占农户收入的1/2，稻米外收入占农业收入1/2的农民为对象）、环境友好型农业直补、景观维护直补、引退转让直接补贴（实施10年）等。在日本，农民年金基金制度规定，60~64岁的农民转让出土地，可得转让年金。中国当前对农业进行补贴的政策措施主要有：实施农村税费改革，取消农业税和农业特种税等；实行粮食直接补贴措施；加大退耕还林补贴的力度；实施农产品最低收购价制度；推行良种补贴措施等。

（3）努力实现农业机械化。机械化替代人工化，扩大单位土地经营面积，是农业经营规模扩大的直接表现。为了提高农村孩子的教育水平，中国从2007年起，在全国农村普遍实行义务教育两免一补政策，减轻了农民负担。2009年中国在全国实施家电下乡和汽

---

① 数据来源：（日）梶井功编『日本農業年報50—米政策の大転换』，農林統計協会，2004年，第149页，第151页。（日）梶井功编『日本農業年報52—新基本計画の総点検』，農林統計協会，2005年，第175页。

车、摩托车下乡政策，对农民购买家电、汽车和摩托车进行补贴，在一定程度上减少了农民的生活资料投入对生产资料投入的挤占等；实施农机具购置补贴等。日本在政府的支持下，在1955—1965年，从小型翻土机、耕耘机等小型机械的普及开始，逐步建立了以中小型拖拉机、小型干燥机、动力收割机为中心的中小型机械化技术体系，在此基础上根据农业生产小规模的特点，加强生物化学技术研发和化肥、良种等投入，提高土地产出率。到70年代前期，日本的农业基本实现了机械化。

（4）扶持和发展合作经济组织。20世纪70年代末，随着中国农户私有财产权制度和商品生产的恢复，以及家庭联产承包责任制的逐步确立，一些农民在当地技术能手、当地科协等的带领下，自发组建各类民间技术协会。80年代初到90年代中期，伴随着农产品流通体制改革的逐步深化，一批以经济实体为主的农业生产资料购买和农产品销售专业合作社涌现出来。90年代后期中国农业发展进入新阶段以来，随着农村市场经济体制的初步建立，农产品买方市场格局基本形成。2006—2014年的中央"1号文件"中都明确提出要"鼓励发展各类专业合作组织"，指出了中国农村经营体制的发展方向。

日韩政府通过生产经营合作化的形式促进农业规模经营取得显著成效。生产合作组织在日本，农协发挥着重要作用，能够提供完整的产前、产中、产后"一条龙"服务，负责代表政府向农民发放农户贷款、农业补贴，把政府的农业生产计划和农产品价格信息传递给农民，还负责从事农产品流通、指导农业生产技术和生产田间管理等。日本政府实际上是在观望很长一段时间后，才开始从政策上引导和支持生产合作组织。在1992年制定的"新的粮食、农业、农村政策的方向"中，将这类生产组织定义为"组织经营体"。在1999年的新农业基本法中则指出，在促进家庭经营规模化和现代化的同时，还应积极发展这种以村落为单位的生产组织。在2003年出台的"大米政策改革基本纲要"中，将此作为政策扶持的"村落型经营体"。2007年实施的"跨产品经营安定政策"则把此类生产组织作为扩大经营规模方式之一，可以享受政府的收入直接补贴。2003年8月在WTO谈判中，欧美在削减关税问题上采取妥协措施。如果农产品关税像欧美妥协方案那样下降到200%或100%以下，那么在高额关税庇护之下的日本农业（如大米关税400%）将面临致命的打击。正是在这样的背景下，2005年日本出台了所谓"跨产品经营安定政策"。这也是近年来日本农业政策上最重大的改革。新政策一改过去对包括小规模兼业农户在内的所有农户给予补贴的做法，只对政府欲扶持的有一定规模的骨干农户和有一定规模而且比较规范的生产合作组织进行收入直接补贴。具体来说，在北海道地区拥有10公顷以上的农户和在都府县地区拥有4公顷以上的农户，才可以享受政府的农业收入直接补贴政策。对于生产合作组织，新政策要求必须在20公顷以上的规模，才可以享受农业收入直接补贴；而且要求生产合作组织内部实行统一销售、统一核算和统一分配。很显然，该政策的目的不仅仅是为了应对国外压力而补贴农户的收入，而是要通过补贴的诱导，加速长期以来进展缓慢的农业结构改革，逼迫小规模经营农户放弃土地，以促进由骨干农户承担的规模化农业经营。

韩国农协作为具有完善层级机构的自上而下的农业合作组织，一方面，能在农业生产的物资采购、联合生产耕种、集中加工、物流运输等环节协同经营，另一方面，还能在农村旅游观光、村庄开发等集体参与项目展开合作，并能为地区扶贫和社会服务提供支持，在一定程度上克服了土地细碎化和规模较低的不足，支持了韩国现代农业的发展。

（二）中日韩三国农业规模化经营的不同之处

1. 农业规模化经营程度不同

从日本农业规模化经营的现实情况来看，尽管兼业农户比重不断上升，农地细碎化和经营分散的格局没有充分解决，但是日本农业的生产合作化程度比较高，农业协会和农业服务体系非常完善。特别是早在 1970 年日本就专门设置了农业劳动者的养老金制度，以保证离开农业的农民有相对稳定的生活保障。这有力地保障了不实际耕种农地的农民生活，解决了其后顾之忧。

尽管韩国的专业农户数量超过一半，但是韩国农地细碎化问题比较严重，生产合作化程度仍待提高，韩国政府为此付出了巨大努力，但仍然收效甚微。为推动农地流转，韩国政府于 1997 年制定了"农民退休支付计划"，鼓励年龄超过 65 岁以上的农民将土地流转给专业农民。

由于没有完善的社会保障体系和城市保障房，1992 年时中国只有 2.3％农户转包或转让土地，只有 2.9％的承包地进行了经营权流转，到 2006 年时这一比例也仅仅上升到 4.57％。与前面所提到的 2 亿农业劳动力转移后应该腾出约 40％需要重新配置劳动力的土地规模相比，这种土地经营权的流转显得很小。农业生产合作组织的发展较慢，土地抛荒、委托耕种等方式较多。

2. 科技进步贡献率不同

农业科学技术的发展对于保障国家粮食自给率和促进现代农业的发展具有重大意义。2014 年 1 月 9 日，科技部部长万钢表示，2013 年中国农业科技进步对农业增长的贡献率从已由"十五"末的 48％提高到现在的 55.2％，超过土地、资本及其他所有要素的总和，这仍然比日本、韩国低 20～30 个百分点。

日本老龄化程度较高，农村老龄化程度尤其如此，由于日本耕地面积十分有限，粮食自给率较低，因此，日本政府高度重视通过推广农业技术来发展现代农业，并取得了巨大成效。通过保温育苗、品种改良、农药和化肥改良等技术，使农作物亩产量大幅上升；通过塑料大棚、温室技术，使日本的蔬菜一年四季均可耕种，特别是具有高品质、超高产、抗低温、抗倒伏的水稻栽培技术，同时，日本有机农业发展也比较迅速。

韩国农业机械化程度很高。韩国农业协同生产组合等生产合作组织发展较好，农业生产经营的社会化服务体系比较完善，农业科技进步贡献率高。

3. 农业补贴政策不同

日本和韩国尽管农业科技水平较高，但是由于农业从业人口的老龄化程度较高，农产品的国际竞争力较弱，农业生产结构调整的步伐较为迟缓。

因此，日本和韩国政府长期对国内农业实行高度的关税壁垒和高补贴政策。日本政府每年对农业补贴的开支达到 400 多亿美元，补贴率高达 57％；2006 年，韩国提供的农业补贴高达 250 亿美元，仅次于欧盟、日本和美国。结果日本和韩国农业过分依赖政府财政补贴，农业人力资本投入和新品种、新农业生产技术的使用范围有限，加上日本和韩国国民高度的爱国主义热情，农产品销量得以保证，但是在全球化和 WTO 的框架下，这毕竟不是长久之计，因而必须使用符合 WTO 的绿箱政策的框架，以农业基础价值为导向，有效面对农产品的全球竞争。

中国一方面是农民老龄化程度不断提高，另一方面，农业科技水平大大低于日本、韩国。2006 年，中国政府宣布全面取消长期存在的"皇粮国税"农业税，来减缓日益扩大的城乡差距，减轻农民负担。2009 年，中央财政用于粮食直补和农机具购置补贴、良种补贴、农资综合补贴的资金达到 1 508 亿元，但是，无论是与欧美发达国家，还是日本韩国的东亚近邻相比，中国政府对农业的财政投入占农业总产值的比重仍然较低，仍需从财政投入、农村金融支持和农业保险等层面增加对农业规模化经营的补贴，提高农业规模化经营的动力和积极性。

四、东亚农业规模化经营的最优模式是什么？

在政府的大力支持和宏观调控下，以小农经营为核心，通过农业协会、生产互助合作社等民间或半官方的农业生产合作组织促进农业规模化经营，在日本取得了巨大成功，具有一定程度的可复制性，这被称为东亚模式。

在人多地少、资源短缺的地区探索具有东亚特色的农业规模化经营之路，在对以上中日韩三国和中国台湾地区的农业规模化经营的经验教训进行总结和归纳后，得到以下几个方面启示：

第一，政府在促进农业规模化经营过程中必须平衡好短期和长远利益。一方面，在社会保障体系尚不完善和束缚农业规模化经营的问题还未充分解决之前的现实图景下，可以通过适当支持委托耕种、生产合作组织化、不触动土地所有权的扩大经营规模的生产合作组织方式来促进一定程度的农业规模化经营。这可以延伸农业产业链条，加快建立直接连接市场的产、加、销一体化机制，促进农户间的联合。如果硬性推进土地集中式规模经营，就可能挤掉农民，使他们成为"无产者"，或者像其他发展中国家那样形成大量的城市贫民窟。另一方面，在如韩国"农民退休支付计划"、日本的农业生产者养老金计划等相关的社会保障体系建立后，可以借鉴类似于日本政府的做法，只对具有一定规模的农户进行补贴，这可以促进土地流转，进一步适度促进土地和农业生产要素的集约化程度。

第二，农业规模化经营的生产技术必须综合利用传统和现代两方面的优势。一方面，农业规模化经营不能完全放弃农业堆肥等传统的农业生产技术，更不能走向大规模使用农药、化肥使得土壤板结、肥力下降、环境污染、生物多样性下降的局面。另一方面，在政府与农业生产者全方面地信息沟通和生产指导下，合理引进国外先进技术，通过对农业前沿技术的研究和集成创新在农业生产核心技术取得突破，要结合自身的资源禀赋、文化禀赋、技术和制度来不断完善农业社会化服务体系。

第三，农业规模化经营要因地制宜发挥禀赋优势。尽管东亚各国普遍面临人多地少、资源相对稀缺的共同困难，但是各地的劳动力资源、土地资源、水资源、农业科技水平、传统文化、城镇化发展水平和制度等并不完全相同，各地要着眼区域内的农业资源禀赋，扬长避短，因地制宜完善农业生产结构，将制约因素变成核心竞争力。例如，在大城市或者特大城市的适合农业生产的近郊区，可以发展以高科技农业、设施农业、会展农业、休闲农业为特征的"都市农业"；在水资源比较匮乏的地区，可以通过建设"旱作农业示范区＋高效农田节水示范区"为特点的水资源节约型农业。这有利于实现农业生产的集约化、科学化的规模经营。

【参考文献】

范剑勇，莫家伟．城镇化过程中慎重推进土地流转：国际经验及对中国的启示［J］．毛泽东邓小平理论研究，2013（1）：20－24．

冯献，崔凯．日韩农地规模经营的发展及其对中国的启示［J］．亚太经济，2012（6）：77－80．

胡霞．日本农业扩大经营规模的经验与启示［J］．经济理论与经济管理，2009（3）：66－67．

温铁军，董筱丹，石嫣．中国农业发展方向的转变和政策导向：基于国际比较研究的视角［J］．中国农业信息，2011，31（2）：5－8．

農林行政を考える会．日本農業：21世紀への課題［M］．東京：農林統計協会，1993．

秋野正勝．現代農業経済学［M］．東京：東京大学出版社，1984．

神門善久，速水祐次郎．農業経済論新版［Z］．岩波書店，2002．

速水佑次郎．農業経済論［M］．東京：岩波書店，1986．

梶井功，谷口信和．米政策の大転換［M］．東京：農林統計協会，2004．

梶井功，小田切徳美．新基本計画の総点検：食料・農業・農村政策の行方［M］．東京：農林統計協会，2005．

佐伯尚美．農業経済学講義［M］．東京：東京大学出版会，1989．

大内力，今村奈良臣．新農基法への視座［M］．東京：農林統計協会，1997．

国际环境教育经验对我国
生态环境可持续发展的启示

——以日本仁淀川为例

胡　霞[①]　贾晓薇[②]

1987 年，在东京召开了第八次世界环境与发展委员会（WCED），在大会上通过的《我们共同的未来》报告中，第一次提出了"可持续发展"的概念，论述了世界环境与世界经济社会在长期发展方面存在的障碍和问题，并提出了解决和处理这些问题的建议。1992 年，在里约热内卢举办的联合国环境发展大会上发表了《里约环境与发展宣言》，指出"必须满足发展的权利，以便公平地满足今代和后代的发展和环境的需求。"由此得出，经济发展最终是为了满足人们的需求，但在这个过程中又不得逾越资源、生态等自然支持系统的承载力，"可持续发展"概念受到前所未有的广泛关注。2002 年，联合国在约翰内斯堡召开可持续发展峰会，总结了近十年来国际上可持续发展的教育经验，并重申教育是实现可持续发展的关键因素，同时宣布将 2005—2014 年作为世界"可持续发展教育十年"，环境教育作为实现可持续发展的必要途径受到了高度重视。

本文选择具有可比性的成功案例进行深入细致的调查研究，主要借鉴日本仁淀川流域环境教育的成功经验，探讨如何通过加强环境教育从而增强人们环境保护意识，对探索适合我国的生态环境、促进经济社会可持续发展的模式，具有十分重要的理论意义和实践价值。

一、我国环境破坏问题现状的严峻性

可持续发展是当今国际社会普遍关注的问题，涉及人口、环境与经济发展三者的关系，如何正确认识和解决三者在发展中存在的问题，需要引起我们的重视。环境问题是随着人口增长、现代科技和现代生产力迅猛发展而产生和发展的，当今在我国最为严重的有大气、水和土地的环境问题。以我国水污染的问题为例，据环境保护部发布的《2013 中国环境状况公报》显示，2013 年我国地表水总体轻度污染、部分城市河段污染较重，长江、黄河、珠江、松花江、淮河、海河、辽河、浙闽片河流、西北诸河和西南诸河等十大流域的国控断面中，Ⅰ～Ⅲ类、Ⅳ～Ⅴ类和劣Ⅴ类水质断面比例分别为 71.7%、19.3% 和 9.0%，详见表 1、图 1。2013 年，地下水环境质量的监测点总数为 4 778 个，其中国家级监测点 800 个，其中水质优良的监测点比例为 10.4%，良好的监测点比例为 26.9%，

①　胡霞（1961—　　），女，中国人民大学经济学院，教授，博士生导师，研究方向：发展经济学，农业经济学。
②　贾晓薇（1980—　　），女，北京理工大学管理与经济学院，助理研究员。

较好的监测点比例为 3.1%，较差的检测点比例为 43.9%，极差的监测点比例为 15.7%。

表 1　2013 年我国四大海区受污染情况

海区 项目	废水量 (亿吨)	化学需氧量 (万吨)	石油类 (吨)	氨氮 (万吨)	总磷 (吨)
渤海	2.06	1.2	36.2	0.2	180.4
黄海	11.04	5.5	235.8	0.4	662.0
东海	37.45	11.9	861.6	0.8	1 046.9
南海	13.29	3.5	501.9	0.4	951.8

数据来源：《2013 中国环境状况公报》。

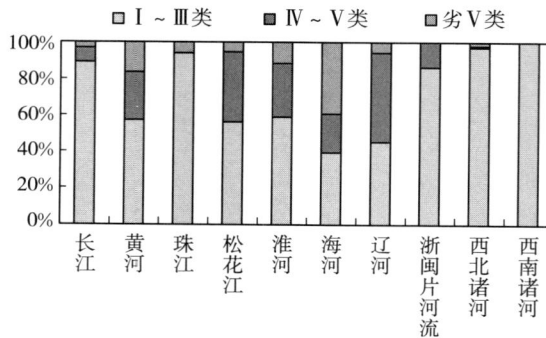

图 1　2013 年我国十大流域水质情况

环境的恶化是严重的生态灾害，会影响人们的生存环境、威胁生态安全、制约经济发展、影响社会文明进程。改革开放后，我国经济高速发展，但同时产生的对生态环境的破坏触目惊心。作为发展中国家，我们对资源的开发没有脱离传统的模式——粗放、掠夺式的索取，一方面造成耕地和草场退化、水土流失、物种灭绝等问题越来越严重；另一方面，随着工业化的发展，人们向环境排放的废弃物已经超越了其自然净化能力，使大气、土壤、水源和生物受到严重的污染，原本就很脆弱的生态环境更加恶化。以空气污染为例，2013 年我国的化学需氧量、氨氮、二氧化硫和氮氧化物均实现了年度目标，但全国74 个新标准检测城市空气质量达标比例仅为 4.1%。2013 年，京津冀和珠三角区域所有城市均未达标，长三角区域仅舟山 6 项污染物全部达标，详情如表 2 所示。中国面临的环境问题的形势是严峻的，如不采取根本措施，环境的恶化过程不仅不会自动停止，反而会加剧发展。

表 2　2013 年重点区域各项污染物达标城市数量

区域	城市总数	SO_2	NO_2	PM_{10}	CO	O_2	$PM_{2.5}$	综合达标
京津冀	13	7	3	0	6	8	0	0
长三角	25	25	10	2	25	21	1	1
珠三角	9	9	5	5	9	4	0	0

数据来源：《2013 中国环境状况公报》。

人类对生存环境恶化的思虑和担忧导致了环境教育的应运而生，它是以人与环境的关系为核心而进行的一种教育活动，其目的是使所有人都意识到人类与环境之间的复杂性关系，使所有人都能够养成尊重环境的道德责任感，形成正确的环境价值观和良好的环保意识，这也是我国实施可持续发展战略的基础。

二、日本环境教育的演进

我国的近邻日本环境教育起步较早，也是世界上环境保护做的比较突出的国家之一。日本国民高度的环境意识和环保素养与其长期以来所接受的全方面的环境教育是密不可分的。日本环境教育是从第二次世界大战后逐步发展起来的，经历了不同的发展阶段，积累了丰富的经验，并形成了一套完整的环境教育体系。

20世纪50年代中期后，日本经济高速发展。同时，以污染为代表的环境公害问题也随之产生[①]。到了60年代后半期，环境公害问题成为迫切需要解决的社会问题，民众的反对声达到了前所未有的高潮，但也促进了政府保护环境政策的出台。1967年，日本政府制定了《公害对策基本法》，同年又设立了"全国中小学公害对策研究会"。1971年日本政府设置了"公害国会"和环境厅，对环境问题进行管理。1975年，创立了"全国中小学环境对策研究会"，并成立了"环境教育研究会"。

20世纪80年代，是日本环境教育理念确立及全面推进的关键时期。1980年，在日本东京召开了"世界环境教育会议"，1986年日本环境厅设置了环境教育恳谈会，并于1993年制定了《环境基本法》。2003年7月，日本政府制定并颁布了《增进环保热情及推进环境教育法》，成为继美国之后的第二个正式制定环境教育法律的国家，这标志着日本环境教育迈上了新的台阶。该法的颁布在于鼓励社会、公众、企业同政府一道致力于环境教育、环境保护活动的开展和促进。

目前，日本的环境教育受到了以环境省为代表的政府部门的高度重视，据统计，日本有1 000多个环境教育场所及自然学习中心，近4 000所自然学校，这些不同类型的环境教育场所为政府、企业、非政府组织和市民提供了互相学习、互相交流、信息共享的平台，成为民众学习环境知识的课堂。

三、日本仁淀川流域的基本情况及特点

仁淀川位于日本四国地区，河流发源于爱媛县的石锤山，山势险峻、水流湍急、河水清澈，到下游的河水仍是清流。整个仁淀川河流贯穿爱媛县、高知县两县的3市6町1村，支流很多，仅高知县境内就有166条支流，最终从土佐市和高知市流入太平洋。从地

---

① 1956年，日本熊本县的水俣湾附近出现了一种奇怪的病症，患者脑中枢神经和末梢神经被侵害，直至神经时常不能控制，最后死亡。经调查后，这种病症的发生是由于设在水俣湾附近的氮肥公司把没有经过任何处理的污水直接排放到水中，导致甲基汞的含量严重超标，从而引起居民甲基汞中毒。"水俣病"仅仅是日本公害事故的开端，随后的"骨痛病""四日市哮喘病""米糠油事件"等，都引发了公众的极大关注。

形上来看，流域内大部分是山地，只有接近入河口处有一点平地。仁淀川从源头到河口的水都很清澈，因此被称作"奇迹的清流"。整个流域除上游地处高山地区外，年平均气温在 17℃ 左右，年降水量为 2 800 毫米（高于全国平均 1 700 毫米）。河流全长 124 千米，流域面积 1 560 千米^2，被指定为国家一级河流，同时也被誉为日本"一流的清流"。2010年被评为全国水质第一，河岸边的利用率也为全国第一，长期以来这里人与环境和谐相处。具体来看，仁淀川流域的环境及居民对其进行的保护措施主要有以下几个特点：

（一）仁淀川的水具有极大的重要性，支撑着当地居民的生产和生活

该流域养育着爱媛县、高知县两县大约 220 万人口，河岸边直接生活着 11 万人口。流域内既有用于发电的大渡水库，同时也发展林业、农业、渔业、工业（造纸）和旅游业等。流域内中上游的水多用于发电，下游流域自古以来从事林业和农业生产（以大棚、茶园和园艺等为主）。一直以来，供电、农业灌溉用水、渔业、工业用水和城市生活用水全部由仁淀川的水域提供，其中居民家庭生活用水量最大的是高知县的省会城市高知市民。因此，仁淀川的水对当地的居民、企业及整体地域的发展，都起着非常重要的作用。水质的好坏也引起当地居民的高度关注。

（二）该流域拥有全国有名的河岸边开阔地游玩场所

从仁淀川流域的河口开车只需 30 分钟左右就可以来到水量丰富、比较开阔的河滩上。在这长达 1 千米的河滩上，每年夏天都会有许多人来河岸边的开阔地带游泳或支起帐篷露营，夏季岸边戏水人口密度一直居全国首位。虽然人数众多，但河滩的环境和水域内的水质都保持得很好，无论是当地居民还是外来游客，在游玩的同时都对环境报以极大的尊重和敬畏，这已成为一种习惯。

（三）流域内拥有著名的历史文化遗产

流域内拥有具有代表性的历史文化遗产"土佐三大祭"，每年到传统纪念活动的时候，流域内外都会有许多人聚集在这里。来旅游的观光客，被告知需要承担自己的责任，以"将垃圾带走"为原则，不能将产生的垃圾留在原处。垃圾袋全部由流域内的制纸企业提供，一律是纸质产品，仁淀川流域所做的宣传，让所有与仁淀川有关的人知道自觉保护当地环境是理所当然的。

（四）流域内自然环境很好，有多处小瀑布被认定是"土佐名水"

在仁淀川流域内，自然环境主要由石锤国立公园和 5 个县立公园构成，形成优美、独特的自然景观，四季都能观赏和感受到山谷小溪和丰富的绿色山岳之美。仁淀川流域有许多小型瀑布，其中有 9 处被称为"土佐名水"，其中，越知町的"大樽瀑布"被选作"日本百选瀑布"，"安德水"被选作"全国名水百选"，仁淀川的水质之好，让当地居民为此感到荣耀。

仁淀川的水为流域内人们带来莫大的恩惠，当地的居民、企业及社会各界也无不对仁淀川报以感恩和力所能及的回馈。我们希望通过深入了解仁淀川流域中，有着各自利益的

公民、企业和政府，了解什么样的环境教育让他们能够心甘情愿地成为仁淀川的环境保护者，吸取其经验，从而为我国的环境教育提出有益的启发。

四、来自仁淀川调研的启发与思考

环境与每一个人的生活质量息息相关，自然因素导致的环境恶化是缓慢的，我们也有能力通过各种手段进行防治，减缓其进程，但人为因素导致的环境问题相对更加严重。面对我国严峻的环境问题，我们应该想方设法推动环境教育的发展，提高公众的环境意识，共同来面对这个问题。通过对日本仁淀川地区多次实地调研，有以下几点启发与思考：

（一）环境教育要具有全民性，充分激发民间组织和一切公民的能量

在日本仁淀川地区，每年 10 月 24 日前后会定期组织进行一次全民性、全流域的打扫卫生总动员，会邀请新闻媒体来进行报道，通过报刊、杂志、广播、电视、网络等各种媒体加强环保宣传，在进行清扫作业时，还会组织一些趣味性和教育性的活动，增加居民对本地的感情，怀着一颗感恩的心对当地环保事业做出各自的贡献。居民、企业、社团以及政府各司其职，共同发挥着河流治理和促进经济社会生态环境可持续发展的作用。附近居民成为义务监督员，为地区环境的改善做出自己的贡献。同时还争取漂流俱乐部的成员帮助，遇到河里的垃圾等情况能够及时汇报。各类社团和组织，也会定期进行清理和义务宣传。由于宣传得当，不仅是当地居民会对河流、环境进行保护，外来的观光客也会一同遵守当地的规则，自己清理垃圾并带走，并认为这是理所当然的。仁淀川地区每年进行全方位的环境保护规划，使无论是当地的居民、企业、政府，还是外来的游客，都会对当地的环境有一种敬畏感，会发自内心地对它充满感情，从而起到保护地方资源的目的。让环境意识成为自然，让环境保护成为习惯。

当前我国公民的文化素质水平不断提高，但是在道德素质水平方面仍旧参差不齐，与发达国家相比差距较大。环境恶化所产生的问题已经渗透到所有人们的日常生活中。我们在现阶段，应增加环境保护的全民性教育，通过环境教育让普通公民充分认识到环境保护与自身生活质量的相关性，从而提高公民的环保意识。

（二）环境教育需构建立体的、多层次的教育体系，各方面均衡发展

环境教育的体系是否完整，对是否能够全方位对公众进行环境教育意义重大。环境教育的目的在于使公众能够正视人与环境的关系，使人们通过学习，能够发自内心、自觉自愿地尊重并保护环境，而非把其仅仅当作索取的对象。

图 2 是通过对日本仁淀川进行多次调研后，吸取其经验构建了一个相对完整的环境教育体系和环境教育目标，环境教育应注重从企业、民众与社团以及政府各方面均衡发展。从时间维度上看，对每一个国民要进行终身教育；从空间维度看，应包括学校环境教育、社区环境教育、在职环境教育和社会环境教育；从环境教育的目标来看，包括意识目标、知识目标、情感态度目标和实践能力目标。

我国的环境教育主要注重的是自然科学门类的专业教育，这是一种试图依靠外部手段改

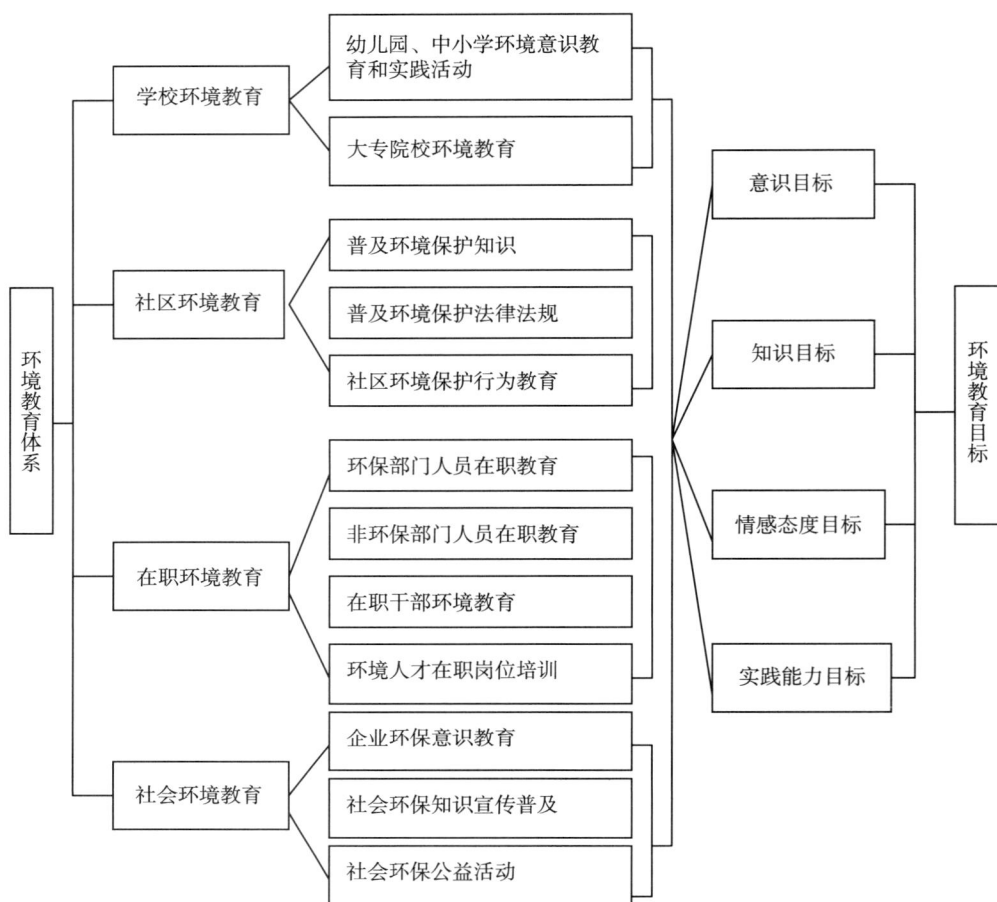

图 2　我国环境教育体系结构及环境教育目标

造、改善环境的科学技术教育，治标不治本，环境问题的最终解决归根到底要依靠人们环保意识的提高，要使人类重新审视自身发展与环境的关系，这是科技的力量所不能胜任的。

（三）在仁淀川的环境教育中，充分发挥了企业在教育中的作用

仁淀川地区在针对企业进行环保教育时，积极将环境教育的理念引入到商业教育和培训中，商界也会主动在商业活动和公司生产经营中推动环境教育，并将这种方式称为"环境经营"，贯穿企业经营的整个活动中。以当地造纸企业为例，他们的具体做法是：企业生产产生废水的净化程序、排水系统公开透明、主动接受社会、当地居民和政府的监督；积极向居民和社会宣传环保法规，引导公众尽量选择和使用环保产品；编制企业环境报告书并定期进行公示，向社会特别是向广大消费者报告自己的经营环境及环保措施，接受社会的监督；主动扮演环保表率的角色，以良好的社会形象产生示范作用。我国的企业环境保护意识教育相对薄弱，有些企业甚至直接成为环境破坏的角色。仁淀川地区企业的做法十分值得我国的企业学习：不应仅以获取利润为目标，在日常的生产经营中应随时注意自身肩负的社会责任，是否给周边的环境带来了无法协调的压力，出现问题应及时、主动进

行解决。这样，生产者或厂商纷纷把环境保护列入企业发展目标，能够促进其开发生态技术和绿色技术。

（四）在环境教育中增加实践教学，从小培养公民的环保责任意识

环境问题是一个涉及政治、经济、文化、技术、科学等众多领域的复杂系统，环境教育相应的也是交叉性的学科。我国中小学校的环境教育方式基本上是课堂上说教式的教学方式，更多的限于书本资料、图片以及科学知识的传授与整理，学生重点关注课本知识，缺乏实践和动手动脑的机会和能力。

日本的环境教育更多倾向于"体验式"教育，具有很强的实践性，能够培养学生的环境意识，增加他们对于大自然的敬畏之情，值得我们学习和吸收。日本学校环境教育的一大特点就是"走出课堂，进入生活"的方式。学校会定期将校园内的学习和活动延伸到家庭、社会中去，形成校内外完整、连贯的环境教育活动体系。在仁淀川地区学校的社会课的教学过程中，教师会鼓励学生结合课程内容对周边环境进行调研，如对仁淀川的河水中的 pH 以及氮、磷、氯等离子进行检测，结合水中微生物和有机物的组成，了解水质和水污染的情况。在老师的指导下，学生通过观察和动手实践，不仅知道了河流污染的原因，并且更加深入地了解自然环境，从而拉近了人与环境的关系，这也有助于他们树立起环保意识，感受到人类对环境所应该承担的责任和义务，达到环境教育的目的。日本的中小学常结合当地文化、地理环境编写乡土教材，对学生进行当地的风土人情教育，使学生了解自己的家乡、热爱家乡，而不仅仅是停留在口头上。这也是加强居民和公众保护本土环境责任感的很好途径。

（五）环境教育的推广需要政府加大政策支持，并推进相关立法

仁淀川地区的县政府联合市、町、村共同制定了第一次仁淀川清流保全计划（1999—2007），涵盖了居民生活排水、企事业单位排水产生水质污染的问题，并不断进行修改和完善，在 2010 年制定了第二次仁淀川清流保全计划，鼓励当地居民参与并不断提出意见。此外，在国家《水质污浊防止法》所指定的排污标准基础上提高排污标准，指定排水处理设施整备补助金制度，对积极安装排污设施并达到町规定的标准的企业给予补贴。

随着环境教育的发展，各国的环境教育立法都普遍受到了重视[①]，环境教育的法制化更有助于教育活动的贯彻与执行。相比于发达国家，我国的环境教育立法方面显得比较缓慢，且成效不高。目前我国并无专门的环境教育立法，地方性法规中也鲜有这方面的内容。由于环境教育缺乏确定的法律地位、缺乏专门机构和人员、缺乏确定的目标和评价标准，环境教育无法引起应有的重视，处于可有可无、操作弹性过大的状态。环境教育被弱化，不利于国民环境意识的培养和提高，长此以往，对我国的环境保护工作必将引起不良影响。

要解决我国的环境教育中存在的问题，根本出路在于加强立法，以完善的法律制度建

---

① 对于环境教育进行立法的国家中，美国和日本走在前列。美国早在 1970 年就制定了《环境教育法》；日本于 1991 年出版了《环境教育指导资料》，并于 2003 年制定并颁布了《增进环保热情及推进环境教育法》；德国联邦教育部于 1988 年发表了《未来的任务——环保教育》的报告。

立健全环境教育体制，确保环境教育的良好实施。目前我国大部分公民和企业对于环境教育还尚未形成全面、科学的认识，对环境教育表现出漠不关心。采取专项立法的形式，对环境教育制定适用的、专门的立法，有利于对环境教育进行更为科学的宣传，从而使全社会形成对环境教育的正确认识，帮助人们逐步认同并接受环境教育，提高整个社会的环境保护意识。

日本政府一系列的环境教育政策的出台通常是几个相关部门共同联合推出，这样能够使政策更有力度，在执行过程中的阻碍也较少。我国针对环境治理的环境教育也不能仅仅依靠教育部门和环保部门，还应鼓励其他相应部门的加入，可以以《宪法》《环境保护法》以及《教育法》为基础，制定我国的《环境教育法》，并依照图 2 中所示的环境教育的 4 个维度来进行。

（六）环境教育要加强创新，不断增加环保的科学性

在日本仁淀川治理环境的过程中都是使用古老的方式和本土材料，并未从外地引进新的资源和物种。仁淀川的水体采取自净方式，尽可能采取生物净化——即依靠水生生物，特别是微生物的降解作用使污染物浓度降低，避免了破坏当地原有的生态系统。仁淀川流域中下游比较著名的是当地的造纸企业。众所周知，造纸工业废水的排放对于当地的水质环境一般会带来极大的破坏，但是仁淀川地区的造纸厂却没有给当地河流带来污染，这是由于日本非常重视对企业进行环境教育，企业也明确认识自身对于环境所应负起的责任。当地的造纸厂使用传统工艺，调节废水的 pH、去除固体悬浮物、消除污染物的危害，同时设置水质的 5 层净化、过滤装置，让造纸厂产生的水在流入仁淀川河流时，达到废水零排放。当地还有代表仁淀川流域的传统工艺的"土佐和纸"、手漉和纸的造纸工艺，被国家指定为非物质文化遗产。为此还建立了和纸博物馆，作为旅游项目之一，游客参观博物馆时既可以了解当地的纸文化，又可以体验造纸的乐趣。我国应吸取日本仁淀川的治水经验，不断增加环保方式的科学性。

五、结论

日本的环境教育深入到每一个个人生活中的方方面面，并以综合培养国民环境的意识、知识、态度、能力以及价值观为基础，以实现日本的可持续发展为根本目的，这点对于我国的环境教育具有重要的借鉴意义。

人们的行为是受意识支配的，只有通过环境教育，培养企业经营者、政府和国民的环境意识，才能从根本上杜绝环境问题的发生。因此加强全民的环境教育，让环境意识深入到社会的每个角落、每个人的心中，让保护环境成为一种自觉行为，只有这样才是生态的、经济的和社会的可持续发展模式。

【参考文献】

[1] 国家环境保护局 . 党和国家领导人谈环境保护［M］. 北京：中国环境科学出版社，1996.

［2］（日）岸根卓朗．环境论——人类最终的选择［M］．何鉴，译．南京：南京大学出版社，1999.

［3］（美）汤姆·泰坦伯格．自然资源经济学［M］．高岚，李怡，谢忆等，译．北京：人民邮电出版社，2012.

［4］刘静玲等．人口、资源与环境［M］．北京：化学工业出版社，2001.

［5］范恩源，马东元．环境教育与可持续发展［M］．北京：北京理工大学出版社，2004.

［6］黄宇等编译．学校中的环境教育：计划与实施［M］．北京：化学工业出版社，2003.

［7］中华人民共和国环境保护部．2013 中国环境状况公报［R］．

［8］GARRETT HARDIN. The Tragedy of the Commons［J］．Science，162（1968）：1243－1248.

日本的稻米政策与长效机制研究

藏志勇[①]

一、日本农业概况

日本国人口约 1.3 亿人，面积 37.2 万千米[2]，耕地只占国土面积的 14%，人均耕地 0.049 公顷，不足世界人均耕地的 1/10；农业人口不到 400 万，约占总人口的 3%。战后日本政府大力推进以农田水利化为中心的农田基本建设、农业化学化（包括使用化肥、农药和塑料）、良种化、农业机械化的进程，用较短时间实现了农业现代化。

目前，日本的农业结构已发生了根本性变化，种植业比重下降，畜牧业比重上升。在种植业中，稻米、麦类等谷物比重下降，蔬菜、水果的比重上升，这一现象反映了现代农业发展的必然趋势。近年来，为了消除推进大米产销市场化带来的消极影响，日本政府加大了对农业生产服务体系的投入，形成了相当完善的科研育种、技术推广、收储保鲜、农业生产资料供应、市场信息、生产贷款、农产品销售、批发等体系，扶持农业社会化服务体系建设，粮食综合生产能力不断提高，其中大米生产能力自 1998 年后已稳定在 800 万吨以上。

二、日本水稻种植业

1. 水稻品种

优质大米品种的特点是直链淀粉和蛋白质含量较低，食味品质主要体现在黏度大，不"回生"上。"越光"是日本稻米品种之一，是 1944 年新潟县农事实验场的高桥浩之将农林 1 号与农林 22 号经人工杂交诞生的品种，在日本栽培面积最广，占全国总产量的 1/3，其中，新潟县鱼沼地区栽培的越光米[②]因质量最佳而闻名日本全国，其味道香甜、口感略黏、色泽白亮，深受人们喜爱。日本的米商在依靠农业科技进步提高大米的质量和产量的同时，非常重视产品的特性宣传，树立了许多知名品牌，如北部的"樱花"、中部的"春阳""幻之米"、南部"佐贺之梦"，以及"一见钟情"等（表 1、表 2）。

[①] 宁夏大学中日国际联合研究所，副研究员。日本东洋大学国际地域学博士。研究方向：区域经济，农村经济，日本经济。

[②] 越光米的发祥地是福井县，越光的"越"字是指日本番邦时期的越国，也就是现在的北陆地区（福井县、石川县、富山县）加上新潟县。日本最长的河——信浓川贯穿新潟县，孕育了肥沃的越后平原。新潟的稻米生产量居日本首位，自古以来是日本首屈一指的稻米产地，其地理标志品牌"越光米"是全日本公认味道最好的品种，已成为日本高级大米的代名词。

表1　日本大米生产量、消费量及人均供给数据的推移

单位：千吨

年份	产量	进口量	国内消费量	人均供给数（千克）
1980	9 751	27	11 209	78.9
1981	10 259	67	11 130	77.8
1982	10 270	61	10 988	76.4
1983	10 366	18	10 979	75.7
1984	11 878	165	10 938	75.2
1985	11 662	30	10 849	74.6
1986	11 647	41	10 796	73.4
1987	10 627	39	10 647	72.0
1988	9 935	43	10 584	71.0
1989	10 347	50	10 527	70.4
1990	10 499	50	10 484	70.0
1991	9 604	57	10 513	69.9
1992	10 573	92	10 502	69.7
1993	7 834	1 049	10 476	69.1
1994	11 981	1 835	10 022	66.2
1995	10 748	495	10 290	67.8
1996	10 344	634	10 189	67.3
1997	10 025	634	10 107	66.7
1998	8 960	749	9 908	65.2
1999	9 175	806	9 905	65.2
2000	9 490	879	9 790	64.6
2001	9 057	786	9 638	63.6
2002	8 889	882	9 459	62.7
2003	7 792	957	9 389	61.9
2004	8 730	726	9 269	61.5
2005	8 998	978	9 222	61.4
2006	8 556	799	9 186	61.0
2007	8 714	856	9 257	61.4
2008	8 823	841	8 883	59.0
2009	8 474	869	8 797	58.5
2010	8 554	831	9 018	59.5
2011	8 566	997	9 018	57.8

资料来源：日本农林水产省《食料供需表》。

表 2　日本大米种植面积的推移

单位：公顷

	1980 年	1990 年	2000 年	2005 年	2010 年	2011 年	2012 年
全国	2 350 000	2 055 000	1 763 000	1 702 000	1 625 000	1 574 000	1 579 000
北海道	154 200	146 300	134 900	119 100	114 600	112 900	112 000
东北	570 600	521 200	454 800	442 900	419 300	389 000	396 700
北陆	288 600	255 200	220 300	217 600	210 900	208 800	209 400
关东东山	411 500	359 700	315 600	311 900	299 900	295 600	295 500
东海	166 600	137 600	113 900	109 100	104 400	102 400	101 900
近畿	174 700	145 400	122 000	116 700	110 500	109 100	109 100
中国	191 700	161 900	127 700	121 500	117 500	115 100	114 700
四国	89 500	75 000	62 100	59 400	57 700	56 200	55 800
九州	301 100	252 200	210 500	202 300	190 000	183 500	183 300
冲绳	1 100	881	1 150	1 060	914	921	919

资料来源：日本农林水产省《食料供需表》。

2. 水稻主要育种基地

日本国家级水稻育种基地分别是：北海道、东北、北陆、农业研究中心、中国、九州6 个地区农业试验场的水稻育种研究室和农业研究中心的杂种优势利用研究室，以及北海道立上川农业试验场、青森县农业试验场藤坂支场、宫城县古川农业试验场、福井县农业试验场、爱知县农业综合试验场山间技术试验场、宫崎县农业综合试验场和鹿儿岛县农业试验场 7 个指定的道、府、县农业试验场。

3. 大米价格

日本市场上的大米按流通形态分为政府米（标准价格米）、自主流通米和自由贩卖米三种，自由贩卖米价变动很大，自主流通米价变动在标准价格米与自由贩卖米之间。米价分为标准价格米和自由价格米两种，标准价格米执行低价政策，即政府从农民手中高价买入，低价卖出；自由价格米是流通途径不经政府，由专门的中间商买入，再卖给各商店，价格在标准价格米之上。

日本零售市场的大米价格因产地不同差异很大，其中以产于新潟的"越光"米最贵。据笔者在日本市场实地考证，2014 年 1 月份市场零售价格为 4 000～6 000 日元/10 千克（按现行汇率 100 日元兑换 6 元人民币计算，折合人民币为 24～36 元/10 千克）；其他产地的越光米在日本的零售价格一般为 3 500～4 000 日元/10 千克。

日本政府为保证农户的利益、防止大米价格下滑，每年都会制定生产目标。农林水产省每年为各省份规定生产指标，如果农户按照规定进行生产，可得到来自政府的收入补贴。近年来，因日本少子、老龄化社会问题越发严峻，加上人们的饮食文化开始趋向于西洋风味，主食中面包增加，致使大米产量减少。据农林水产省的统计表示，1960 年日本大米的人均消费量为 120 千克，到 2011 年时已降为 57.8 千克。

目前，日本由于大米产量减少而荒废的水田有 26 万公顷，农林水产省已千方百计地规划和再利用这些田地，在防止大米过剩生产的同时，努力增加大米的消费量。

4. 大米市场的营销策略

日本的大米商品差异化主要从以下 3 个方面着手进行：

（1）性能质量。即产品的主要特点。日本大米营销往往以其单位重量中所含有的高营养成分来表示其与众不同的特点。2006 年，日本花样滑冰选手荒川静香在冬季奥运会上获得女子花样滑冰金牌之后，她所在的县立即以"金"为主题推出"金芽米"，对该县的大米进行宣传，并发布由荒川静香表演的"金芽米"广告，在日本国内引起了轰动。

宣传的主要焦点汇集于该米富含多种营养成分，如每 100 克"金芽米"的营养成分为：维生素 B_1 为 0.13 毫克，相当于 2.5 勺豆粉的含量；维生素 B_6 为 80 毫克，相当于半个中等大小的番茄的含量；铁为 0.19 毫克，相当于一棵小菜花的含量；食物纤维 0.9 克，相当于 1 根小香蕉的含量；镁为 19.1 毫克，相当于日本人经常食用一条沙丁鱼干的 3/4 含量。该县在获得市场后，又马上研发了"特撰金芽米"专供日本奥运代表团运动员食用。

在宣传大米中营养元素含量的同时，"金芽米"还向公众指出这些元素对人类健康的作用，如维生素 B_1 可以将人体内的糖分转化为能量，镁有利于心脏和循环系统的健康等，使消费者更清楚食用这种大米给身体带来的益处。

（2）特色。指大多数产品都有各自不同的某些基本功能增补的特色。率先推出某些有价值的特色，是有效的竞争手段之一。日本大米营销往往就水稻生长的土壤、日照、气候等因素所形成的差异进行大力宣传。

如：佐贺县的"梦的水滴"大米，侧重于宣传该米是在海拔 200 米以上的平坦地势到山腰为中心的地域栽培，所以它的外观圆润、富于光泽，味道也非常好；北海道的"樱花"大米，强调北海道春季的冰雪大量融化滋润土地，雪水中富含各种元素有利于大米中多种元素的生成。北海道的另一品牌"星星的米"，以北海道的寒冷与干爽的气候为背景，说明稻米的病虫害比内地的少，因此农药使用少，稻米生长状况好为重点；福岛县的"一见钟情特别栽培米"，则着重宣传百分之百使用有机肥对稻米营养成分促成的良好作用；滋贺县的"日本晴"则突出其蒸煮后黏性低并且稍硬的特点适合做日本人喜欢的寿司（在米饭团顶端放上生鱼片的一种食品）。

（3）外包装形式。即产品包装在外观设计、尺寸、形状、结构等方面的新颖别致。日本大米商品主要表现在不同规格的包装上，如 5 千克、10 千克、20 千克袋装和 400 克、840 克礼品纸盒装、2 千克木盒装等多种规格、多种形式的包装。在此基础上，日本各地大米的营销都形成了不同的风格，即产品给予消费者不同的感觉效果。独特的风格往往使产品引人注目，有别于乏味、平淡的产品。综合以上各个要素，日本的米商从顾客的要求出发，确定影响产品外观和性能的许多特征的组合，提供一种有特色的设计，使产品实现差异化和准确定位。

5. 科技推广措施

在日本，普及农业科技被称作"合作农业普及事业"，国内从上到下都非常重视。特别是当前日本农业老龄化日趋严重，粮食自给率下降到 39%，日本官方更加希望通过普及农业科技来扭转不利局面。日本政府提出的"六次产业化"推动农工商联合措施，就是为了更好地发挥科技兴农的作用。

"合作农业普及事业"的基本机制是，都道府县为普及指导中心、试验研究机构、农业研修教育机构配置普及指导员，把研究机构开发的技术做成手册，通过讲习会等活动支持地域农业技术革新；日本政府的作用是制定运营方针、支付援助资金、进行普及指导员资格考试、建立合作和联合体制等。

在普及农业科技中，日本政府及相关社团要执行以下基本任务：①在支援农业科技应用和在从事农业者之间发挥桥梁作用；②支援经营管理；③支援农地活用；④建立农业者组织化的体制。同时，日本普及农业科技还要解决以下课题：①提高粮食自给率；②提高农田收益；③培育农业经营（家庭农业经营的改善等）；④提高食品安全性；⑤发展可持续农业；⑥振兴农村。

普及指导中心与农业大学和试验研究机构开展合作，一方面要对农民和希望从事农业的人员进行技术和经营指导，另一方面从农民那里征集对农业技术开发的要求和对农业政策的意见，提供给行政当局和科研机构，并通过与市町村、农协组织联合开展具体农业科技普及工作。

值得一提的是，政府科研机构向农民提供科研成果和接受农民的要求从事科学研究，不存在专利问题，也不会让农民出一分钱。

此外，从法律上讲，日本立法机构出台了一系列法律，从制度上确保农业科技普及工作得以落到实处。比如，日本有《食料农业农村基本法》和《农业改良助长法》，对技术开发和普及有明确的成文规定。日本政府还制定了《食料农业农村基本计划》，旨在构筑普及指导员和具有科技、经营、销售、加工等多种知识的外部专家联合指导的体制，普及指导中心要与大学、企业、试验研究机构等联合，以技术指导为中心对农民展开综合支援，强化研究成果的普及和实用化。

三、稻米生产标准

日本是最早制定稻米标准和实行稻米检查的国家，稻米标准经过 100 多年的发展和完善，逐步形成了较为合理的以标准品为参照的标准体系，包括理化标准、食味标准和安全卫生标准。在稻米标准的规范和调控下，日本水稻生产全过程都实现了标准化，从新品种选育的区域试验和特性试验，到新品种的栽培技术、工艺规程以及稻米的收获、加工、贮藏方法都非常具体。不同品种水稻有相应的栽培技术标准，严格规定农药化肥的施用量、施用次数和时间，在如此严格的质量控制条件下生产出来的大米，尽管价格是进口米的7～10倍，但质量有绝对保证，这是绝大部分日本人钟情于本国米的重要原因之一。

1. 稻米标准的形成

随着稻米生产和贸易的扩大，一方面，消费者要求质优物美，贸易者要求价有所值；另一方面，生产者希望优质优价，同时也需要有一个具体标准来指导生产。1942 年，日本政府实施了《主要食品管制法案》，对大米市场进行控制，目的是作为战时应急措施，为日本国民提供了十分有效的食品支撑。其后的《粮食管制法案》的实施，促进了日本第一部官方正式稻米标准——"米麦检查令"的出台。

日本稻米标准是日本粮食（稻米）政策的产物，稻米政策的每次修订都是与新出台

（或修订）的农业政策相呼应的。

如：1950 年，因为日本国民对大米的消费超过了国家的生产量，所以国家出台措施，推行土地改革制度，将所有的稻作区划分成许多大小不一的田块，分给稻农耕作，并且明确规定使用期受到保护，极大地提高了稻米的总产量；直至 1951 年《农产品检查法》的颁布，使稻米标准以法律的形式进入稻米检查系统，在此之后的 3 年中，每年都对《农产品检查法》进行修改，使稻米检查从标准到方法都得到进一步完善。1973 年，因日本贡米系统的废除导致大米质量陡然下降，日本借机反思稻米检查制度，引发了此后粮食法中对稻米标准和检查机制的修改。

日本稻米标准一直以容重和整粒米的含量作为主要分级依据，同时兼顾了外观和质地，采用标准品进行对比评价。日本绝大部分是以糙米（日本称为玄米）形式来流通和贮藏大米，只有极少量用白米和稻谷。在稻米标准中，没有把糠粉列入评价指标，这与加工水平有关。因为大米经抛光后，已不存在糠粉。

2. 品牌米（铭米）标准和食味评价

日本消费者对品种十分考究，随着国内人民生活水平的提高，对优质品牌米需求日益趋旺。因而生产过程中十分重视优质品种的选育，只有特定的品种，在特定产地、符合标准肥水调控、病虫草害综合防治等栽培农艺控制下，生产出的稻米经特定机构认证后才可被定为"铭"米，而且在规定期限（赏味期）内加工上市的，才具市场竞争力。日本不仅从外观品质和理化特性上将稻米分成不同等级，还根据消费者消费习惯和口味偏好，根据外观、香味、味道、黏度、硬度等项目，制定不同的食味评价标准（食味评价标准是选择性而非强制性标准）。

3. 糙米农药残留标准

随着日本农业（稻米）政策的调整，国外大米开始进入日本，消费者对食品的安全卫生要求也越来越高，于 2002 年 4 月 1 日出台了与之相配套的糙米农药残留标准。共涉及120 种农药，绝大部分标准是目前世界上最为严格的。

表 3　日本农田单位面积农药及化肥的使用动态

单位：千克/公顷

年份	农药使用量	氮肥需要量
	9.5	12.0
	9.4	11.8
1990	9.1	11.5
	9.4	11.3
	9.2	11.4
	9.1	11.6
	8.7	11.6
1995	8.3	11.2
	7.9	10.8
	7.4	10.6

（续）

年份	农药使用量	氮肥需要量
	7.5	10.5
	7.0	10.6
2000	6.7	10.6
	6.5	10.6
	6.4	10.8
	6.3	10.9
	6.2	10.9
2005	6.0	10.7
	6.1	10.9
	5.8	10.1
	5.5	9.3
2011	5.6	

资料来源：日本农林水产省《食料供需表》。

表 4　单位面积化肥和农药使用量的国际比较

单位：千克/公顷

国家	化学肥料	农药
日本	259.0	11.6
韩国	426.3	12.7
荷兰	260.6	5.5
英国	206.6	1.5
德国	157.8	1.9
挪威	217.8	0.7
法国	138.0	2.4

资料来源：粮农组织《2010 统计年鉴》。

4. 日本稻米生产标准概况

日本稻米标准主要为 JAS 标准（农林产品及其加工产品标准）和协会标准。JAS 标准是根据日本《关于农林物质标准化及质量标识正确化》的法律，由农林水产省（MAFF）负责制定的。

JAS 标准包括质量标准和标识标准。需制定 JAS 标准的物品目录由农林水产大臣指定，利益相关方也可向农林水产大臣申请制定某一 JAS 标准，由"农林物质规格调查委员会"审议批准是否制定该标准。标准以 MAFF 文件（告示）形式发布。JAS 标准是自愿性标准，生产商和制造商可以自己决定是否参加认证活动。没有 JAS 标志的产品仍可以在市场上销售，但经过认证的企业更具市场竞争力。涉及食品安全和卫生（例如最大农药残留限量）的标准，大部分由日本厚生劳动省（MHLW）制定。目前涉及大米农药残留的 188 基准项中，71 项由 MAFF 设定，MHLW 设定了 120 项（其中 3 项相同）。

稻米质量标准由农林水产省于 2001 年 2 月 28 日发布的《农产物规格规程》（以下简称《规程》）规定。稻米包括稻谷、糙米和大米，质量标准有以下主要内容：

（1）分类、等级和质量指标。稻谷分普通稻谷和种子稻谷两大类。普通稻谷主要考虑完整粒率、外观、水分和着色粒率等，种子稻谷主要考虑发芽率、完整粒率、外观、水分和被害粒（包括发芽粒、病斑粒、虫蚀粒、破碎粒等）率等（注：虽然稻谷标准中规定水分为 15.0，但日本政府颁布临时文件允许水分不超过 16.0）。

糙米分水稻糙米、陆稻糙米和酿造用糙米三类。水稻糙米和陆稻糙米分为三等，主要考虑完整粒率、外观、着色粒率、死米率（近似于我国的粉质粒）和水分等；酿造用糙米分为五等，在上述指标的基础上还对色泽有要求。

大米根据其加工精度分为七分大米和完全大米，均设置一等、二等和等外三个级别。主要考虑外观、水分、粉质粒、被害粒、着色粒和碎粒等。标准中同时还对等外产品做了要求。

（2）品种、产地及生产年份。日本对稻米的品种、产地和生产年份管理很严格。在《规程》中对 46 个县级地区（相当于我们的省级地区）的水稻粳稻及糙米、31 个县级地区的陆稻粳稻及糙米以及 44 个县级地区的酿造用糙米的品种均进行了列表对照说明，不在上述产地和品种对照表中的产品，将不能标识该种产品的产地和品种。

（3）包装。稻谷用麻袋、树脂袋和纸袋以及聚丙烯编织袋进行包装，包装袋的材料、形状、强度和重量等方面应符合《规程》规定。糙米还可多用一种纸袋进行包装，而大米只能用三种纸袋进行包装。

（4）成分。需要标明蛋白质和直链淀粉的含量。

5. 日本大米标准的发展趋势

日本目前使用的大米（包括糙米、白米、稻谷）分级标准，比较适合生产贸易实际，估计在相当一段时间内不会作大幅度变动。

关于食味评价标准，由于消费者的偏好和研究手段的改进，将会增加定量性方面的评价指标，由目前的定性评价转为定量评价为主，食味评价方法有可能出现新的突破，从而使操作更为简单，结果更为直观。

关于农药残留限量标准，尽管日本目前的大米农药残留限量标准与其他国家相比项目最多（美国为 118 项），检验标准最为严格，但同时也是最有可能发生变化的标准。①新的农药品种的应用，必定带来新的残留标准；②检测水平的提高和检查手段的改进，原来检测不出的项目将会被检出；③出于保护国家大米产业的需要，日本将会巧妙利用卫生安全标准（农残标准）作为杀手锏，抬高贸易门槛。

20 世纪 90 年代以来，由于关贸总协定乌拉圭回合对农产品进口高关税的削减，日本转而更加重视采用更为隐蔽、更容易找到冠冕堂皇的理由和更方便实施区别对待的卫生、动植物检疫标准等绿色壁垒。绿色壁垒打着保护本国环境和人类动植物健康的旗号，名义上有合理性；以国际、国内有关立法为依据，形式上有合法性；保护的对象涉及安全、卫生。环境等众多方面，内容上有广泛性；花样繁多，标准复杂，随心所欲，方式上有隐蔽性和歧视性。

四、日本的稻米政策

水稻是日本农业最主要的农作物，大米是日本消费者最主要的食物之一。因为大米在日本具有重要的社会和经济双重意义，自第二次世界大战结束之后，日本政府就一直对大米的生产和分配实施着严格的控制。根据《粮食管理法》，农林水产省下属的粮食管理局专门负责确定最低的大米生产价格，并且负责所有大米的购销和储存事宜。

日本的稻米受到政治、经济、文化、外交等多种因素的影响，变化无常，从时间上看，大体上分成 3 个阶段。

1. 鼓励种植水稻、严格控制大米流通阶段

20 世纪 20 年代以前，日本粮食实行的是自由买卖。20～60 年代，大米供应不足，为了保证供应城市消费。稳定大米市场，大米由国家垄断经营，实行统购统销。

1942 年，日本政府通过实施《粮食管理法》（The Staple Food Control Act）开始控制日本的稻米市场。《粮食管理法》规定包括大米在内的主要食品从销售到批发都在政府的控制中（对零售的控制到 1972 年结束，至今仍保持着对批发的控制）。起初这项政策是从消费者利益的角度直接控制食品价格，到 1960 年转为保护生产者的利益。粮食的进口统一由国家粮食厅实行，事实上当时的粮食进口量为零。

1947—1950 年，日本实施《土地改革法案》（The Land Reform Act），此举意在推动农村的经济、民主和社会稳定。政府在原先集中在少数地主手中的稻田强制分成小田块，划给农民耕种，实现耕者有其田，大大提高了稻农的生产积极性，对保持农村社会稳定和发展农业生产起到很好的作用。

1960 年，日本颁布实施《生产成本与收入补偿法则》（Production Cost and Income Compensation Formula）。农民生产积极性空前高涨，导致大米产量和价格飞涨。1968 年不得不采取强行措施中止米价上升，国产米与进口米差价从 50％上升到 120％以上。1968 年之前，农民手中的大米只能卖给遍布全国地区、县的农协系统，农协把大米交给政府。而经过政府调配的大米再过手批发商和零售商后才能再到消费者的餐桌。这样一层又一层严格管理后的大米被称为"政府大米"。

2. 放松国产大米管制、严控国外大米进口阶段

1969—1971 年，国产米价格基本处于冻结状态。1960 年开始，由于生产发展，大米产量迅速增长，连续几年年产超过 1 000 万吨，1967 年总产量达到 1 440 万吨的历史最高水平，结束了长期以来困扰日本的大米不能自给的局面，甚至出现了大米过剩的问题。在这种情况下，引入了自主米流通机制，形成了政府收购与自主米流通的双轨制。1969—1994 年，日本的大米管理程序出现了松动，其中除了"政府大米"系统原有的循规蹈矩的流通形式以外，农民卖给"农协"的大米，可以经过政府也可以不经过政府卖给批发商或零售商，然后到消费者手里。这种流通形式的大米被称作"志愿米"。在之后的 20 多年，政府收购米逐步减少，"志愿米"逐渐增加。政府中止大米进口，采购国产大米以维持国内米价。

1971 年，日本开始实行《水稻播种面积转换计划》（Rice Diversion Policies）。计划规

定如果稻农将稻田种植其他作物，将会得到政府的补贴，这项政策延续至今。

1993 年，一场特大的寒流袭击日本。日本水稻歉收，当年水稻产量仅为上年的 24%，日本应急进口 254 万吨大米①，美国由此意外地发现日本巨大的大米潜在市场，于是通过多种手段施压，要求日本开放大米市场。1993 年 12 月 15 日，日本迫于美国关税及贸易总协定（GATT）组织成员的压力以及国内政治经济方面的压力，宣布从 1995 年起把国内稻米市场由 1995 年的 4% 开放程度提升到 2000 年的 8%。并在此 6 年间，将大米进口关税由 700% 逐步降至 15%，从此，紧闭半个世纪的日本大米市场大门终于向世界打开。然而，日本大米的进口政策是反竞争性的，尽管日本政府做出了开放部分大米市场的承诺，这种市场准入承诺仅仅是停留在协议上的配额。

1995 年，日本颁布《新粮食法》，标志着日本新的大米流通制度和价格体系的建立。《新粮食法》的最大特点是削弱了政府管制，较多地引入市场机制，只对大米进行部分和间接管理。但并不削弱政府的宏观调控作用，政府直接掌握的大米仍有 22%。政府负责收购生产者的大米，运营储备米，进口大米（最低准入量），并规定计划外大米流通前要向政府申报。政府汲取了 1993 年大米歉收和紧急进口的教训，将粮食安全储备加以法制化，规定储备量为（1.5±0.5）亿吨。1995 年日本《新粮食法》生效后，戏剧性地放松了以前要求稻农必须把产品卖给政府的规定。把销售的批准系统变成注册系统，任何有资格的零售商均可从事大米销售，零售商及超市成为主要销售渠道，取代了过去的专卖店。

从 1995 年开始到现在，除"政府大米"和"志愿米"两种渠道以外，日本大米流通又出现了"计划外流通大米"（又称为自由米）的第三种形式。那就是农民能够把自己生产的大米直接卖给所在地区的"农协"，农协经过批发商和零售商，把大米卖给最终消费者。

日本的大米流通形式从最初的"政府大米"独霸天下变成"政府大米"和"志愿米"共存，再发展到"政府大米""志愿米"同"自由米"三足鼎立的格局。

对于计划外大米，稻农可以直接卖给消费者，但需要稻农事先到当地粮食管理部门备案，报告准备出售的日期和数量，这样国家可以从总量上掌握大米销售情况，事实上，越来越多的批发商和零售商从事计划外大米的经营。早在 1990 年日本就设立了"自主流通米价格形成中心"（简称价格中心），日本规定自主流通米必须进入"价格中心"进行交易，交易限于 42 家县级公司（卖方）和 300 家在政府部门备案的大米批发商（买方）之间。在"价格中心"农协对大米的交易影响很大，即使大米市场出现明显供大于求的现象，市场大米价格也不会有较大幅度的回落。在日本大米市场人为因素一直在维持着价格的高水平。

1998 年，日本政府开始执行《收入稳定计划》（The Rice Farming Income Stabiliza-tion Program）。确保农民转种其他作物的收入加上政府的补偿不低于种稻的收入。同时还宣布，今后政府收购大米仅仅是为了贮存和食品安全。

在运用市场机制方面，日本建成经营体系限制进口米流通渠道的拓展。把进口米分成配额和一般进口两部分。政府以竞标方式选择把进口额度批给出价最高的进口商，既控制

---

① http：//p35－2.yunpan.360.cn/pdf/826543cf814fdb268894c8ae7c7493e03c7c09dd-1.png？t＝cc74bddfddc71bd1c3dd91e466d84744&_pub＝1 其中：进口美国 54 万吨、中国 107 万吨、澳大利亚 18 万吨、泰国 75 万吨。

总量，又提高价格，进口米投放市场时还要加国内批发价。配额内大米进口又有两种方式：公开招标（简称 GB）和坐地转手（简称 SBS）。公开招标的操作方法是进口公司与大米批发商先签订买卖合同，然后进口商将批发商需求的大米数量报农林水产省粮食厅，粮食厅将同等数量的大米卖给批发商，大米在一买一卖中赚取巨额差价，达到平衡进口大米与国产大米价格的目的。而且，不同国家、不同品种的大米的差价是不同的。农林水产省不对外公布具体情况，其结果是加上差价的中国大米价格往往高于美国大米价格，其中奥妙耐人寻味。

1999 年，日本启用关税税率配额（Tariff-rate quota）系统实施对大米的进口。配额内进口大米关税为零，配额外大米关税高达 3 200 美元/吨。高关税的实行，使得大米进口商无利可图。根据日本粮食管制法，只有国家粮食厅独享配额内大米进口特权。而且，进口的大米并没有直接投入到市场，而是库存或加工它用，需要时作为援助食品。日本国内米市依然是波澜不惊，照样按照原来的模式继续运行。

市场决定商品价格是经济活动的根本法则，多年来日本大米市场却没有反映出市场规律的必然结果，过度的保护政策使日本大米的国际竞争力变得十分脆弱。日本为了保护国内大米生产者的利益，一直限制外国大米进口，从而不断引发同其他国家的贸易摩擦，在财政状况恶化难以支付巨额大米限产补贴以及农产品贸易摩擦不断的形势下，日本政府不得不考虑改变这种高成本的稻米政策。

但是，顾及到大米在国民生活中的特殊地位，日本政府又不愿也不会拱手让出大米市场。因此，日本的大米政策陷入两难的选择当中。一方面，顺应国内国外的呼声，做出对外开放大米市场的姿态，同时加大了国内大米政策的改革力度；另一方面，又高筑贸易壁垒，使出怪招奇招，百般刁难，阻挠外国大米的进口。

2002 年年底公布了《大米政府改革大纲》。从 2004 年开始，最迟到 2008 年废除已实施 30 多年的"水稻栽培面积分配制度"。大米生产计划由农户或农民团体根据市场需要自主决定。政府设立由市场人士和专家等组成的"大米需求信息调研机构"，负责搜集、分析和发布大米需求信息，指导农户和农业生产团体调整大米种植计划。

降低成本、增加大米价格竞争力是日本稻米政策改革的最大课题。日本为此设立了"推进建设大米生产基地补助金"制度和"经营稳定对策基金"。一方面，积极诱导大米生产向规模化、品牌化方向发展，努力改变日本水稻业分散型、零散型的经营方式，发挥农业规模经营效益并提高竞争力。另一方面，以拥有一定规模以上的水稻种植户为对象，发放补贴，扶持骨干农户的生产，提高经营效益，确保收入稳定。日本使出"技术壁垒"和"绿色壁垒"两把利剑，有效地阻止了大米的进口。还先后出台或更加严格地实施了《动植物检疫法》《食品卫生法》和《药品法》等一系列法律文件，制定了许多严格的、有的甚至是苛刻的标准，限制从特定的国家或地区进口。在进口大米时，把品种规格详细分类，加上指定产地和一整套详细的价格基准、品质标准和卫生标准，贸易商要做成一笔大米交易非常艰难。

2003 年，日本政府又打出两张牌，一是大米"身份证"制度，二是成立新的独立于农林水产省、厚生劳动省，直属内阁的"食品安全委员会"。从表面上看，日本政府出台这些政策似乎是出于对食品安全和消费者利益的考虑，但实际上还是为了有效遏制国外大米的进口，保护日本的大米产业。

目前日本进口稻米的关税高达 778％，食粮的关税为 328％，牛肉与猪肉的关税分别为 38.5％与 4.3％。农业部门还表示，用于动物饲料稻米的补贴还将提高。

总之，日本的大米进口政策和机制是阻止国外大米的有效进口，维持国产米的零售价在远高于国际米价的价位上运行，使日本可以通过实施对国产米补贴的政策来实现对稻农的支持。

3. TPP 与农业保护阶段

2013 年 11 月 10 日《日本经济新闻》发表了题为《TPP 框架下日本农业重生条件（上）》的社论，揭示了日、美两国已启动加入跨太平洋伙伴关系协定（TPP）的磋商机制，加入 TPP 将成为日本经济发展战略的支柱。11 月 26 日，日本农林水产大臣林芳正（Yoshi-masa Hayashi）在东京向记者表示，日本自 1970 年开始实施的向农民提供补贴并让他们减产的"减反"政策①将在 2019 年 3 月 31 日终止，意味着安倍晋三为寻求提高农业效率、加入跨太平洋伙伴关系自由贸易协定扫清障碍，日本现有的一块块小稻田将会被合并成大块的稻田，日本政府长达 40 年、旨在帮助日本 120 万个小型农场的政策宣告结束。

这一政策限制了水稻种植面积，以便维持国内高价，保护农民和农协的利益。虽然遭受日本农业界极力反对，但实际上通过 TPP 实现更大程度的贸易自由化，会成为农业发展的"发条"，促使农业转变成为竞争产业。按照农林水产省的推算，如果大米完全实现贸易自由化，日本将进口 800 万吨大米，占总量的 90％。但这里有两个误区。

第一是"大米＝日本农业"，即"大米自由化会摧毁日本农业"的观点。实际上大米仅占日本农业总产值的 20％，畜牧、蔬菜、水果占了 80％。为什么会有"大米＝日本农业"的观点呢？主要是因为与产值相比，日本的水稻农户有 116 万户，占总农户数的将近一半，其中 94 万户都是以非农业收入为主的"兼业农户"。民主党执政期打出的"按户收入补偿"，即不论规模政府都给予补贴的普惠制度，实际上 40％的补贴都给了面积不足 2 公顷的零散农户手中，这些农户为了继续获得补贴，反对 TPP，并给政府施压，执改党为了保证占大多数农户的选举票源，一直都把大米作为自由贸易的"禁区"。

第二是没有考虑国内生产和消费的意愿，过高评价进口大米的实力。日本政府对大米实行保护政策，高筑关税壁垒，作为条件每年允许 10 万吨大米进口，主要用于餐饮业，而餐饮业每年大米需求为 300 万吨，进口大米占的比例很小；日本消费者喜好短粒粳米，而世界贸易流通的多为长粒籼米，例如美国粳米种植比例仅 1％；进口大米的拍卖价格为 215 日元/千克，而国产大米的批发价格为 250 日元/千克，两者差距不大；日本农户正大力降低生产成本，例如山形县鹤冈农协表示，目前成本约 230 日元/千克，今后的目标是降低到 170 日元/千克左右，届时日本大米就具备了进入国际市场的竞争力。

五、长效机制

1. 粮食流通组织体系

日本政府农林水产省下设的粮食厅是国家粮食流通行政管理部门，负责全国粮食的供

---

① 减反政策是指，日本制定的为了限制大米生产、要求生产大米农户削减耕种土地而进行调整的农业政策。

求预测，制定生产调整指标和库存调整指标；负责管理粮食进出口和政府米。粮食厅在地方设粮食事务所，实行垂直领导，全部纳入政府文官序列，全国有粮食管理官员 2 万余人。

日本农协是支撑粮食流通的重要组织基础，负责收购农民生产的粮食和其他农产品。农协是农业生产者的自治组织，具有高度一致性和统一性，它在全国各个行政区域的管理层次、组织名称和运作方式达到了相当规范的程度。该组织分为三级体制，即市、町、村一级的基层农协约 1 182 个，其成员主要是生产者。都、道、府、县级的县农协经济联合会，以基层农协为会员，全国共 47 家。全国农协联合会（全农）则以县农协经济联合会作为会员。农协的服务对象是生产者，主要职能是：组织生产、提供服务、代销农产品、代表农民与政府就制定保护政策和保护农民利益进行协调。

日本大米生产农户共有 240 万户，其中，164 万户销售大米，其余 76 万户为自己消费。农协收购粮食要向生产者支付"暂定收购资金"，资金由农林中央金库全额筹措。支付方式为，先按估价支付 80%，余下售后结算。日本农协作为政府和农户的桥梁，在协调政府和农民关系、贯彻政府农业政策、维护农民利益方面起到了很好的作用。由于农协的重要作用，政府对农协很重视，在政策上对农协给予扶持。

日本大米销售环节为大米批发商和零售店。日本全国共有 391 家批发商，9 万户零售商。近年来，由于粮价波动较大，批发商又必须按规定以下个月预计价格进货，因此，批发商要承担较大的市场风险，经营艰难。

2. 粮食流通管理体制

日本于 1995 年对粮食流通体制进行了重大调整。1995 年开始实施的《关于主要粮食需求及价格稳定之法律》（简称《粮食法》）规定，大米的流通分为计划流通米和计划外流通米，其中计划流通米又分为自主流通米和政府米两类。计划流通米在播种前由国家制订生产计划，政府米由国家采购用于储备。农户生产的计划流通米，由全农及其地方县农协组织收购，自主流通米价格由价格形成中心通过招标确定，反映供求关系的实际状况。农协收购的粮食，出售给批发商和零售商，最后销售给消费者。政府米价格参照价格形成中心的自主流通米价格制定。

目前，日本实行多元化的粮食流通渠道。自主流通米的流通渠道为：生产者—第一种登记出货业务商（基层农协）—第二种登记出货业务商（县经济连）—自主流通法人（全农）—登记批发业务商—登记零售业务商—消费者。政府米的流通渠道与自主流通米的渠道大致相同，只是在自主流通法人（全农）和登记批发业务商之间增加了政府这一流通主体，由政府集中收购一定数量，并根据供应计划和政府的调控要求售给批发商。计划外流通米流通渠道为：由经营者向农协申报登记后直接售给消费者。

在运作方式上，自主流通米根据农水大臣批准的自主流通计划流通；政府米由过去的对低收入者的供应改为储备，根据供应计划卖给批发商；计划外流通米经过经营者申报之后可自由买卖。在管理形式上，收购商、流通商从过去的批准制改为登记制，基层农协、县经济连由农林水产省大臣登记注册，批发商、零售商由都道府县知事登记注册。目前，全国大米流通中，自主流通米占 95%，政府米占 5%，由市场形成价格的自主流通米已成为大米流通主体。

3. 国家储备粮食管理

日本政府对国家储备粮的管理高度重视,称储备粮为政府米。储备粮数量的确定,按照日本近15年中最大歉收年的减产量的2倍作为储备量。如最多的一年歉收75万吨,储备总量为150万吨。目前,日本的国家储备粮为150万~200万吨,每年购50万吨,4年全部轮换一次。

日本国家储备粮由各地粮食事务所管理。仓库由财政出钱修建,储备粮全部储存糙米,实行15℃低温储存仓库,空调用电实行国家最低价格,约为市价的1/4,国家粮库可对外储存收取费用。

日本大米的价格由大米的营养成分来确定。国家储备粮因储存4年后才销售,营养成分有明显降低。为了完成储备粮销售计划,粮食事务所要进行一些广告宣传活动,现场测试大米的营养成分,与新鲜大米营养成分进行比较,同时鼓励市民吃爱国粮。若当年储备粮销售不完就列入外国援助。储备粮售价与市场价之差由财政弥补。日本的粮食检验十分现代化,水分、营养成分的检测已完全实现仪器化,检测快速,一般一两分钟之内即可完成。

4. 粮食加工

日本大米加工的工艺技术和设备是世界上最先进的。为了尽可能保留大米的营养成分,大米加工的流程和时间都很长,基本上可以全部保留大米的胚芽,高质量大米的价格比普通大米的价格要高出10倍左右。由日本佐竹精米机械厂生产的成套精米机,在发达国家市场占有率为90%以上[1]。

由于近年大米库存增加,供过于求。为了扩大大米用途,日本国政府出资研究开发深、精加工和精细化工产品,现已开始大量生产快餐大米饭、大米粉条以及各种多样的大米保健、化妆美容等产品。

5. 进口大米

按照乌拉圭回合关于农业问题的协议,1995年日本开放了大米市场,每年进口六米约占其国内产量的5%。但日本市场上却基本上看不到进口大米,只偶尔见到零售商店小包装的配合米。日本大米市场基本上是未开垦的处女地。

那么,外国大米为什么进不了日本的厨房?

在1986—1993年的乌拉圭回合谈判中,应日本等国的要求,对于大米进出口问题,采取特别措施分阶段关税化。但协议书在关税化条款上未就关税税率设置上限,给日本留下了可乘之机。日本认为,一味地像过去那样实行大米限量进口,容易引起贸易纠纷,提高关税反而会起到抑制效果。

20世纪90年代以来,由于关贸总协定乌拉圭回合对农产品进口高关税的削减,日本转而更加重视采用更为隐蔽、更容易找到冠冕堂皇的理由和更方便实施区别对待的卫生、

---

[1] http://www.chinadmd.com/file/tteswocsrur6ozeepvcevvvi_2.html。佐竹公司是日本一家生产从种子加工到谷物干燥、储存以及谷物精加工所需的各种设备的制造厂商。日本国内每小时生产能力在3吨以上的碾米厂的设备,有80%是佐竹建造的。在美国、加拿大、英国、澳大利亚、泰国、中国、印度、巴西8个国家,佐竹设立了生产和销售基地,产品远销140多个国家和地区。

动植物检疫标准等绿色壁垒。

2003 年 5 月，日本出台了《食品卫生法》修正案，并对农药管理制度进行改革，计划利用 3 年左右的时间，到 2006 年将大米等食品农药残留检查标准的项目由 229 种提高到 700 种。绿色壁垒打着保护本国环境和人类及动植物健康的旗号，名义上有合理性；以国际、国内有关立法为依据，形式上有合法性；保护的对象涉及安全、卫生、环境等众多方面，内容上有广泛性；花样繁多，标准复杂，随心所欲，方式上有隐蔽性和歧视性。依靠高关税和进口防卫措施，日本大米有可能受到长期保护。要扩大对日大米出口，"技术壁垒"和"绿色壁垒"将是我们必须面对、了解、适应和采取有力措施打破的障碍。

六、日本稻米生产企业动态

随着日本国内需求减少（2012 年的大米收获量与顶峰时期的 20 世纪 60 年代后半期相比，减少了约 4 成）和海外对优质日本大米的需求量的增加，考虑到降低运输成本、提高价格竞争力和日本加入跨太平洋伙伴关系协定（TPP）等因素，为了寻求出路，许多日本农业企业正在积极携手欧洲和亚洲的企业，在海外进行越光等短粒大米的种植和销售。

如：新潟县玉木农园公司计划自 2014 年起开始在欧洲种植大米。首先与总部在法国的当地企业签订合同，租用位于西班牙巴斯克自治区的约 50 公顷土地，由旱田经土壤处理改为水田，通过大型超市等渠道进行销售。在 2016 年之前生产约 250 吨越光大米。玉木农园将采取提供技术指导、出售大米种子的机制，收取销售额的 5% 作为技术指导费用，还考虑成立当地法人，录用新员工，加强销售体制。此外，还将在意大利进行本地化生产。

此外，主要经营水稻种植的日本爱知县企业新鲜组将在泰国北部与大型啤酒厂商联手，利用总面积为 8 000 公顷的水田种植越光大米，并向全球出口。预定生产面向中国台湾以及亚洲和欧美的大米，目前正在积极落实生产设备。

七、结束语

相对日本稻米政策和长效机制比较而言，我国农业在生产经营中长期存在"重数量、轻质量"的思想，加之农业集约化程度低，农产品生产者和经营者的地理标志、品牌意识还很淡薄，严重影响了我国农产品的生产、销售和国际化市场竞争力，进而影响到农业、农民收益的提高和社会主义新农村的建设。日本大米的差异化营销策略等经验，值得我国农业和相关涉农企业在安全生产粮食、制定营销策略时思考和借鉴，发挥我国农业大国优势，增强农产品国际市场竞争力。

【参考文献】

[1] HAYAMI Y. Japanese Agriculture under siege：The political Economy of Agricultural Policies [M]. Tokyo：Macmillan，1988，121-123.

［2］YOSHITSUGU UMENO. Inspection System，Procurement Procedures and the Relation Between Inspection Grades and Procurement Prices in Japan ［A］// LAHORE，KARACHI. Proceedings of the Faoundp Regional Field Workshop on Rice Grading，Inspection and Analysis ［C］. Pakistan Agricultural Research Council，April，1985，70-71.

［3］Ministry of Agriculture，Forestry and Fisheries of Japan. JETRO Marketing Guidebook for Major Imported Products ［M］. Tokyo：Japan Exports and Imports. 2002，73.

［4］農林水産省. 平成 25 年版食料・農業・農村白書 ［M］. 東京：日経印刷株式会社，2013.

亚洲粮食安全状况与中日农业合作策略

胡跃高　　钱　欣

　　粮食是人类生存之本，粮食安全是国际社会最关切的热点问题。近年来受全球金融危机、气候变化、生物能源政策以及人口持续增长等因素影响，世界粮食供求总体处于紧平衡状态，区域性紧缺不断加剧。目前全球粮食库存降至 5 年来的最低，国际粮价在高位波动，世界粮食安全面临严峻挑战。据 2014 年联合国粮农组织（FAO）估计，全球有 8.05 亿饥饿人口。亚洲作为世界人口最密集的重要农区，粮食产量常年保持在世界总产量的 45％以上，但每年仍有 8 000 万～9 000 万吨缺口，目前有 5.26 亿人忍受着饥饿煎熬，粮食安全形势严峻。中日两国目前表面上无严重的粮食安全问题，但两国生产均处于勉强或者远不能满足自身消费需求，需从国际市场大量进口维持供需平衡的状态。粮食安全是中日两国共同面对的难题。在当前国际政治经济形势错综复杂、世界粮食增产幅度放缓、国际粮食贸易格局趋于垄断化大背景下，中日农业合作对于保障亚洲以及全球粮食安全意义重大。

一、亚洲粮食安全状况

（一）亚洲粮食生产状况

　　1992—2011 年，世界谷物总产量由 19.7 亿吨增长至 25.9 亿吨，年均增长率为1.373％；同期亚洲谷物总产量由 9.3 亿吨增长至 12.9 亿吨，年均增长率 1.659％，占世

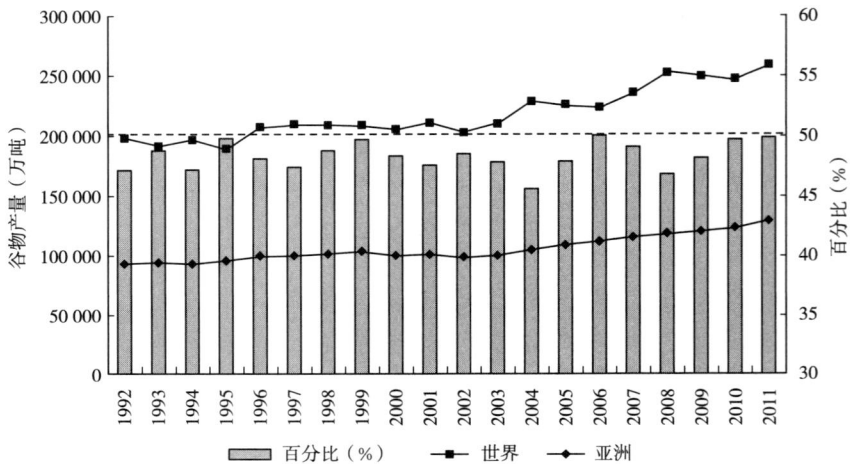

图 1　世界及亚洲谷物产量（1992—2011 年）

界谷物总产量的比重常年处于45％～50％（图1）。亚洲粮食单产水平与世界平均水平基本一致，2010年为3 656千克/公顷，生产地位重要。亚洲粮食美洲同期谷物单产水平为5 333千克/公顷。亚洲单位面积土地的谷物产出能力高于大洋洲与非洲，与美洲相比有较大差距（图2）。

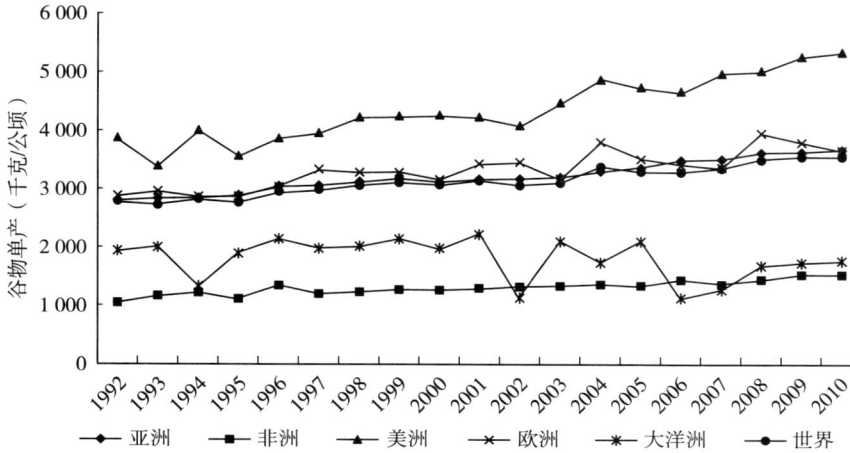

图2　世界各大洲谷物单位面积产量变化趋势

（二）亚洲人口发展状况

亚洲是世界人口最密集的大洲，2011年人口为42.1亿，同期世界人口为70亿，占比为60％（图3）。1992—2011年，亚洲人口年均增长率为1.18％，略低于世界平均水平（1.22％）。但由于人口基数大，在惯性增长效应作用下，预计未来35年全球新增人口的50％将分布在亚洲。

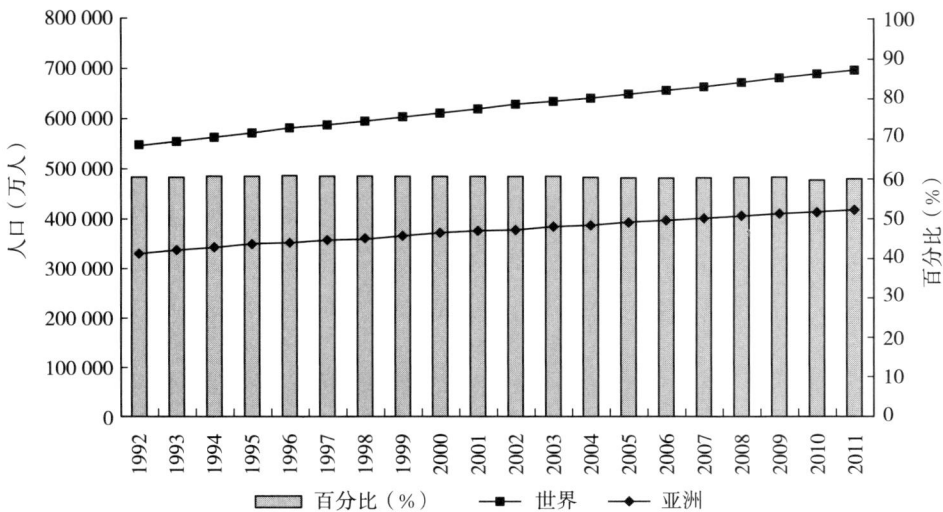

图3　世界及亚洲人口变化趋势（1992—2011年）

（三）亚洲人均粮食占有量状况

由于亚洲占世界总人口比重为 60%，而谷物总产量比重波动于 45% 左右，故人均谷物占有量低于世界平均水平。1992—2011 年，亚洲人均谷物占有量常年低于 300 千克，而世界平均水平则维持在 350 千克左右。亚洲水平为世界平均水平的 70%~80%（图 4）。这是亚洲饥饿人口高达 5.26 亿，占世界饥饿人口总量 65% 的基本原因。

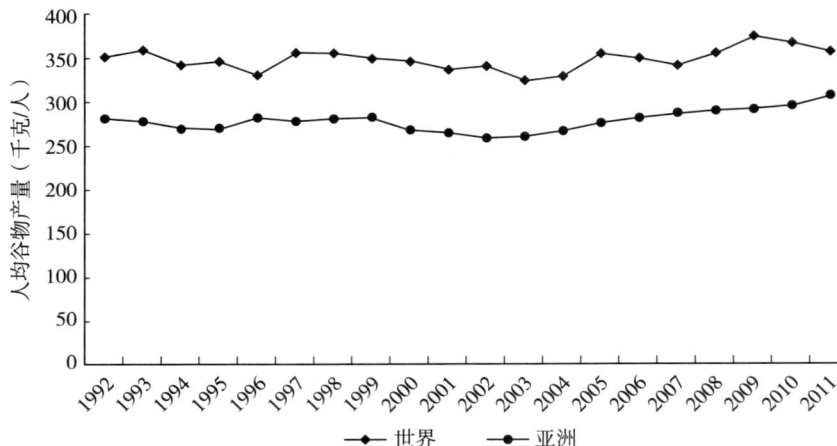

图 4　世界及亚洲人均谷物占有量变化趋势（1992—2011 年）

二、亚洲粮食安全问题认识

（一）区域发展不平衡，西亚、南亚粮食安全问题严峻

以人均谷物占有量为评价指标，我们不难发现，亚洲粮食安全存在着区域发展严重失衡问题。东南亚国家大部分位于北回归线以南，良好的降水、积温等农业气候条件使其人均谷物占有量常年维持在 600 千克以上，高于亚洲平均水平。前苏联解体后中亚粮食生产陷入持续多年的下降期。进入 21 世纪后，其人均谷物占有量呈波动增长态势，目前维持在 500 千克左右。比较而言，东亚人均谷物占有量近年来略有增高，但仍低于亚洲平均水平，维持在 300 千克上下。西亚则由于过度透支地下水资源等原因，其人均谷物占有量呈显著下降趋势，目前仅为 200 千克左右，为亚洲最低。南亚人均谷物占有量 2011 年为 240 千克，较 1992 年仅增长了 22 千克，增长缓慢（图 5）。由此可见，亚洲地区粮食安全问题东南亚、中亚形势较好，西亚、南亚较为严峻。

（二）人口仍在持续增长，粮食生产压力不断加重

1992—2011 年，亚洲年均粮食增长率高于世界平均水平。其中东南亚部分增长水平高，达 2.877%，高出人口增长率 1.5 个百分点；东亚粮食增长率为 1.113%，人口增长率全亚洲最低，为 0.622%，粮食安全形势较好；中亚、西亚的粮食年均增长率均低于人

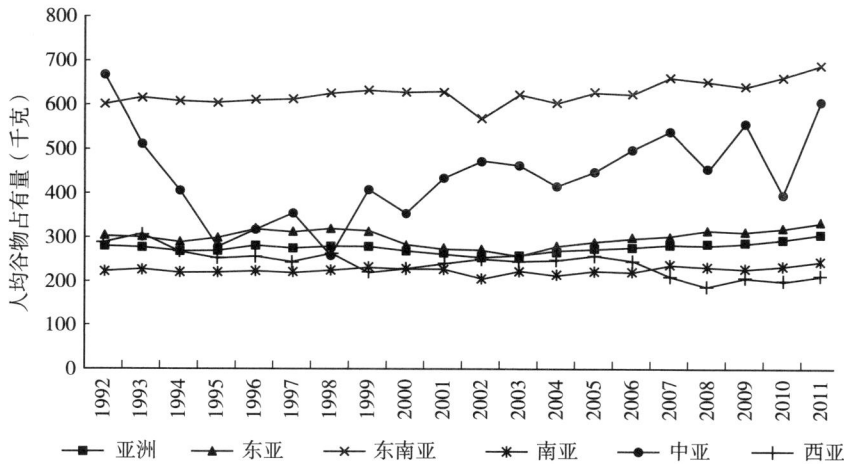

图5　亚洲分区谷物人均占有量（1992—2011年）

口增长率，情况不容乐观（表1）。

表1　亚洲分区与世界人口、谷物增长趋势（1992—2011年）

项目	世界	亚洲	东亚	东南亚	南亚	中亚	西亚
谷物年均增长率（％）	1.373	1.659	1.113	2.877	2.063	0.497	0.592
人口年均增长率（％）	1.216	1.184	0.622	1.367	1.589	0.980	2.122

　　亚洲48个国家中，谷物生产长期低于人口增长的国家有18个，占37.5％；处于临界平衡状态的国家有7个，占14.6％。两者合并占52.1％。谷物生产长期低于人口增长的国家人口为22 783.9万人，处于临界平衡状态的为170 154.6万人。两者分别占亚洲总人口的5.3％、39.6％。两者合并占44.9％（表2至表6）。

表2　东亚各国基本情况

项目	人口 （万人）	人均GDP （美元）	人均谷物占有量 （千克）	人口增长率 （％）	粮食增长率 （％）
中国	1 41 667	6 752	390	0.67	1.53
日本	12 714	38 551	93	0.14	0.47
韩国	4 926	26 481	108	0.56	−0.95
朝鲜	2 490	—	234	0.82	−2.69
蒙古	284	4 056	135	1.14	−1.03

　　注：人口增长率与粮食增长率为1993—2013年20年年均增长率。
　　—代表无数据，GDP及人均谷物占有量数据为2013年数据。

表 3　东南亚各国基本情况

项目	人口 （万人）	人均 GDP （美元）	人均谷物占有量 （千克）	人口增长率 （%）	粮食增长率 （%）
印度尼西亚	24 987	3 475	359	1.43	2.51
菲律宾	9 839	2 765	537	1.98	3.02
越南	9 168	1 869	660	1.12	3.72
泰国	6 701	5 779	569	0.72	3.30
缅甸	5 326	—	262	0.95	2.85
马来西亚	2 972	10 514	677	2.08	1.19
柬埔寨	1 514	1 008	657	2.05	7.47
老挝	677	1 646	91	1.92	6.35
新加坡	541	55 052	0	2.52	0.00
东帝汶	113	1 425	166	1.56	0.93
文莱	42	38 543	4	2.02	4.35

注：人口增长率与粮食增长率为 1993—2013 年 20 年年均增长率。

—代表无数据，GDP 及人均谷物占有量数据为 2013 年数据。

表 4　南亚各国基本情况

项目	人口 （万人）	人均 GDP （美元）	人均谷物占有量 （千克）	人口增长率 （%）	粮食增长率 （%）
印度	125 214	1 499	235	1.55	1.73
巴基斯坦	18 214	1 299	216	2.09	2.53
孟加拉	15 660	829	351	1.56	3.40
伊朗	7 745	4 763	288	1.37	1.58
阿富汗	3 055	678	213	3.56	3.99
尼泊尔	2 780	694	309	1.77	2.00
斯里兰卡	2 127	3 158	227	0.86	3.13
不丹	75	2 498	251	1.89	1.76
马尔代夫	35	6 667	1	1.96	15.90

注：人口增长率与粮食增长率为 1993—2013 年 20 年年均增长率。

表 5　中亚各国基本情况

项目	人口 （万人）	人均GDP （美元）	人均谷物占有量 （千克）	人口增长率 （%）	粮食增长率 （%）
乌兹别克斯坦	2 893	1 963	255	1.37	6.31
哈萨克斯坦	1 644	13 650	1 116	0.16	−0.80
塔吉克斯坦	821	1 037	160	1.91	8.30
吉尔吉斯斯坦	554	1 302	312	1.04	0.57
土库曼斯坦	524	7 987	291	1.37	2.08

注：人口增长率与粮食增长率为1993—2013年20年年均增长率。

表 6　西亚各国基本情况

项目	人口 （万人）	人均GDP （美元）	人均谷物占有量 （千克）	人口增长率 （%）	粮食增长率 （%）
土耳其	7 493.3	10 946	500	1.40	0.83
伊拉克	3 376.5	6 601	141	2.88	1.96
沙特阿拉伯	2 882.9	25 852	34	2.45%	−7.90
也门	2 440.7	1 473	35	2.92	0.17
叙利亚	2 189.8	—	197	2.42	−1.09
阿塞拜疆	941.3	7 815	311	1.10	4.85
阿联酋	934.6	41 066	15	7.70	29.81
以色列	773.3	37 677	40	2.22	0.22
约旦	727.4	4 630	14	3.09	−0.50
黎巴嫩	482.2	9 199	37	2.57	4.04
格鲁吉亚	434.1	3 715	112	−0.95	0.96
巴勒斯坦	432.6	—	6	3.05	3.49
阿曼	363.2	22 183	13	2.92	10.69
科威特	336.9	54 384	7	3.30	14.14
亚美尼亚	297.7	3 504	183	−0.62	2.91
卡塔尔	216.9	93 338	1	7.70	−4.88
巴林	133.2	24 616	0	4.66	—
塞浦路斯	114.1	19 203	69	1.67	−4.67

注：人口增长率与粮食增长率为1993—2013年20年年均增长率。

—代表无数据，GDP及人均谷物占有量数据为2013年数据。

（三）人地矛盾问题严峻

作为农业三大起源中心的亚洲，在经历了万年之久的发展后，几乎已无后备耕地资源可供开发。亚洲谷物播种面积自1992—2011年虽有0.052%的年均增长率，但耕地面积却从 5.02 亿公顷下降至 4.68 亿公顷。在面积萎缩的同时，耕地质量出现严重退化。在过去的 30 几年中，蒙古因干旱严重，谷物产量减少约 50%，哈萨克斯坦耕地因盐渍化撂荒 40% 左右，中国北方地下水位持续下降。在欧亚大陆中心地带，一条类似于撒哈拉沙漠的大沙带在隐然形成之中。与此同时，南亚地区印度、巴基斯坦因超采地下水，荒漠化隐患明显；伊朗、伊拉克、土耳其等国缺水问题严峻，荒漠化危机日益加深（胡跃高，2014）。

（四）四大粮商基本垄断着国际粮食贸易

亚洲人口与粮食生产之间的供需不平衡关系，导致每年都需要从国际市场进口大量谷物。2011 年全球谷物进口量为 3.5 亿吨，亚洲进口量为 1.39 亿吨，其中净进口量为 9 057 万吨，占 25.9%，近 20 年多高于 25%（图 6）。世界范围内具备粮食净出口能力的大洲为美洲、欧洲与澳洲，其中美洲 2011 年粮食净出口量为 9 700 万吨，为全球粮食最重要的储备地（图 7）。

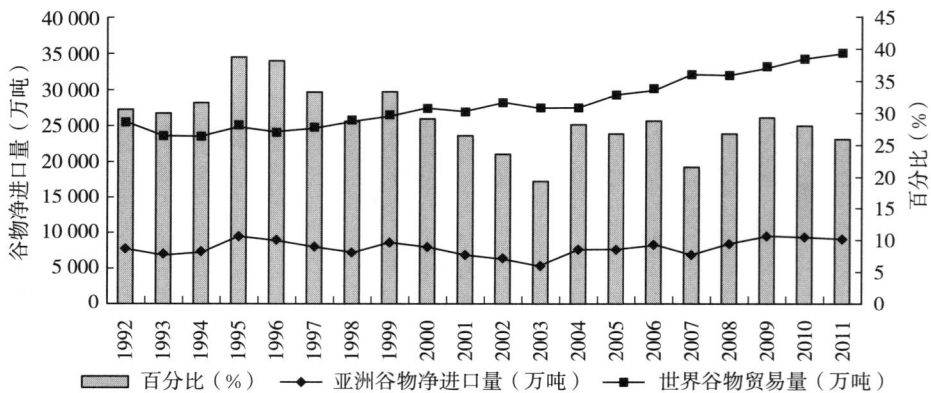

图 6　世界谷物贸易量及亚洲谷物净进口量变化趋势（1992—2011 年）

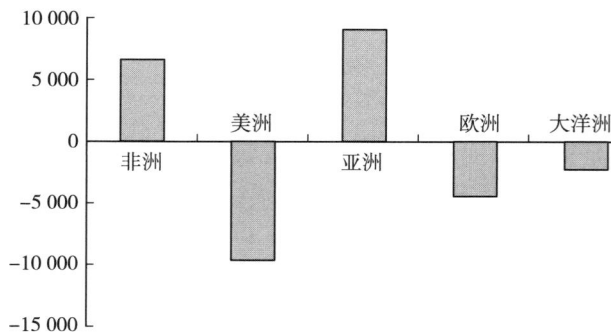

图 7　2011 年世界各大洲谷物进出口情况（万吨）

"谁控制了粮食，谁就控制了全人类"。亚洲粮食贸易的命脉现今为"ABCD"四大粮商所掌控。美国 ADM、邦吉、嘉吉，法国路易达孚这四大粮商控制着全世界 80% 的粮食交易量，"只有他们可以定价"，这样的声音不绝于耳。四大粮商以绝对优势占据了国际粮食市场的大部分份额，控制着多国的粮食贸易，并与有关国家政府保持着千丝万缕的联系，似乎没有什么可以阻止他们到处攻城略地。其基本方式为侵占粮食市场、通过期货控制粮食市场。四大粮商为一条龙的集团化运作，从种子、化肥等生产环节到建立自己的运输通道等流通环节，掌控整个链条，使其更容易控制粮价，从中盈利。

　　垄断性粮企对于亚洲粮食安全的潜在威胁可以从中国大豆产业的沦陷中窥得端倪。2001 年中国对外开放大豆市场，外资企业涌入中国，跨国巨头开始染指中国大豆业。2004 年在遭遇国际投资基金打压后，中国中小型大豆加工企业和本土榨油企业普遍负债，纷纷宣布破产，遂被外资低价兼并。90 多家主要国内榨油企业中，64 家已变成外资独资或合资，控制了 85％ 以上的实际加工总量，失去了大豆定价权（《中国禽业导刊》，2010）。

三、中日粮食安全状况

　　日本人口自 20 世纪 90 年代起均进入低增长期，中国人口自 21 世纪以来也放慢了增长速度（图 8）。谷物生产方面，日本谷物产量则由 1961 年的 2 031 万吨跌至 2011 年的 1 145 万吨；中国谷物产量增长迅速，由 1961 年的 1.097 亿吨增长至 2011 年的 5.206 亿吨（图 9）。由于人口的增加及谷物产量的下降，日本人均谷物占有量均呈下降趋势并跌破 100 千克，远低于世界人均谷物占有量；中国情况稍好，人均谷物占有量在 350 千克左右（图 10）。日本谷物净进口量自 1961 年至 20 世纪 80 年代中期，呈快速增长态势，之后进入稳定期并略有下降，维持在 2 500 万吨水平。中国谷物净进口量近年来增长迅速，2009、2010、2011 三年谷物净进口量分别为 173 万、439 万、416 万吨，2014 年 1～10 月，中国进口谷物及谷物粉 1 565 万吨，较上年同期的 1 069 万吨大幅提高 46.3％（中国海关总署，2014）。

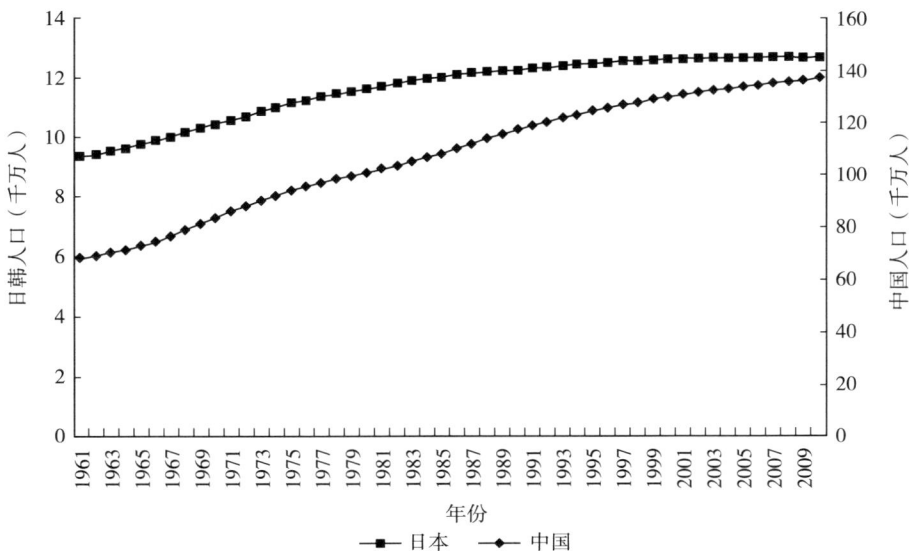

图 8　中日人口变化趋势（1961—2011 年）

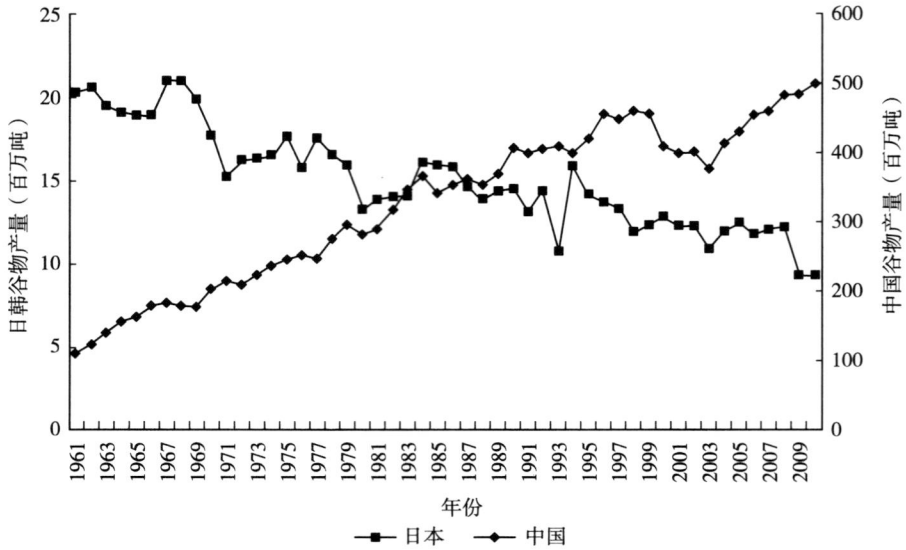

图 9　中日谷物产量变化趋势（1961—2011 年）

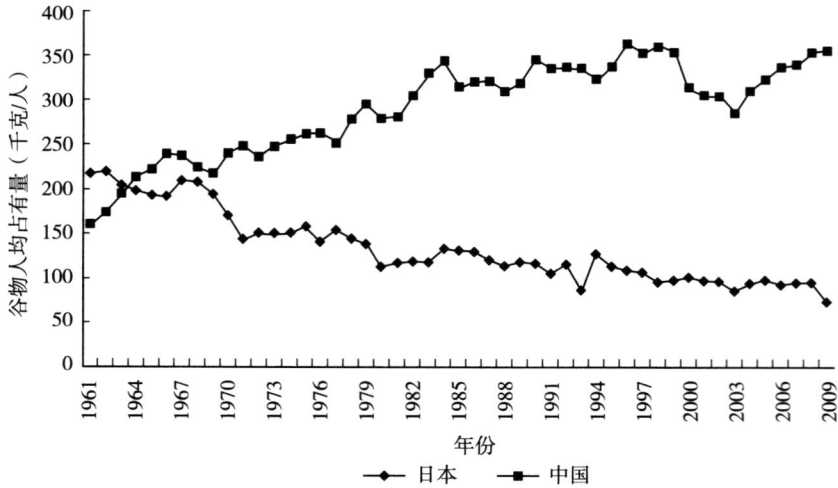

图 10　中日人均谷物占有量变化趋势（1961—2011 年）

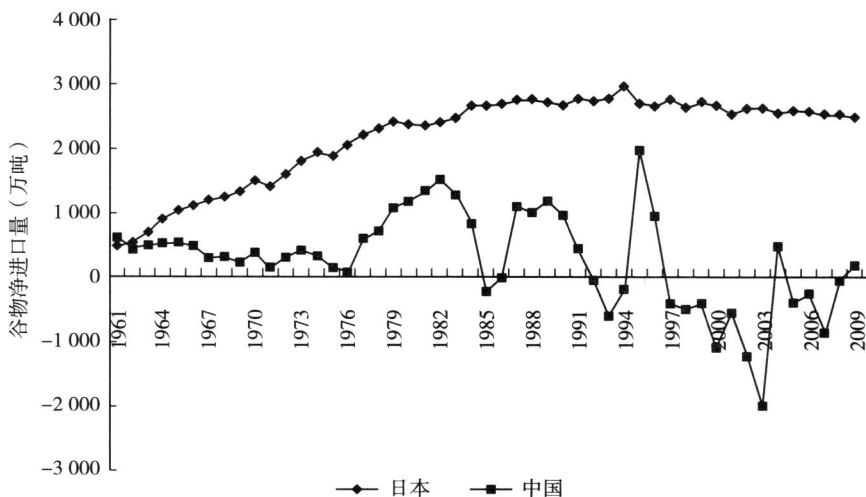

图 11　中日谷物净进口量变化趋势（1961—2011 年）

（一）农业劳动力老龄化问题严重，存在后继无人的风险

中日两国均面临着严重的农业劳动力老龄化问题，未来存在着土地无人耕种的风险。21 世纪是中国人口老龄化的时代，2020 年，老年人口将达到 2.48 亿，老龄化水平 17.17％，2050 年老年人口总量将超过 4 亿，老龄化水平推进到 30％以上（《中国人口老龄化发展趋势预测研究报告》，2014）；与此同时，快速的城市化、工业化进程导致大量优质农业劳动力涌向城市及二、三产业。根据 2006 年第二次全国农业普查数据，农村外出从业劳动力共 13 181 万人，其中 21～40 岁的青壮年劳动力是农村外出从业劳动力的主力军，其比重超过了 60％，中国 60 岁以上的农业劳动力比例为 11.2％，超过了 10％的世界平均水平（胥璐，2013）。随着生育率不断降低，日本老龄化问题日趋严重，有的村落甚至面临"灭绝"危机。2012 年日本政府的一份报告预计，2060 年，65 岁以上日本国民将接近全国总人口的 40％。富国银行指出，日本的人口总数是最近才开始减少的，但劳动力人数已经减少 10 多年了。日本的适龄（15～64 岁）劳动者 30 年来持续减少，目前已经达到 30 年来的最低水平，而且这种减少趋势还会加快。

（二）粮食生产比较效益低，农民缺乏种粮积极性

由于农业的特殊性，比较效益低下是全球粮食生产共同面临的一大难题。欧美等西方发达国家主要通过扩大农场规模，借助于粮食生产的规模效益来解决此难题，然而"以土地私有和农场规模经营为特征的美国现代农业……90％以上的农场不能获得美国家庭收入平均水平，需要政府对其进行补贴"（张锦洪，2009）。欧美粮食生产需要大量补贴的经验并不适用于人多地少的中日两国，两国粮食生产比较效益低下这一基本现状短期内很难改变，随着社会经济的进一步发展，以及农业劳动力老龄化现象加剧，受此影响，农民种粮积极性将会持续走低。

（三）越来越依赖于化石农业，几近积重难返

20 世纪 60 年代的绿色革命使世界粮食总产量获得大幅度提高，同时也使以增加农机、化肥、农药等投入为主要增产手段的常规现代农业越来越依赖于原油、煤炭、天然气等自然资源，几近积重难返。2012 年 BP 世界能源统计发布会指出，世界石油探明储量为 1.652 6 万亿桶，可满足 54.2 年的全球生产需求；探明可采煤炭储量为 15 980 亿吨，可开采 200 年左右；可采天然气储量 119 万亿米^3，可开采 60 年。世界不可再生能源将在百年左右耗竭的基本趋势，在根本上使现有化石农业体系基础摇摇欲坠。

（四）人口、经济、资源与环境关系趋于紧张

世界粮食增长率与人口增长率在以不可逆转的方式走向分叉。20 世纪 70 年代两项指数为 2.64%、1.88%，粮食增长率高于人口增长率；80 年代为 1.98%、1.73%，粮食增长率与人口增长率接近；90 年代为 1.16%、1.47%，粮食增长率已经低于人口增长率；21 世纪前 11 年为 0.09%、1.29%，世界农业问题已经凸显。FAO 及联合国人口基金会预计世界总人口到 2050 年将达 92 亿，2100 年或将达 150 亿，人类现有社会经济模式正面临重大变革的要求，人口、经济、资源与环境间关系趋于紧张。支撑 20 世纪中期以来世界粮食产量增长的基本因素为单产增长与耕地面积扩大，其中单产提高因素的主要基础资源为水源与石油、天然气等化石能源。耕地资源严重不足形势已经客观存在，水资源短缺与工业化、城市化、农业现代化交织在一起，越来越趋向紧张。全球生态危机持续加剧，水资源危机、土壤、空气污染、荒漠化、气候变暖问题持续恶化，国际社会合作成效甚微，暴露出现有世界社会经济发展模式不可持续。国际政治经济竞争加剧，2007 年金融危机爆发，欧美发达国家与发展中国家经济政治矛盾加剧，世界和平发展形势趋于恶化。2000—2011 年中有 6 年的全球粮食消耗量大于产量，各国粮食储备量已由 2000 年的 107 天消费量下降到 2011 年的 74 天。粮食安全问题不再仅仅是经济问题，而是成为"披着经济问题外衣的政治问题"。

四、中日农业合作策略

（一）认识统一战略对策的意义

1990 年以来，世界重要事务中，相当部分发生在亚洲。如伊拉克问题、阿富汗问题、也门问题、巴勒斯坦问题、埃及问题、叙利亚问题、朝鲜问题。仔细审视上述国家，基本属于西亚地区粮食危机国家类型。历史事实一再表明：粮食危机既是社会危机的原因，也是社会危机的结果。日本是发达国家，中国是发展中国家。中日同属于亚洲，亚洲是世界最重要的区域。在现实条件下中日协同考虑亚洲农业问题具有现实意义与全局战略意义。

（二）联合亚洲各国协同行动

在亚洲的东亚、东南亚、中亚、南亚、西亚范围内，目前活跃的组织有东南亚国家联

盟（10＋3）、上海合作组织、阿拉伯国家联盟等组织。应在现实形势下，依托现有组织体系，发展建立亚洲农业联盟，整体规划与实施农业建设。一方水土养一方人。亚洲曾经是养育繁衍亚洲人民的根本基础。在克服了交流障碍的今天，亚洲民众有责任组织起来，为子孙后代，共同保护与建设好亚洲。

（三）将粮食安全问题设定为中长期建设目标

在全部农业安全问题中，粮食安全问题是本质性问题。在全局意义上，只有解决了粮食安全问题，才能最终解决农业安全问题，否则终将陷入被动局面。因此，我们要将粮食安全问题列入中长期区域合作基本建设战略目标，同时要兼顾其他农业安全问题。

（四）高度重视有机农业建设基本道路

当代有机农业的道路是能够兼顾农业现代化五大建设目标任务与产业内涵的现实发展道路，是20世纪70年代以来的近半个世纪中，世界农业建设中长期思考与积极探索的理论结果与实践结果。有机农业是未来农业建设的核心任务。

（五）从村庄建设入手

村庄是人类文明建设的最小功能单位。村庄既是原始文明归聚的浓缩点，又是传统文明发育的源泉。全部人类文明史的信息就凝结在村庄之中。人类文明以村庄为界可以一分为二。村庄之前为原始文明，村庄之后走向传统文明及现代文明。从全球历史发展的高度来观察，城市文明仅仅是建立在村庄基础之上的次生文明形态。没有了城市，村庄照样可以生存；而失去了村庄，城市必将走向消亡。在有机农业作为世界农业现代化核心建设内容的今天，只有首先建设好一个又一个村庄，才能最终完成亚洲农业现代化建设任务。

（六）树立亚洲一体，全球统一的建设观念

确立亚洲一体，全球统一的生命体观。其中包括农业与工业的统一，城市建设与乡村建设的统一，局部建设、国家建设、亚洲建设与全球建设的统一，全球农业与全球社会经济的统一，全球生命系统统一的观点。要在统一中发现问题，在统一中解决问题。将全球生命系统整体统一健康的发展作为检验一切思想、行为、技术、模式与理论的根本标准。

自治，自立，自强的村庄

——阿智村

冈庭一雄[①]　熊谷秀树[②]

一、前言

阿智村位于长野县南部，毗邻爱知县和岐阜县，于昭和三十一年（1956 年）国家"昭和地域合并"时，由会地、伍和、智里 3 个村子合并而成。

村庄成立初期，人口一度达到 8 500 人。战后阿智村遭受了多次灾害，很多农民都在工地上兼职，到昭和四十五年（1970 年）人口急剧降至 6 500 人，村里也为此得到了国家的补助。之后村里的人口一直维持在 6 000 人的水平，而且还有过小幅增加。因为村里的人均耕种面积只有 7.5 亩，所以未能实施农业结构改革。在这样的背景下，村里制定了一些优惠政策招商引资，吸引企业在村里办工厂。比如昭和四十三年（1968 年），原为本村村民的企业家在村里投资建了一个 300 人规模的汽车脚垫制造厂。昭和四十八年（1973 年），在村里修建国铁的过程中发现了温泉，一跃成为新兴的温泉胜地。

但是，日本经济在国际竞争的大舞台中一直处于较为低迷的状态，一直发展顺利的阿智村在经济方面也受到了很大的影响。在全国范围的少子高龄化背景下，村里的年轻人也都陆续离乡外出，导致村里的人口进一步减少。在制造业和观光业也很难指望的状况下，村里认识到无论是经济环境还是财政条件都不允许村里像以往那样走扩大发展的路线，而必须转变思路，从依靠外部经济转换成发展内部经济的方针。为此，村里制定了从平成十年（1998 年）到平成十九年（2007 年）为期十年的"第四次综合计划"。

"第四次综合计划"的方针是通过开发当地资源来实现可持续发展，提出"在提高村民生活品质的同时建设可持续发展村庄"的目标，希望每一个在这里生活的村民都能够感到自豪。虽然村里发行的过疏债券（根据过疏地域自立促进特别措施法发行的地方债券）以及国家拨发的地方交付税等都不断增加，使村里的税收一直都在稳步增加，但是，"第四次综合计划"如果只依靠村政府和村议会继续采用经济依赖型发展模式来实现预期目标，阿智村的规模必然日益缩小。为实现新的目标，必须在行政、议会、村民之间建立起新的合作关系。如果每位村民都发挥主人翁意识，积极参与到村里的发展建设中来，甚至把之前村政府、议会发挥的作用都承担起来，这样才能通过自治的力量使阿智村取得发展，实现目标。

现在，"第四次综合计划"已经完成，"第五次综合计划"前面 5 年的计划也已经完

---

① 冈庭一雄，1942 年生，长野县人，1998 年 2 月至 2014 年 2 月担任阿智村村长。
② 熊谷秀树，1968 年生，长野县人，2014 年 2 月起担任阿智村村长。

成，正在逐步落实后 5 年的计划。我们在制定"第五次综合计划"的序言中写到："行政负责的是政策信息的宣传和说明工作，同时，鼓励支持村民的学习和实践活动，但是最终的判断交给村民自己。议会则是通过审议来帮助村民进行判断，并对决议负责。村民是地区和生活的主体，负责策划、提议、实行。"

二、村民自治

在村民自治方面，我们推行了两项政策：首先，在与村民的日常生活关系最紧密的地区实行自治，建立地域自治组。地方自治的基本出发点是使村民在精神和物质上丰富自己的生活。地方自治的原理是在更广的范围内实现家庭和集落（相当于中国的村民小组）靠自身力量难以实现的事情，即遵循互补原理的发展。以相邻的几个家庭建立的集落规模还太小，应该将以往的区、小学作为地域自治组的单位，推动居民自发地组织地域活动，提高居民的自治意识。其次，支持跨地域的以全村为单位的村民活动，通过村建活动小组组织的村民对行政以及日常生活问题的自发讨论，积极发展村民的自治。

（一）地域自治组

现在的阿智村是在昭和时期由 3 个村子合并而成的。合并之后村里多次遭受自然灾害，村里财政一直处于非常紧张的局面，不再承认合并之前各村的"区"等中间自治组织，也逐渐忽略各地区提出的愿望。在行政上，虽然对村落开始有所重视，但是解决地区问题必须具备一定的人口规模，因而以集落为单位的自治活动难以开展，必将回归到以区或者小学为单位的活动范围内。为了解决地区层面的问题，就要求重新建立地区自治组织。

一开始，村里提出了建立地域自治组的建议，而村民认为如果成立的是村政府的下属单位的话，村民的负担太重，拒绝了村里的建议。村里认为地域自治组是推动居民自治的重要组织，为了打消村民的顾虑，村里提出地域自治组不是村里的下属单位，也不会摊派工作增加村民负担，地域自治组作为地区的代表与村政府是平等的关系。地域自治组作为非行政内部单位的自主组织，其范围、活动等由组织内的居民自行决定，如果向村里提出项目计划，村政府会尽可能将有关内容纳入到村里工作的计划中。关于活动经费，村里会根据一定的标准进行发放，有必要的话村政府还会派遣工作人员兼职协作落实有关工作。同时，如果地域自治组根据村里的综合计划制定了相应的中、长期计划的话，该计划与村里的计划具有同等效力。

在村政府的推动下，村里参照明治以来的 3 个区、3 个小学、2 个原有村一共成立了 8 个地域自治组。

这些地域自治组分别根据村里的"第五次综合计划"的前期 5 年计划制定了相应的地域规划。各个地域自治组首先成立了规划起草委员会，然后起草委员会通过问卷调查了各家各户的想法，并在此基础上由村里给各地域自治组派去的工作人员牵头分别制定了各自的独立计划书。地域规划分别包括：①地域的目标；②地域的现状；③地域当前面临的问题；④地域的未来设计；⑤5 年内的目标、重点项目；⑥各年度的项目计划。

地域规划对项目进行了明确分类，共包括三个层面：由地域来落实的项目；由村里和地域共同落实的项目；希望村里或县里落实的项目。

在这个 5 年规划的基础上，每年都根据实际情况进一步调整，并向村里提出愿望，村里会根据这些愿望制定下一年度的预算。

村里制定的第五次综合计划的后 5 年规划是在各自治组织的地域规划的基础上制定的。

（二）村建活动小组

村建活动小组的出发点是居民为了解决共同的问题，通过自发的研究以及对先进地区的考察来解决自己的问题。地域自治组作为以地域为单位的居民自治组织，解决全村的行政课题、收集居民意见，支持村建活动小组的各项活动。

只需要在村里"共同活动推进课"的办事窗口递交申请，村建活动小组的活动经费可以得到相应的项目扶助金。

《21 世纪村建活动小组项目扶助金发放纲要》摘录如下：

（目的）

第一条　本纲要是为了建设可持续发展的乡村，针对村民自发组织的村建项目所需经费，在预算范围内进行补助。本纲要规定了扶助金发放规则及其相关事项。

（扶助对象）

第二条　扶助对象是指由村民 5 人以上组成的相应的村建活动小组。

（扶助对象的经费）

第三条　在第一条规定中所指的村建项目所需经费具体指以下诸项经费。

①村建活动小组所需的研究、考察所需经费；

②以及村长批准的相关经费。

（以下省略）

根据上面的纲要，只要村民 5 人以上提出申请，并且保证该经费不用于政治运动、宗教活动以及非餐饮费，都可以获得相关补助。

平成十三年（2001 年）4 月 1 日实施该纲要以来，已经有 62 个小组申请了相应经费并开展活动。其中一些小组已经达到目标并结束了活动，但大多数的小组仍在继续各自的活动。

村建活动小组拿到村里发放的经费后，会先针对行政课题进行分析考察，之后开展具体的活动。通常情况下，村里会派工作人员协助活动的具体落实，同时进行进一步的调研。行政课题的解决，需要得到大多数居民的理解，所以这些有助于村民加深理解的宣传活动也是扶助的对象。以往，一旦进入行政落实阶段，就不再接受居民的意见和建议。但是村建活动小组在行政落实阶段仍然继续积极参与，对项目本身和行政执行方法等也会提出相应的建议和意见，在整个过程中都发挥着巨大的作用。

三、扶持居民自治的体制

（一）村政府

村政府作为行政部门，通过一系列扶持工作推动居民自治，实现建设以居民为主体的村落。

现任村政府的另一项工作是转变原有的行政主导的项目落实方法和村干部的陈旧思想观念。村政府改组了组织结构，新增负责居民自治工作的"共同活动推进科"。当然，在村民提出的各项意见建议中也有对村里正在推行的政策的批评，我们也都会尽量给出回应。因为村政府对居民建议的重视，加强了村政府与居民之间的联系，推动了地域自治组和村建活动小组的活动。

村政府的另一项重要工作是信息共享。村里一年发行 4 次村民报，每个工作人员都会亲自到集落进行宣传、说明，同时，听取各集落对各行政课题的意见，并将村民的愿望转告给具体负责的科室。

本届村政府的一个特色就是请居民参加村里的预算编制。每年 9 月议会通过结算审查后，村里在向各自治组织说明财政情况的同时，也会介绍次年的课题并讨论各自治组织的行政课题。任何村民都可以针对这些行政课题提出预算申请。每年 12 月底整理征集到的村民预算申请，并尽可能反映到次年的预算中去。根据需要进行考察调研，每年 2 月中旬编制完成拟提交议会审议的预算案。预算案编好之后在各自治组织召开预算公听会。在公听会上介绍各自治组织的预算要求及其在预算案中的体现，并进一步征集各自治组织的意见。这样，在提交议会审议之前，村民就已经事先知道了预算案的内容。经过村民公听会之后再提交议会审议，议会通过决议后，村里会编制详细的各个项目的预算计划书并发给各家各户，使村民可以了解项目的具体内容。议会通过的预算决议由议会负责召开公听会向各自治组织进行说明。

（二）公民馆活动

要想发展居民自治，居民需要针对本地域课题进行学习和自由讨论，公民馆在这方面发挥着重要的作用。公民馆作为社会教育机关，可以提高居民对本地域的课题认识，推动居民参加本地域的学习活动。公民馆每年召开一次"社会教育研究会"，会上讨论由一系列活动收集来的课题。地域公民馆基本上与地域自治组是对应的，它成为讨论各自地域课题的学习场所。

四、结语

上面我们讲述了一些本村居民自治的工作，可以看出，依靠以居民为主体的地区发展策略是能够实现条件不利的山地村庄的持续发展的。村里也正是基于这样的立场，积极实施产业对策。前面也提到了，如果要通过内发式地区循环系统维持地区经济，就必须重新开发现有的经济资源。本村的一个课题就是振兴农业。村里将农业作为基础产业，成立了产业振兴集体公司，种植并直接销售有机蔬菜（尽量少使用化肥，主要使用牛粪作为成熟堆肥）；另一个课题就是充分发挥温泉等自然资源发展旅游业。村里的昼神温泉乡已经发展成本地区最大的温泉旅游地。为了吸引更多的游客并促使游客在当地居住，村里也参与出资由温泉经营者成立的"昼神温泉地服务株式会社"，拉动当地的旅游业。通过以上工作，在农民和民营企业家的努力下，实现了当地经济的发展。

"自治"包括两个层面：一方面是通过提高居民自治意识，实现更好的政府服务为手段的自治；另一个是通过承担自治活动实现自我、发现自我价值为手段的自治。

每个村民的主人翁意识有助于提高他们个人的幸福指数和人生质量。当然，也有一些人以工作生活忙、没有时间为理由希望尽可能的"他治"，就是交给行政或别人进行管理。但是，让更多的村民感受到作为自治主体是件很幸福的事情，这是很重要的。

五、专家点评

阿智村（Achi-mura）的行政特色是彻底实行"以居民为主体的地方自治"。日本的地方自治制度是根据日本宪法第 92 条的规定，依据宪法制定的"地方自治法"。地方自治中最重要的是"居民自治"，所谓"居民自治"就是当地的居民参与当地的政治和行政策划，根据当地居民的意志决定政治和行政，即自我决定；并由当地居民负责处理，即自我负责。

阿智村的居民自治是依靠基层活动构筑起来的。譬如，为了取得中长期发展，除了制定了村里的综合规划以外，以各自治会为单位还分别制定了"地域规划"；为了介绍宣传村里的课题以及有关政策，不仅发行了村民报纸，村里的工作人员还定期去 56 个村落举办居民公听会；另外，村里对居民自主进行的调研以及相关项目的实施给予经费支持，同时提供经费支持各自治组举办各种活动。村里的预算案是事先与各自治组协商编制而成的。另外村里为了推动一系列居民自治活动专门成立了"共同合作推进课"。

这一系列自治活动并不是村里把工作摊派下去，而是村里通过与居民共同合作，建立起来的"自我决定，自我负责"的体制。当地居民自发、自主地参与制定规划，不仅对于体现政治层面的民主主义意义重大，同时对于体现传承当地自古以来的地域文化，弘扬人与自然共存的生活智慧和技术具有重要意义。

阿智村鲜花盛开的春天

"摄影小镇" 的建设

——迈向摄影文化之都

松冈市郎[①]

一、来自 "小城之光自治体论坛" 的激励

"小城之光自治体论坛"由一些极具优秀决断力和执行力的自治体组成，有关论坛的报道深深地激励了我，也成为我追赶的目标。受到本町议员和一直关注本町的河合博司教授（现追手门学院大学特别教授）的邀请，我也曾多次参加自治体问题研究所举办的学习会，受益良多，深刻感受到"刺激是进化的原动力"。平成二十三年（2011 年），我们接受了河合教授的建议，加入了"小城之光自治体论坛"。在与论坛的各位领导会面后，我便被他们的人格魅力以及对城镇建设的热情与执行力所倾倒。论坛中各个自治体力图自立的举措给我带来了很大的"刺激"，让我认识到不忘初心的重要性，并重新思考城镇建设这一课题。

二、建设独立自主的城镇

我是平成十五年（2003 年）3 月 31 日起当选东川町町长的。那时，有关合并的论战已经到了白热化地步，论战的焦点主要围绕"如果不合并的话国家会减少拨发的地方交付税，自治体将无法运营下去"，然而对于自治体的运营来说同样极其重要的"如何保持人口数""如何增强地域活力"等问题几乎没有提及。当时的议会和町民们从一开始就认识到不管合并与否，把东川町建设成为一个可以自立的自治体才是最重要的。有人从责任归属的角度呼吁本町是"合并"还是"单飞"的决断要经过全体居民投票决定。投票的结果是：不合并，坚持独立自主的城镇建设。

但是，让一个小小的东川町立刻自立是不可能的，因此我们选择了走"五大合作、逐渐自立"的道路。危机与机遇不过一线之隔。我们下定决心，要不留任何遗憾地发挥出最大努力为居民和职员"充电"，在维持良好坚实的财政状况的同时要把东川町建设得更加充满活力。

第一把火是改掉公务员的坏习惯。把公务员从"没前例""其他町没做过""没预算"的"三没主义"思维定式中解放出来。我们要让职员进行自身的意识改革，从"被动"意识转为"主动"意识。一方面要肯定前人的功绩，另一方面也要从零开始，努力实现提高居民福利。

---

① 松冈市郎，1951 年生于北海道，2003 年至今任东川町町长。

三、人口目标：町民总数达到 10 000 人

2015 年是确立人口目标（定居町民）8 000 人的第十二个年头，我们有望实现这个目标。根据人口问题研究所的预测结果，东川町的人口是不会增长的，町内的一些人也都坚信这一点。但是与预测相反，东川町的人口总数在逐年上升。当年我刚当选町长的时候曾听说，如果自治体的人口低于 1 万人，权限将被缩小，所以我们就把总人口的目标定为 1 万人。总人口包括定居町民和特别町民，特别町民是指根据东川股东条例，参照家乡纳税制度（是指远在大城市的人可自愿选择将纳税额的一小部分转移给家乡，用于家乡建设，家乡的政府则回送一些土特产、工艺品、车票等），向本町进行投资或捐助的人。这些人会被登记为特别町民。定居町民与特别町民人口变化推移见表 1。

表 1　定居町民和特别町民

定居町民（登记为基本居民）			特别町民（登记为东川股东）		
年度	人口	备注	年度	人口	备注
1955	10 760		2008	286	
1965	9 216		2009	480	
1975	7 789		2010	873	
1985	7 705		2011	1 087	
1995	7 110		2012	1 553	
2005	7 647		2013	2 391	截至 12 月末
2013	7 947	截至 12 月末			

如表 1 所示，现在已经超过了当初设计的总人口 1 万人的目标。城镇建设中最大的课题就是如何避免人口的减少，我们在确保人口数量的同时确立了既不过疏也不过密的基本发展方向，把东川町建设成为一个"疏密适宜"的城镇。

四、从双赢互利的视角出发开展五大合作

东川町是一个以定居人口 8 000 人为目标的小镇，实现行政服务的自立是有难度的。因此本町从双赢互利的角度出发，以重视居民、实现居民梦想为己任，开展五大合作。

（一）与居民的合作

提高居民福利待遇是町政府的使命。村政府一方面与作为主体的居民们保持合作伙伴关系；另一方面努力推动和建立支持居民活动的体制。将全町划分为五大区域，设立居民自治振兴会，促进居民活动。配置活动协调员，负责配合居民自治活动并提供帮助。

（二）与其他自治体的合作

东川町作为一个小自治体，很早就认识到了与其他自治体合作的必要性。从昭和四十

年代起就在消防、清洁卫生、丧葬、节日准备等方面与相邻的美瑛町、东神乐町进行町级合作，统一设置相关机构。东川消防支队与邻町的东神乐消防支队于平成十九年（2007年）合并成为"东消防队"，在提高居民安全保障的同时减少了政府预算。平成十六年（2004 年）开始在处理国民健康保险、介护保险等日常工作中实现了町内跨部门合作。平成二十三年（2011 年）起以旭川市为中心的附近 8 个町联合起来，成立了"定居自立圈"，从而开展了更大范围的跨町合作。

（三）与企业和个人的合作

与民间企业的合作项目有：举办国际摄影大赛、甲子园写真展、铁人三项赛、海洋峰会等各种活动，这些活动都得到国内著名企业的赞助。其中甲子园写真展是由北海道新闻主办，由佳能公司特别赞助的一项活动。海洋峰会是与户外品牌 Montbell 合作的活动。另外，与著名设计师合作专门设计的《结婚证》与《出生证》深受欢迎。

通过摄影文化的推广，提高了东川町的知名度。我非常感谢许多知名人士也来支持和关注东川町的建设，东川股东的投资也在不断增长。

（四）与大学等教育机构的合作

东川町与教育机构的合作也数不胜数。甲子园写真展是与九州产业大学、东京工艺大学、东京综合写真专科学校、日本写真艺术专科学校、日本大学、大阪美术专科学校、旭川福祉专科学校等全国各地的大学以及专科学校合作的一个项目；东川町还与旭川市的旭川大学合作开展了"你的座位"活动；另外当地的北宫学园专科学校邀请东亚各国的大学生来学习日语、体验日本文化。

（五）与国家和北海道政府的合作

对于一个曾被列入人口过疏地区的小自治体来说，确保财政收入是最重要的课题。现阶段如果没有国家和北海道的财政补助，东川町是无法运营的。因此东川町在使用这些补助时本着认真审查、灵活运用、财政透明、政务公开的原则，尽量保证财政的"公正与平衡"。

五、摄影小镇条例及其对摄影文化的贡献

东川町在昭和六十年（1985 年）6 月 1 日即"摄影日"这一天宣布成为"摄影小镇"，至今已经 30 年了。在这 30 年的历史中，有过几个转折点，最具决定性的莫过于"摄影小镇"的宣告和《摄影小镇条例》的制定。《摄影小镇条例》规定："本条例一旦成文，便不会因最高领导的意志而随意更改，而且议会不通过决议便无法废除。"回顾"摄影小镇"30 年来的历史，不禁为前人的英明而肃然起敬。

《摄影小镇条例》中还写道："通过国际交流与摄影文化的推广，积极推动东川町的城镇建设，同时注重自然与文化的和谐。"将东川町建设成为一个环境优美，生产生活空间可以作为摄影素材的城镇；居民的热忱好客和为孩子们提供的最好的教育，将为建设强大的日本和世界和平做出积极的贡献。《摄影小镇条例》同时也是东川町城镇建设的条例。

如果有人问摄影文化究竟是什么？我将做如下回答："这是人们通过照片这一媒介来理解和欣赏由照相机镜头捕捉到的被拍摄对象的文化。自然本身并不算是文化，但是如果通过照片来欣赏自然这就是摄影文化了。"摄影文化的重要作用就在于将那些重要的东西"拍照、保留、传承"下去。

六、"写真小镇"也是"写心小镇"

我认为写真（"摄影"）包含了两个意思：一个是"写真"，一个是"写心"。在城镇建设过程中，只有同时推进这两方面的机能才能为提高居民福利做出贡献。

"摄影文化"要充分考虑拍摄对象的各个方面，比如拍摄东川町，一方面是这里 120 年的发展史中孕育的"农业、木工手工艺品、旅游观光"等具有东川町特色的各类文化；另一方面是作为"摄影小镇"，这里也培养了在照相机镜头前大大方方摆造型的孩子们，同时在这里无论什么产业、什么人都能成为被拍摄对象。此外，町里的基础设施投资也都充分考虑了作为被拍摄对象的功能。

所谓"写心"并非是指成为照相机的拍摄对象，而是将祖祖辈辈继承下来的传统文化和教育传递给人们。"写心"意味着教育和人才培育，对于城镇乃至日本的发展都是不可或缺的。

七、通过摄影文化传播三种情感

东川町宣布成为摄影小镇以来，这一举措到底为提高居民福利做出了怎样的贡献确实很难衡量，但是我们一直以提高居民福利作为町政府的行为准则。

借助摄影文化，我们看到了日常生活中很难见到的人们。相逢可以带给彼此激励，这交织着感动与感激，也就说相逢会带来三种情感，即：通过交流产生相知、和谐、友好的情感，这样的情感是提高居民身心健康福利的源泉。

八、争做"摄影文化首都"宣言

在法律上似乎并没有对首都进行明确的定义。如果说起日本政治经济的中心大家都会想到东京，说起首都也都会认为是东京。几年，不，应该是几十年前就有人说，要从地方分权制和单极集中制的城市建设中摆脱出来，建立多极分散型城市。但是类似的构想到目前为止依然没有任何进展，相反，近年来单极化趋势愈演愈烈。为了打破单极集中制，我们正式发表了争做"摄影文化首都"宣言。当然只是想的话，不可能有任何进展，我们发表这一宣言，就是鞭策自己不断努力尽早走出一条自立发展的道路。

本町自宣告成为摄影小镇之日起已经经过了近 30 年。今年是建町 120 年，在 3 月的定期议会上，我们决定宣告将我们的目标由建设"摄影小镇"变成建设"摄影文化首都"。说起"摄影文化首都"，本以为会有很多居住在东京的摄影爱好者会提出"当什么首都"等反对意见，但恰恰相反，不仅没有反对者，还有很多人支持我们。宣布成为"摄影文化首都"并不需要大额预算，需要的只是勇气和执行力。让我们通过和东京做一个比较，说明我们建设"摄影文化首都"的优势：

（1）东川町有官方公共照片长廊，近 30 年对摄影文化的推广和传播这两方面做出的贡献超过东京。

（2）近 30 年来为摄影文化做贡献的人口比例远远超过东京。

（3）在过去的 30 年里，东川町每年税收的 4%～5% 用于振兴摄影文化，投放比例也远远超过东京。

除以上比较的几点之外，东川町在照相机史料以及摄影集的收藏、珍贵照片的收藏、居民相册等方面的资料更为丰富。还会收到日本写真广告协会赠送的大型资料。摄影作品展、摄影资料、摄影器材等档案室的建立也在进行中。

也许仍然会有人认为，无论什么首都都应该是东京，但我认为如果各自治体充分发挥地区的力量，实施各种方案，就可以出现只有地方才会有而东京没有的特色，从而成为特色"首都"，如古典音乐的首都、足球的首都……我很期待体育、文化艺术、教育等首都陆续出现。

九、结论

地方自治是一条没有终点的道路，我们也力争开创新的自治之路。在学习前人经验的基础上，我们必须要建成一条面向未来、适应变化的发展道路。城镇建设包括以下列课题，如：①少子高龄化时代的行政服务；②搞活城市中心经济；③在人口不断减少的今天探寻自治体生存的办法；④在国际化大环境中发展振兴产业；⑤培养可以为世界做贡献的年轻人等。我们需要运用智慧，果断行动，才能一一实现上述目标。正如有人曾说过"自治就是柔中带刚，必须刚柔并济"。

我要再次感谢因为出席小城之光自治体论坛所受到的"激励"，同时我也衷心希望各个自治体能够发挥特长，让我们共同努力，把我们各自的自治体建设成"平成时代的特色京城"。感谢与大家的相识和相逢的缘分。

十、专家点评

东川町（Higashikawa-cho）是位于北海道中部的一个町，东部是一片大规模的森林地带，隶属于日本最大的自然公园"大雪山（Taisetsuzann）国立公园"。1950 年町里人口达到最高峰的 10 754 人，之后人口不断减少，1994 年一度跌破了 7 000 人。后来町里通过开发宅基地和生育优惠政策使町里的人口由减变增，2014 年 11 月再次突破 8 000 人，成为北海道中为数不多的人口增加地区。

东川町行政工作的重点：第一是生育和教育政策。为了让孩子们了解农业是维持国民生命最应该被尊敬的产业，一方面让孩子们体验农业的魅力，另一方面孩子们在学校吃的午餐食材全部使用当地的农产品。第二是农业振兴政策。让年轻人了解农村生活的魅力和农产品深加工可带来的高附加值。第三是老年人福利政策。65 岁以上的老年人占町里总人口的 30%，为此町里推出了养老优惠政策，开通了为方便老年人购物、去医院看病的公共巴士专线。另外，当地冬天降雪很多，町政府负责帮助老年人清扫屋顶和道路的积雪。通过这些政策一方面确保了町里经济的可持续发展；另一方面在此基础上积极发展了有特色的"摄影小镇"。

东川町最值得我们学习的是町政府通过"工作人员的意识改革"，实现了不依赖上级单位（如：国家和北海道政府），而选择自立发展的道路。

摄影：大雪山连绵的山峰

林业与能源自给自足的乡村建设

神田强平[①]

　　上野村位于群马县最西南端，西接长野县，南接埼玉县。村庄被秩父山、荒船山、御荷矛山等海拔1 000～1 500米的险峻山脉环绕。群山支脉走向复杂，以至于上野村全村都是崎岖陡峭的山岳地带，几乎没有平坦的土地。群山被各种原始森林覆盖，全村总面积为181.86千米²，森林覆盖率达95％。森林内主要以阔叶树为主，四季分明，风景秀丽。神流川发源于上野村中央地区，从西向东流经全村，形成了溪谷和河流阶地（河流阶地：河流下切侵蚀，原来的河谷底部超出一般洪水位之上，呈阶梯状分布在河谷谷坡上，这种地形称为河流阶地），上野村村民就散居在这段海拔400～800米的河流阶地处，总人口为1 351人（截至2014年1月），上野村是群马县人口最少的自治体。

　　上野村距离东京约100多千米，随着上信越高速公路和汤之泽隧道的开通，从东京市内出发不过两三小时车程便可来到上野村欣赏壮美的山峰，在清澈的溪流中游玩，尽享大自然优美景色的治愈功能。

　　上野村还有很多丰富的旅游资源，吸引了大量不同需求的游客来上野村旅游观光。日本关东地区最大的钟乳石洞——"不二洞"，它属于群马县级天然纪念物，洞周围还有秀美的河川和横跨山间的巨大天空吊桥。天空吊桥、可供住宿的山间小木屋、设施完备的森林公园组成了娱乐休闲胜地——"天空回廊"。还有被列为国家重要文化遗产的"黑泽旧居"、世界上规模最大的东京电力公司水力发电厂，以及入选平成百佳名水并连续5年被评为关东地区最清澈河流的神流川。

一、平成大合并时的举措

　　平成十一年（1999年），日本各地掀起平成大合并的风潮，时任上野村村长的黑泽丈夫极力反对国家的这种强制合并的政策。平成十四年12月（2002年12月）和平成十五年1月（2003年1月），村报先后两次以《关于市町村合并问题的思考》为题讨论合并问题，村长黑泽丈夫发表了《虽然大家都说要合并……》的文章，表明了自己的立场和观点。文章摘要如下：

（一）社会是如何产生的

　　我们人类与其他生物一样，都希望本种族能够永远繁荣昌盛，这是一种本能的欲望，我们也是因为这种欲望来到这个世界上的。

我们继承这一本能，同时拥有自我本位和利己的私欲，然而人类随着不断进化，产生了智慧，也领悟到了与他人进行合作的好处，并创造了两人以上的协作生活模式，这就是社会。

由此可知，社会是互相帮助的产物，在社会里生活的人们就是同一社会的居民。作为同一社会的居民就必须要有连带意识和一颗团结共处的心。

如果缺乏连带意识就不可能产生团结的力量。所以，无论聚集的人数有多少，如果没有形成社会认同感，那将成为一群乌合之众。

那些提倡市町村合并的人们首先有必要认真思考一下社会的存在理念。

（二）法定基础社会单位是市町村

在应对人口的增加或更大的社会需求中，形成了千差万别的社会形态，从最小的夫妻社会、家庭社会，到亲戚社会，再到街坊社会、村落社会。不同的社会形态也发挥着不同的作用。

其中，综合管理人们生活的社会就是法定拥有最高地位和最大权力的"国家"，在"国家"社会中，民主主义是"国家"的基础，是与国民密切相关的政治的出发点。因此最基本的社会就应该是市町村。

日本推行市町村合并政策，中央政府指导地方政府进行合并，希望可以将自治体的数量控制在 1 000 个左右，这是真的为国民为国家着想的举措吗？

我认为这一举措很不合理，深感不安。

（三）忘记了民主主义的原则，背离民意

日本宪法承认地方自治并用专门的章节描述地方自治。但是作为基础社会的各个自治体的规模越大，则居民自治体意志的决定权就越小，与此同时，随着自治体规模的扩大，放弃自治的居民就会越多。

大正十三年 9 月（1924 年 9 月），石桥湛山记者就此问题发表了社论："地方自治体最重要的就是自成一体的小。作为一个小自治体，当地居民可以切身感受到政治相关的利害，只要在当地居住，无论是谁都可以判断现行政治是否可行，同时也有机会一起参政议政。地方自治体的政治要从居民自身出发，充满自信的去执行。"

大规模的合并违反了这一宗旨，这难道不是对自治和民主主义的践踏吗？

（四）都市社会和山村渔村是不同性质的社会，如果合并的话，从政治角度，山地地区和孤岛地区被放弃的可能性很大

山村渔村地区的特点是物质文明匮乏，基础设施不完善，技术性人才也相对较少，如果近邻不互相帮助很多问题就无法解决。因此山村渔村地区是一个需要从组织层面统筹思想，促使居民团结互助的社会。在山村渔村地区居民之间的连带意识和团结精神至今仍然存在。

与此相反，大城市拥有发达的物质文明，完善的基础设施，行业分工明确清晰。因此大城市的居民缺乏与近邻的合作互助精神，也没有什么连带意识和团结一致的信念，遇到事情偏向用金钱解决（本结论可由山村渔村地区和大城市的选举投票率的差别等方面得到验证）。

推崇合并的人们认为即便是不同性质的社会也应该进行合并，但是如果直接合并的话，人口较少的山村渔村地区和孤岛地区就会变得越来越不方便居住，从而日益衰亡下去。

日本社会仅存的拥有连带意识和团结精神的地域将逐渐消失，日本国民全部都会变成城市居民，大和民族的民族团结精神将日益薄弱，每每想到这些我就会感到非常悲伤和忧虑。

担负着国政重任的中央政府的官员们，与其他各国相比，现今日本人的国民意识已经非常淡薄，难道你们就不担心一味地推行合并政策会让国民意识变得更加淡薄吗？

（五）日本的山地区域占国土面积的一半以上，但山地居民仅为全国人口的 4%，如果进行全国范围内的大合并，根据选举的少数服从多数原理，山地居民将很难选出当地的众议院议员

这样的结果，我们在上次合并时就已经体验过了。合并后的大部分小山村已经分崩离析，如果再次进行大范围的合并的话，恐怕整个山地区域和孤岛地区的社会就会全面崩溃，从而导致居民迁出，再无人可以守护山地和孤岛。

再这样下去，会造成森林荒芜、田地荒废，也许就再无人保护日本的海域了。

城市并不能独立存在，只有农林区域各司其职，孤岛地区有居民留守保护，城市才能发挥它的作用。我担心合并会成为国力下降的一个诱因。

这篇文章中还指出，虽然日本总务省极力提倡合并，但是以上野村的地理条件和地域限制是无法从合并中得到好处的。如果强行合并，上野村很可能会慢慢衰退下去，所以上野村还是不合并为好。

在平成十五年 3 月（2003 年 3 月）的村议会的例会上，议员提出《健全体制坚持自治决议》的议案。会上大家一致表示强烈反对国家实施的强制合并政策，通过了与村民一起推进地方自治的决议。这样，上野村政府和村民统一了思想，坚持走上了自立自律的构建之路。

二、大力发展林业增加村民人口

选择了不合并坚持自立之路的上野村在行政运营上面有许多课题亟待解决，其中最大的课题就是人口问题。本村人口在整个群马县内是最少的，而且由于少子高龄化的原因，本村已经成为典型的人口过疏地区。为了改善这一现状，最有力的举措就是争取到更多人来定居，主要是增加年轻一代的定居者，从而一举解决少子高龄化的问题。

上野村自平成元年（1989 年）开始全力以赴争取更多人来此定居。平成三年（1991年）为把上野村建成一个育龄人口较多的村落，村政府制定了《上野村接班人定居条例》，并开始实施发放定居补助，发放结婚贺礼金，减免房屋贷款利息等一系列措施促进外来人口在村里定居。

平成四年（1992 年）开始建设村营住宅区，加快了定居者到来的脚步。现在建有 22处村营住宅区，共一百多户人家在此居住。最近村政府还将空闲房屋租下用作村营住宅。在建设村营住宅区方面村政府也仔细研究，并没有将住宅区集中到一处，而是按照村内人口分布情况分散建设，争取让村营住宅为各个小村落注入活力，并带动其发展。

为了接收从外地来村定居的人，除了住房，另一个必要条件就是解决他们的工作问题。人为了生存必须要有工作。根据上野村的实际情况来看，招商引资是很困难的事情，只有从本村出发，创造就业机会。定居者主要从事的职业有：木材加工、农林、土特产品制造及销售（上野村蘑菇中心、十石味增工厂、森林点心工房等），以及旅游观光。包括外来定居者在内的数十名木工从业者成立了木工之家协会，木材加工这一产业已成为本村的拳头产业。森林维护产业与木工业一样也是有很多人来应征的一个业种。土特产品制造销售产业也同样有声有色。平成十八年（2006 年），上野村农协的十石味增工厂获得了农林水产省的综合食品局长奖。上野村加工中心村直营的上野村蘑菇中心也成为外来定居者就业的主要场所。

上野村还在解决少子化问题和育儿优惠政策等方面投入了很大的力量。例如降低保育费，对第三个孩子以后出生的孩子发放育儿补助，到高中毕业为止提供免费医疗、免费校餐、实施学龄儿童托管政策等，努力为村民创造一个可以安心放心养育儿童的环境。

在以上种种促进定居的政策中实施力度最大的是振兴林业政策。上野村总面积的95％都是森林，其中阔叶树占大多数。现在上野村灵活运用这片森林资源，发展村内经济，力争把上野村建设成为"村内循环型经济社会"。

上野村的林业一直都是村里的骨干产业，木材、木炭、香菇等农产品一直支撑着村民的生计。但是由于木材价格的长期低迷和林业从业者的高龄化，使得上野村林业面临非常严峻的局面。如前所述，本村有大量的森林资源，如果能重新振兴林业，提高林业相关收入，创造工作机会，将会对外来人员定居起到良好的促进作用。

但是上野村地形险峻，人工林很少，如果对原始森林进行间伐（间伐：在一定的森林面积上分次砍伐全部的林木）后运出再进行销售，基本上是入不敷出的。因此上野村在国家和群马县的补助制度的基础上，村里也提供补助，并制定了让森林所有者获利的制度。为了更高效地管理森林，村政府购买了高性能的机器，免费借给进行间伐的林业工人们。平成二十年（2008 年）生产了大约 200 米^3，平成二十四年（2012 年）生产了超过 4 000 米^3 的木材。

间伐材（间伐材，又称为疏伐材。人工林树木的间距较密，须将部分树木伐除，以维持足够的树木间距，使树木获得充足阳光，树根有扩展的空间，让森林生长得比较理想，伐除取得的木材就是间伐材）中的优质木材可以直接运到市场上销售，但是其他非优质木材因为没有商业价值，运出还需运费，所以通常都会将其直接放置山中。但是长期放置会导致山林荒废，甚至还可能引起灾害。上野村为了有效利用这些非优质木材，建设了木质颗粒燃料（wood pellet）加工厂，并在全村范围内建造了三处木质颗粒燃料锅炉（pellet boiler）。木质颗粒燃料加工厂于平成二十三年 6 月（2011 年 6 月）建成，7 月就开始投入使用。木质颗粒燃料锅炉设置在村内有温泉的地方。上野村共有 4 处温泉，都是冷泉（冷泉属单纯碳酸泉，水质清澈透明，可饮可浴；泉水从统景峡谷深处夹着无数气泡冒出来，犹如汽水一般。刚入冷泉池时，全身会觉得冷呼呼的，但过两分钟后便会遍体发热，倍感舒畅，具有理疗及美容的功效。按泉水的命名标准，水温高于 20℃ 的为"温泉"，而低于 20℃ 的则为"冷泉"）。所以需要将泉水加热过滤进行保温后才能使用。村营的一处温泉"潮路"自平成十八年（2006 年）开业以来就一直使用电热水器进行加热保温，因此花费了巨额的电费和燃料费。根据调查结果，引入木质颗粒燃料锅炉会减少温泉的燃料费，因此，村里决定在温泉设施处使用木质颗粒燃料锅炉。实际使用之后，原来需要 1 000 万日元的电费现在只需要一半，即使算上木质颗粒燃料的费用，总燃料费也比之前有所减少。而且原来支付给外地的电费转化为向村内的加工厂支付木质颗粒燃料费或林业工人们支付木材费，上野村开始逐渐向"村内循环型经济社会"过渡。

其余的木质颗粒燃料锅炉被用于单身集体宿舍的供暖。这个想法是平成二十四年 5 月（2012 年 5 月）在参加"小城之光自治体论坛"时向北海道下川町取的经。当时听说下川町将木质颗粒燃料锅炉设置在公寓用于集中供暖，上野村也想如法炮制。恰逢本村有已规划好需要建设的公寓，就立即购入了这套取暖设备。此集体宿舍可供十户人居住，给每家每户配置暖风机，暖风机吹出热风取暖。收费方式是根据使用时间向每户征收取暖费。

为了增加木质颗粒燃料的消费量，上野村推荐一般家庭也使用木质颗粒燃料炉（pellet stove）。平成二十四年（2012 年），公共设施和村营住宅居民一共购买了 40 台木质颗粒燃料炉。平成二十五年（2013 年）借给一般家庭约 30 台。今后木质颗粒燃料的需求应该会进一步扩大。

在建设村内循环型社会的征程上，上野村蘑菇中心是一个重要标志。

为了开发农产品以及提供工作场所，平成十一年（1999 年）上野村蘑菇中心正式开始运营。平成二十三年（2011 年），为了扩大经营规模重新进行了整修，平成二十五年 3 月（2013 年 3 月）完工。中心年培育数量达 62.2 万菌床，年产量 507 吨，预计可提供约 60 个工作岗位。

蘑菇中心也可以提高对森林的有效利用。平成二十五年（2013 年）在木质颗粒燃料加工厂内建造了新的木屑制造工厂，非优质木材除被制成颗粒燃料之外，还被制成木屑粉，准备用作蘑菇的菌床。由于蘑菇中心每年培养 62 万多菌床，所以使用过的废菌床的处理也成了新的课题。蘑菇中心通过充分干燥处理掉菌床中含有的水分然后再压缩将其作为冬季取暖的燃料，这样就可以降低蘑菇中心的燃料费。今后还准备引进木质颗粒燃料发电机。争取把上野村的蘑菇培养成种植过程环保、味道鲜美的蘑菇。

发展可再生能源也为上野村的经济发展带来了好处，减少了化石燃料的使用量，减排了二氧化碳，更重要的是减少了向村外地区购买能源的资金，资金流动从外转内，逐渐形成内循环型社会，为地区产业振兴做出了贡献。如前所述，为了吸引外来人员来村里定居，不仅要保证住宅，还要保证有工作场所。本村在振兴产业建设村营住宅的同时，积极发展蘑菇中心、森林点心工房等村直营项目，切实为定居者提供工作场所。但是村政府的力量是有限的，发展村内循环型经济社会需要村政府和民间一起合作努力，在民间获利的同时不断制造出新的工作场所，这才是上野村最根本的定居对策。

上野村今后也会广开思路积极发展，希望能在自立之路上越走越好。

三、专家点评

人是共同合作互相帮助的社会动物。所以为了方便合作，基础单位还是小一点儿好，最好是"相互之间可以看见彼此"。上野村（Ueno-mura）反对日本中央政府推进的市町村合并，选择了不合并发展的道路。根据日本的实例可以发现，市町村合并以后经常会产生互相依赖的心态，丧失了自力更生、开拓奋斗的精神。然而在选择走不合并道路的市町村中，我们看到很多自治体的行政、居民、经营者通力合作，开拓出一条自立发展的道路。发扬自立心是地域发展的原动力。

上野村 95％ 被森林覆盖，没有广阔的农业用土地，森林是唯一的绝好的"地域资源"。村里重新评估了自古以来的木材、香菇、取暖和炊事用的木炭等生产，牵头引进了新技术，打造了新企业，扩大了村里的劳动就业机会，给村内带来实际利益。这就是创造"村内循环型经济社会"。

中国的西北地区森林资源匮乏，森林不能作为地域资源进行开发利用，但是西北地区有广阔的荒漠地带。譬如宁夏回族自治区利用荒漠地种植西瓜，开发风力和太阳能发电。通过开拓思路一定还有更多开发利用荒漠地带的途径。

上野村的木质颗粒工厂

绫　町

——建设与自然共生的城镇

前田穰[①]

一、序言

绫町地处日本宫崎县中部，位于宫崎市以西 20 千米处，总人口约 7 300 人，是一个以农业为基础产业的绿色小山村。绫町西北部有日本国内最大规模的常绿阔叶原始林，该原始林于昭和五十七年（1982 年）被划入九州中央山地国家公园。绫南川和绫北川从这片原始林中蜿蜒流过，所形成的溪谷涌泉被评为日本百佳之一。在这样得天独厚的自然条件下，围绕发展"常绿阔叶林之城——绫"，积极开展与自然共生的城镇建设。

二、建设与自然共生的城镇

绫町的总面积为 95.21 平方公里，其中森林面积为 7 600 公顷，约占总面积的 80%。这里有日本最大规模的常绿阔叶树的簇生自然林，总面积达 1 748 公顷，于昭和五十七年（1982 年）5 月被划入九州中央山地国家公园。这片自然林区得以完好保存要追溯到昭和四十七年（1972 年）7 月，当时计划用已采伐的 200 公顷民有林与 330 公顷的簇生常绿阔叶树国有林（现国家公园一带）交换。得知此消息后，绫町开展了大规模的反对交换运动。约有 90% 的町民签名表示反对交换，并与町议会、町民代表一起向宫崎县知事和县议会就国有林交换一事进行请愿。当时的町长直接去农林省上访拜见农林大臣，在多方的共同努力下采伐计划终于被终止，常绿阔叶林才得以留存至今。此次反对国有林交换的运动还促成了这片常绿阔叶林被划入国家公园加以保护，从而拉开了绫町建设与自然共生城镇的帷幕。

常绿阔叶林是由拥有深绿色光泽叶片的整年常绿的树木如米槠、橡树、山茶等组成的。由于过度开发等原因，现存的保存完整的常绿阔叶林已非常稀少。所以绫町现有的常绿阔叶林在全世界范围内亦属非常珍贵。林区内也有很多珍稀野生动物，例如日本羚羊、狗鹫等。"常绿阔叶林文化（照叶树林文化）"被称为日本文化起点，从学术文化研究的角度来看，这片林区拥有极高的研究价值。

为了保护这片在学术方面具有极高研究价值的日本最大规模原生常绿阔叶林（宫崎县绫川流域），平成十七年（2005 年）5 月，九州森林管理局、宫崎县、绫町、财团法人日本自然保护协会、NPO 法人照叶森林协会联合开展了"绫町常绿阔叶林"项目，这进一

---

① 前田穰，1945 年生于宫城县。1990 年 7 月至今任绫町町长。

步强化了与自然共生的城镇建设理念。

喜马拉雅山脉、中国的云南省和西日本全境的植被都曾经是常绿阔叶林，因此这些地区有着相似的文化特色，例如漆器、养蚕、食用发酵食品等。这些文化特色也被认为是日本文化的起源之一。今天绫町不仅传承着农村重视农耕和饮食文化的传统，还注重发展以人为本、以保护丰富的自然资源为己任的城镇建设。

绫町的基础产业是农业，利用丰富的常绿阔叶林自然资源发展起来的自然生态农业，即有机农业。在经济高速增长时期，消费者把大量消费看作一种美德，当时村里生产的纯手工制作的工艺品几乎没有销路。近年来，村里生产的以人为本的和精心制作的手工艺品逐渐得到消费者的认可。

三、构建自然生态农业

从昭和四十六年（1971 年）开始，绫町的自然生态农业建设以"食用安全新鲜的蔬菜打造健康生活"为目标，向町民发放蔬菜种子并开展"一坪菜园活动"（一坪等于 3.3 米^2）。

发展农业不仅仅是生产粮食，农业在加强水土保护、防止水土流失、保护自然环境、维护农村自然景观、传承并发扬传统文化等方面发挥着积极的作用。然而昭和 60 年代以后，在一味追求高产量和高生产率的诱导下，农民开始大量使用化肥和农药以求提高市场占有率。但是，近年来人们开始关注化肥和农药引起的水质浑浊、地下水污染、自然景观遭到破坏等问题，消费者越来越重视食品安全问题。在大环境的影响下，绫町也开始发展资源循环型农业。一方面是通过振兴畜牧业从而收集有机肥；另一方面是在町里设置了生活垃圾堆肥装置收集家庭垃圾制作有机肥。

昭和六十三年（1988 年），绫町本着尊重自然的理念发展农业，在全国率先制定了《自然生态农业推广条例》，规定自然生态农业的标准规范，由町政府负责认证农业用地的标准及栽培管理标准，还建立了一整套提供安全放心农产品的生产系统。平成十三年（2001 年），绫町成为有机 JAS 资格认证机构，可以颁发有机农产品认证书，从而开始全面打造"绫町品牌"。绫町开设了自由市场，将在"一坪菜园"生产的安全放心农产品收集来在市场上贩卖。现在，除了销售农产品以外，还成立了纯手工制作精品中心，吸引了周边城市的购买力，目前年销售总额可达 3.5 亿日元。

发展有机农业，需要得到消费者的大力支持。绫町积极开展城市与农村的交流，针对绫町农产品的顾客举办采摘农产品、亲手制作味噌等一系列活动，通过这些活动加强了消费者对绫町的自然生态农业的理解。

四、开展自治公民馆活动

町内一共有 22 个自治公民馆，它们对町里的城镇建设发挥着很大的作用。这些公民馆本着自己的地区要依靠自己的设计来提高生活文化水平的理念，积极开展产业振兴、社会教育、社区建设、文化交流等活动。

公民馆主要是举办居民们喜欢的相关活动，活动所需经费除了部分由町政府承担外，地区居民也需自己承担一些。这些活动积极推动了当地的文化建设。昭和五十一年（1976年）以后，公民馆开展了各种各样的集体活动，例如每年 5 月第一个星期日集体清扫河道水水渠；以及"一坪菜园"活动、种花活动等。其中比较有特色的一个活动是 22 个自治公民馆各自举行的地区文化节。从昭和五十五年（1980 年）开始，各公民馆就通过展示各区域的特色产业和文化来实现该地区的文化建设，提高社区意识。行政和自治公民馆就如同车的两个轮子一般，共同推动具有丰富文化生活的城镇建设。

五、申报生物圈保护区

平成二十四年（2012 年）7 月，联合国教科文组织在巴黎召开了第二十四届"人与生物圈国际协调理事会"。会议决定认定包括绫町全域在内的日本宫崎县绫地区为"生物圈保护区"，这是时隔 32 年日本再次获批的一个"生物圈保护区"。

生物圈保护区是 1971 年联合国教科文组织提出的"人与生物圈计划"（MAB）中的核心项目。生物圈保护区包括三大地带：一是核心地带，是指保护那些极具价值的自然景观和生态多样性的地带；二是缓冲地带，是指可用于教育、研究以及发展生态旅游的地带；三是过渡地带，是指居民可以进行可持续发展经济活动的地带。

生物多样性有 3 个原则：生物多样性的保护、其构成要素的可持续发展及利用、遗传基因资源衍生利益的公正公平分配。"人与生物圈计划"坚持"人与自然共生"的理念，生物圈保护区就是那些展示和推广人与自然界和谐相处的地区。

自古以来，人类就依靠森林而生存，在大自然中繁衍生息。树木净化空气，森林中的泉水供人饮用，植被用于进行生产活动和养殖鱼类，森林还能调节水土流失、防止洪水，森林中的鸟兽类还为人类提供了蛋白质的来源，森林的树木及枝叶也被用作食物、药物及染料等。从生活工具、生活资源到"天然空调"，森林为人类的生存提供了无数帮助。森林在提供资源的同时，也影响了人类的信仰、艺术等方面的文化生活。可以说，现代人的文化与生活是常绿阔叶林孕育而成的。

在追求近代化、经济性、便利性的今天，人们往往忘记了文化生活的本源。绫町一直坚持不忘初心，积极思考生活本身的真正含义，禁止乱砍滥伐，保护自然，发展自然生态型农业，以各种自治公民馆的活动来促进与自然共生的城镇建设。绫町能够被认定为生物圈保护区也是这一系列举措得到肯定的一个证明。

六、有效利用地区资源积极发展观光产业

绫町优美的自然环境先后入选"留给 21 世纪的日本百佳自然""日本百佳森林浴""百佳名溪""星空、蓝天之城"等，这些很好地提升了绫町的城市形象。

在壮观的常绿阔叶林中，有一座离水面 142 米高、250 米长的横跨溪谷的照叶大吊桥。人们可以从桥上欣赏常绿阔叶林的优美景色，在林中漫步，进行一次森林浴。大吊桥旁有一个常绿阔叶林文化馆，馆内有常绿阔叶林的动植物展览，还经常举行关于森林学习的活动。

绫町是一座历史古城，在这里曾发掘出很多绳文时代的遗迹和古墓，奈良时代这里还曾设有宫崎到熊本的驿站。根据留存的记录发现战国时代绫町地区曾筑有城楼。日本城郭协会经过考证决定重建古城楼，绫町召集了大批本地的工匠并使用本地的木材，采用古法重新建造，于昭和六十一年（1986 年）6 月重新建好了古城楼。

在绫城的一角开设了"国际手工艺品"工艺馆。很多手工艺品作家慕名来到以常绿阔叶林而闻名的绫町，在这里，他们继承并发扬当地的传统和文化，创作充分体现自然魅力的作品。现在绫町有大约 40 家工艺作坊，制作的手工艺品包括木制品（围棋盘、象棋盘、围棋盒、民间工艺家具等）、绢类纺织品、玻璃工艺品、竹编工艺品等。这些精心制作的手工艺品都在"国际手工艺品"工艺馆中展示并出售。另外还有手工制作体验工坊，人们可以在这里近距离地接触和体验手工艺品的制作流程。

为了吸引游客，绫町每年都定期举办系列活动。如装点宫崎早春 3 月的"绫町女儿节"、5 月的"男儿节"、9 月的"焰火大会"、10 月的"绫町常绿阔叶林马拉松"、11 月的"绫町赛马"和"绫町工艺品节"等各类活动。除此之外还邀请足球、棒球、排球队伍在当地集训。

七、结语

绫町一直以"常绿阔叶林之城"为主题，努力将绫町建设成为一个有活力的文化教育城镇、一个生产安全放心有机农产品的自然生态型农业基地、一个手工艺品的故乡、一个城市与农村互动交流的平台、一个体育集训地……今后，绫町为进一步确立以"与自然共生"为主题品牌，将以第一产业为基础，积极推动第二、第三产业的发展，并在农工商联合的基础上不断强化产业经济。

自从被联合国教科文组织认定为生物圈保护区以后，有许多年轻人移居至此。在全国都面临着少子高龄化严峻局面的今天，绫町希望能在这片美好的大自然中，给年轻人们提供就业场所，打造孩子们可以健康成长的环境。具体措施有：充实婴幼儿的保育教育、提高中小学校的教育水平、培养热爱家乡并愿为家乡做贡献的人才等。希望能将这些人才留在町里，将绫町建设成为一个可持续发展的城镇。

我们今后会通过整修空闲房屋帮助新定居人口解决住房问题，以达到吸引更多的年轻人来此定居的目标。争取将绫町建设成为全日本出生率第一、祖孙三代都可以其乐融融生活的宜居城镇。

八、专家点评

绫町（Aya-cho）是在日本率先探索人与自然共存的可持续发展道路的地方自治团体之一。

绫町的运动是在当地有远见的领导人和居民共同参与下开展起来的。在日本"所得倍增"（增加国民收入 2 倍以上）计划的经济发展时期，国家提出了砍伐绫町内的国有森林计划。于是，当时的乡田宝町长就去图书馆查资料彻底研究"山"的定义是什么，"自然"

的定义是什么。然后，乡田町长看到了京都大学教授中尾佐助的关于常绿阔叶林的文化论，确信常绿阔叶林是日本文化的起源。乡田町长反对砍伐计划，于是他成立了反对砍伐同盟，与消防团和青年团联系起来，带着9成町民的签名与国家交涉，最后终于迫使国家放弃了砍伐计划。

绫町有日本国内最大规模的常绿阔叶原始林（主要树种为椎、橡木、山茶等）。绫町以保护下来的常绿阔叶林为基础，发展起来了"常绿阔叶林城镇""自然生态环境农业城镇""手工艺品城镇"等。绫町的"人与自然的共存"理念符合联合国教科文组织生物圈保护地区的认定标准，2012年绫町被联合国教科文组织认定为"生物圈保护地区"。之后，很多手工艺人和年轻人来绫町定居，绫町的人口出现了增长趋势。

另外，当地的自治公民馆的活动也非常活跃。这在提高农村的生活文化水平方面发挥着重要作用。而且，自治公民馆是"自治组织"，其活动所需的费用不完全依赖行政，而是根据需要由居民承担一部分。

架在绫町常绿阔叶林峡谷的照叶吊桥

小 城 之 光

——福岛县大玉村

浅和定次[1]　押山利一[2]

一、选择自立的大玉村

随着少子化、老龄化趋势不断加剧，自治体逐渐成为发展地方分权制的重要力量。自平成十一年（1999 年）以来，日本政府在全国范围内推行市町村合并政策，福岛县从原来的 90 个市町村合并为现在的 59 个村。但是，大玉村却选择了不合并，走自立发展的道路。

在是否合并这件事上，村长没有独断专行，而是尊重村民的意见，于平成十七年 3 月（2005 年）召开了村议会。经过表决，大玉村村民选择了"不与其他市町村合并"的自立之路。

虽然直到现在，人们对于平成大合并风潮的评价仍然褒贬不一，但是大玉村却从邻近的市町村村民那里得到了许多"大玉村不用合并真好啊"之类的评价。

大玉村位于安达太良山山脚的原野地区，不仅有丰富的自然资源和美丽的田园风景，还有在秀丽风光中逐渐形成的文化和风土人情。保护好从上一代继承来的珍贵遗产，再将其传给下一代是我们的重要责任。我们力争把大玉村建设成一个尊重人权、居民生活水平较高、居民身体健康、生活安逸舒适的乡村。

我们要明确地方自治的基本方针，即"未来由自己掌握，自己思考，自己决定，自己负责并实施"。发挥居民的创造性，灵活运用居民的社会经验，让居民积极参与到乡村建设的计划中，各司其职，各尽其责，共同策划，共同思考，一起建设大玉村。

大玉村以村民宪章中所描述的发展蓝图为目标，促进居民共建，并于平成十九年 3 月（2007 年）制定了《大玉村自治基本条例》，走上了名副其实的自立之路。全村上下坚信"人是活力之源"，将增加定居人口设立为本村建设的首要任务。

据平成七年（1995 年）之后的人口普查结果显示，大玉村的定居人口呈现连年增长的趋势，平成二十二年（2010 年）比上次调查增长了 1.3%，福岛县内所有市町村中仅有 7 个市町村呈增加态势，大玉村增幅名列第三。大玉村虽小，却坚持自我，不断展现自己的风采。

---

① 浅和定次，1938 年生于福岛县。1993 年 8 月至 2013 年 8 月任大玉村村长。

② 押山利一，1949 年生于福岛县。2013 年 8 月至今任大玉村村长。

二、东日本大地震、东京电力福岛第一核电站事故

平成二十三年3月11日（2011年3月11日）发生了史无前例的东日本大地震，由地震引发的东京电力福岛第一核电站的核泄漏事故，导致许多福岛县民至今仍然背井离乡，流离失所。

福岛县为了重建与复兴，采取了一系列措施。如去除住宅污染；对农产品进行放射性物质含量检测，完善农产品的检测体制，从而促进当地农产品的销售，让消费者放心的同时重建消费者对产品的信心；彻底管理县民健康；积极应对海啸引起的灾害等。

为了创造出能够让居民安心居住的生活条件，大玉村采取各种措施努力把年均辐射量降到1毫希沃特（0.23微希沃特/小时）以下。大玉村把清理幼儿园、中小学校的操场，通往各学校的必经之路等学校相关区域的除染作业放在首位。其他的居民住宅污染清理工程已全部布置完毕。对农田用地使用播撒放射性物质吸收抑制剂以及铲土去污、深翻客土等方法去除核辐射污染。

在村民的健康情况管理方面，为了进一步调查和应对核污染对居民健康的影响与危害，大玉村坚持对全体居民进行甲状腺检查以及体内放射性污染物总量的检查。

建立完善的农产品检查机制，尤其是对于大米实施全量全袋检查，在确保农产品安全放心的同时重建市场对本地农产品的信心。

2013年1月，在福岛县磐城市举行了"小城之光自治体论坛福岛紧急大会"。各方人士踊跃参加，并对福岛县受灾后的现状进行了视察和报告。会上通过了灾后重建复兴政策、深化解决福岛核泄漏引发的放射线物质污染问题的对策、反对推行道州制等问题的相关决议。同年4月，该会议的8个理事全体出席向自民党进行请愿。

由于核泄漏事故引发了水源污染治理等一系列问题，虽然现在我们还看不清未来，但是为了复兴与重建，我们村民会齐心协力团结一致朝着未来大步迈进。

三、把大玉村建设成为可持续发展地区的措施

（一）增加定居人口的政策

增加定居人口是大玉村进行可持续发展地区建设中最重要的一项举措。此举措配套措施包括整修公共基础设施；加强保健、福利、教育等领域的基础建设；吸引外资等。因为这些措施不可能在短时间内见效，所以即便遇到财政困难，我们也已经做好心理准备积极应对并坚持实行。大玉村在昭和三十年（1955年）合并时总人口为9 438人，到昭和五十年（1975年）人口降至7 647人，因此被福岛县列入"准人口过疏化地区"。此后，大玉村人口呈小幅增加，到平成二十二年（2010年）人口普查时人口恢复到了8 574人。

我们实施了一系列增加定居人口的措施。首先，民间力量与行政机关合作，于平成十六年（2004年）成立了"大玉促进定居对策信息网"。会员以本村从事房地产行业的人员为主，是一个收集和共享信息，促进官民一体相互联合的信息平台。平成十九年（2007

年）出台了更为具体的政策，即制定了《大玉村吸引定居基础设施整修纲要》，积极推进宅基地建设以及相关道路、上下水道的整修。从平成十六年（2004 年）到平成二十四年（2012 年），大玉村促进定居对策信息网的工作成果显著，共有 63 户签约了新兴住宅地；14 户迁入了重新划分的特别住宅区；47 户签约租赁公寓；6 户签约租赁闲置房屋。这反映了村里良好的交通布局和生育优惠政策得到了年轻一代的认可。目前，由于核泄漏事故的影响，大玉村的人口出现临时性的减少，但我们不会放弃，我们要推出更有"韧性"的定居政策，实现可持续发展，争取把大玉村建设成为一个可以让居民安心生活，以居住在这里为荣的乡村。

（二）生育优惠政策

少子化和老龄化对大玉村产生了巨大的影响，也带来了很多问题。在增加定居人口的村庄建设工作中，大玉村实施了一系列可以让居民安心生育的环境整顿措施。

本村开全国先河，将儿童免费医疗的年龄范围扩大至高中毕业。另外，还对第三个孩子之后出生的孩子进行奖励，推行免费幼儿教育，提供 15 次免费孕检。这些以村民为本的贴心举措也许正是人口增加的主要原因。从人口数量的动态变化可以发现，一方面虽然人口在自然减少，即死亡人数超过出生人数；但是另一方面人口在社会增加，即迁入人口超过迁出人口，所以过去三次的国势调查（人口普查）结果显示大玉村的人口在小幅增加。但是平成二十三年 3 月（2011 年）的东日本大地震和东京电力福岛第一核电站的核泄漏所引发的放射性物质污染事故，让部分居民特别是许多有小孩的家庭对此十分担心，纷纷离开大玉村去外地避难。核泄漏事故发生前的平成二十二年（2010 年）的出生人数为 83 人，然而平成二十三年（2011 年）减少到 65 人；同时原来人口的"社会增加"趋势从平成二十三年（2011 年）逐渐转变为"社会减少"，即迁出人口超过迁入人口。

村里最主要的生育优惠政策有如下：

（1）少子化的对策之一——发放鼓励生育的奖金。少子化趋势日趋严峻，为了能将人口数量长期维持在一个相对稳定的水平，合计特殊出生率（指一名女性一生生育孩子的平均数）需要达到 2.07 人。因此大玉村希望本村每对夫妇能生育 3 个以上的孩子。从平成十一年（1999 年）开始，本村为了提高出生率制定了《儿童茁壮成长奖金发放条例》，从第三个孩子起，每生一个孩子奖励该家庭 30 万日元的奖金。

从平成十五年（2003 年）起，为了进一步提高出生率，保障婴幼儿的健康成长，减轻养育孩子的家庭负担，制定了《少子化对策奖金发放条例》。

本条例规定每年可有 10 人获得"儿童茁壮成长奖金"，1 人获得"育儿奖金"。具体发放方法是："儿童茁壮成长奖金"是指在第二子之后每个孩子出生时发放的奖金；此外，育有 5 个孩子以上的家庭可获得"育儿奖金"，即最大孩子的年龄不超过 15 岁之前按每个孩子每年发放 1 万日元的补助。

（2）托儿所·幼儿园·儿童俱乐部的费用减负对策。到平成十九年（2007 年），随着保育需求的扩大，为了解决幼儿入托难的问题，将原来只能容纳 70 人的托儿所扩建了 300 多米^2，可容纳 115 人。同时为了避免带小孩的家庭定居本村后无法入托，平成二十二年（2010 年）再次将托儿所扩建至可容纳 140 人，基本解决了幼儿入托难的问题。

其中，未满周岁婴儿入园人数的上限定为 25 名，根据平成二十五年（2013 年）入园情况来看，已经有超过 140 人包括未满周岁的婴儿入园。

为了减轻育儿家庭的负担，平成十九年（2007 年）起规定第三个孩子以后不用交纳保育费。平成二十二年（2010 年）开始向育儿家庭提供经济补助，特别是对有多个孩子的家庭发放补助，同时将原规定变为第二个孩子以后不再交纳保育费，以期进一步提高出生率。

幼儿园基本实施两年保育制度。但是平成十五年（2003 年）制定了《幼儿园托管保育条例》，托管时间除正常时间外还开设了早上 7 点到晚上 6 点半以及周末或长期节假日的托管。村内有两个幼儿园，各能容纳 35 名幼儿，第三子以上的幼儿托管时不用交纳保育费。

现有两所小学的儿童加入了同一个儿童俱乐部，此俱乐部的最多可容纳人数为 90 人，目前已有 115 人注册了会员。

（3）医疗补助。为了减轻育儿家庭的负担，期待孩子们健康成长，平成十九年（2007年）开始实施儿童直到中学毕业的免费医疗制度，并从平成二十三年（2011 年）10 月起将免费范围扩大到高中毕业。在大玉村的带动下福岛县也从平成二十四年（2012 年）10月开始推行截止到高中毕业的免费医疗制度。这也是大玉村的制度对福岛县和国家制度改革的影响。我们会继续向国家有关部门建议在全国范围内推行截止到高中毕业的免费医疗制度。

（4）自选接种预防疫苗补助。为了进一步确保孩子们的健康成长，在定期接种法定预防疫苗的基础上，从平成二十二年（2010 年）起村里实施补助半价接种自选预防疫苗：包括细菌性脑膜炎疫苗和子宫颈癌预防疫苗。然后从平成二十三年（2011 年）4 月起免费接种以上两种疫苗，从平成二十五年（2013 年）4 月起将上述两种疫苗定为常规定期预防疫苗。同时于平成二十四年（2012 年）11 月开始实施轮状病毒胃肠炎、水痘、腮腺炎等疫苗的免费接种；因为 2012 年日本国内开始流行风疹，平成二十五年（2013 年）4 月村里开始实施免费接种风疹疫苗、麻疹-风疹混合（MR）疫苗。另外，平成二十六年（2014 年）开始实施流感病毒疫苗注射补助，每次只收 1 000 日元。

（5）孕妇检查和婴幼儿检查补助。平成十八年（2006 年）10 月开始为孕妇提供 15 次免费孕检的补助。为发育障碍症等育儿问题提供相关个别咨询，平成十年（1998 年）开始为 5 岁儿童提供体检时的个别咨询，平成十五年（2003 年）开始为 2 岁儿童提供体检时的个别咨询。

（6）对残障儿童的福利。从平成十八年（2006 年）4 月起对重度残障儿童在 6 岁生日和 12 岁生日时分别发 5 万日元，在 18 岁生日时发 10 万日元的补助。同时对残障人员的医疗费用提供补助。

以上是大玉村主要的生育优惠措施和制度的介绍。平成二十七年（2015 年）以后国家开始实施新的生育优惠制度，大玉村也于平成二十六年（2014 年）制定相应的《育儿援助计划》。今后我们会积极听取大家的意见，进一步研究完善大玉村的生育优惠政策。

（三）面向农业六次产业化的基础设施建设

平成十九年（2007 年）4 月，大玉村确立了综合振兴计划的基本构想及基本目标，即发挥本村特长，积极推进产品的高附加值，强化从生产、流通到消费的一条龙体制，力争实现让消费者放心的农林业。根据此计划，在国道四号线沿线开设了"安达太良乡村产品直营店"。

安达太良乡村产品直营店自平成十九年（2007 年）开设以来成为产业振兴的据点之一。直营店广泛宣传本村农产品，积极推进自产自销，解决了耕地荒废的问题，也为老年人提供了再就业以及交流的场所，为老年人重新找回生存意义提供了帮助，在振兴产业方面也发挥了巨大的作用。

直营店开张 5 年后，直营店会员扩建了店面，拿到了加工所的经营许可证，迎来了强化直营店产业振兴的绝好时机。

为确保农产品的稳定生产，需要培养新一代接班人并提高生产力；为了搞活包括这些农产品在内的地域资源，需要充实完善高附加值的加工销售体制；为了把大玉村建设成为"客人纷至沓来并可以相互交流"的地方，活用地域资源，积极满足消费者或游客的各种需求，把"安达太良乡村产品直营店"作为这一系列产业振兴的核心，本村拿到了直营店周边的土地，已开始进行扩充和整修。

正式启动面向农业六次产业化的基础设施建设计划。随着该项建设计划的推进，由各个团体推荐人选共同成立了"新安达太良乡村准备协议会"。协议会从赈灾复兴重建、农商工业的活性化、农商工联合、六次产业化的乡村建设等方面重新探讨研究农产品直营店的课题，并以六次产业化的核心为基础，研究直营店的生存模式。

（四）积极推进可再生能源的利用

东日本大地震和东京电力福岛第一核电站的事故震撼了全世界，事故带来了很多受害者，并引发了能源利用的问题。

在此情况下，大玉村在福岛县内率先发表"可再生能源之村"的宣言，并表示不依靠核能，积极利用安全放心的可再生能源。包括优先发展太阳能，小规模水力发电，生态能源等可再生能源。

太阳能发电方面：在可作为临时避难所的公共场所内设置了功率 10～30 千瓦的太阳能发电和蓄电设备；私人住宅如果使用太阳能发电设备可从村里获得最多 15 万日元的补助。

小规模水力发电方面：在调查村内 3 条河川发电的可行性后，于平成二十五年（2013 年）订购了一号机。

一号机的取水地点在明治时期就曾是发电厂，现阶段的规划是将导水管延长后将其建造为应急临时住宅。今后的计划是在此地建造灾害时的公营住宅，所以要为公营住宅配备发电设施。

一号机预计发电功率为 70～90 千瓦，其中部分电量将用于灾害时的公营住宅周围的路灯、会所、下水处理设施等，剩余的电量将用于出售。在发电厂周边设置排水用的水车，在发电的同时也可以作为体验磨面制粉的学习场所。今后希望建成一个能源主题公园，目前正在调研大约需要花费多少事业经费；是否有可利用的相应的补助制度。

生态能源方面：生态能源作为可再生能源之一，希望可以与其他可再生能源一起共同成为支柱能源，为防止全球变暖，打造低碳社会，减轻自然环境的负荷而发挥作用。但是生态能源与降低放射线以及去除森林污染等问题直接相关，所以目前福岛县正在进行这方面的调查研究。

四、专家点评

大玉位于日本的东北地区，东北地区是日本具有传统文化和历史的重要农林业地带，也因此成为被日本的工业化和城市化遗忘的地区。但是，在 20 世纪 50 年代后期，即日本经济高速增长时期，出现了年轻劳动力甚至全家迁往东京等大都市的现象，即著名的"举家离村"现象，农村出现严重的人口过疏化，且至今仍在继续。

在这样的大势之中，大玉村通过增加幼儿人口，来保持村里的总人口，使得 70 年代以后该村的总人口一直保持着增加趋势。在日本，这样的人口持续增加的农村是极为稀少的。所以在人口政策方面取得突出成绩的大玉村的行政工作，确实是非常值得称赞的。详细的内容大家可以通过正文中的"生育"政策来了解。

在维持人文社会的可持续发展方面，维持粮食生产所必需的农业、农村人口是必不可少的。然而，日本、韩国、中国的农村劳动力依次高龄化，所以农村的保护和将来的农业、粮食生产水准的维持都是令人担忧的。在东亚，日本率先实现了经济增长，然而其背后牺牲了农业、农村的失败教训，希望各国能够吸取。同时，大玉村周密的"生育"政策成果也是值得各国学习的。

另外还想说的一个例子是 2011 年 3 月发生的福岛第一核电站的事故，给大玉村的农业用土地和孩子们健康带来了影响。事故已经过去 3 年 8 个月了，但是至今仍有 12 万人过着避难生活，大玉村也是接收受灾者的地区之一。

大玉村的应季蔬菜大礼包

农商游产业联合下的城町共建

——在町政独立之路上的挑战

花房昭夫[①]

一、奈义町简介

奈义町位于冈山县东北部，处于冈山县和鸟取县交界处的日本中国地区的国家公园那岐山（1 255 米）的南麓，以一个海拔 200 米的高原为中心，总面积约 70 千米²。小町的气候四季分明，自然风光秀丽，以农业为主要产业。奈义町北面与鸟取县的智头町接壤，西临冈山县津山市，南接美作市胜央町（胜央町与奈义町一样没有合并）。这里交通便捷，开车去鸟取县约一小时，去冈山市约一个半小时，到大阪也不过就两小时。

在全国进行市町村合并时，奈义町也参加了与周边自治体合并的讨论大会，甚至还参加了合并准备协议会。但是就在讨论多个合并方案的过程中，平成十四年（2002 年）9 月奈义町制定了《关于奈义町合并民意投票条例》，在调查了町民的合并意向和召开了各个地区的合并说明会以后，平成十四年（2002 年）12 月 1 日举行了关于合并的民意投票。投票结果有七成以上的居民选择"不合并"，12 月 6 日召开临时议会，会上所有议员都赞成"不合并"，并通过了"不合并暨推动建设小也耀眼的城町"决议。12 月 9 日奈义町分别退出了"津山地区合并准备协议会"和"胜英二郡·栅原町市町村合并协议会"，开始走不合并的发展道路。本町制定了"小处着眼，点滴建城"的方针，在全体町民的大力支持下，力争把奈义町建成一个宜居城町。

奈义町自昭和三十年（1955 年）合并成立以来已有 60 年，近来由于少子、老龄化的原因，人口连年减少，现在人口约 6 200 人，其中老龄化率为 30％。平成二十二年（2012 年）起已被列入日本人口过疏地区。

奈义町行政的基本方针是建成一座"和谐互助的小城"，为此町政府推出了一系列丰富町民日常生活的活动。另外，奈义町拥有日本中四国地区唯一的一家可以进行实弹射击练习的原日本演习场。1965 年，该町曾作为日本陆上自卫队的驻扎地，自那之后，军民互惠互利一直是町政府的基本理念。

为了控制人口的减少，奈义町单独制定了一系列吸引年轻人在此定居生育的优惠政策。平成二十四年（2012 年），为了让町里的孩子都成为有理想、有抱负的好孩子，町政府发表了《生育优惠宣言》，力争为孩子们提供健康的成长环境。此宣言内容包括：从第三个孩子起，每生一个孩子町里都会发祝贺孩子出生的礼金；开设"奈义儿童之家"供大

---

① 花房昭夫，1944 年生于冈山县。2007 年 2 月至今任奈义町町长。

人和小孩举办交流活动；提供孩子从出生一直到高中毕业期间的免费医疗待遇；为每个有高中生的家庭提供每年 6 万日元的教育助学金；在冈山县内的市町村中率先实行初高中生免费接种子宫颈癌疫苗等多种疫苗的制度；为有孩子的年轻夫妇建造"年轻家庭公寓"等政策。町里通过这些自行实施的利民项目，逐步实现把奈义町建成一个"适宜年轻人居住""可以放心生育孩子"的城町。

同时，随着老龄化社会问题日益严重，为了让老年人也能够在住惯的地方放心健康地度过晚年，奈义町也实施了一系列措施。平成十五年（2003 年）翻修了以保健预防为目的的"温水健步泳池"，这里成为老年人健身和交流的场所。同时，为了防止老人闭门不出并让老人体会安详的晚年，还在全区开设了多个"地域沙龙"。

平成十四年（2002 年），在退休老人们的号召下，擅长各种技术的町民齐心合力自己动手整修了町里的 3 条 24 洞的庭院高尔夫球场。那之后，这里不仅成为町民的健身中心，而且成了町民交友的好场所。今后町里会和居民合作，一方面鼓励居民自己可以动手修建，另一方面町政府也会与町民合作共建。

另外，近年来町里的人口不断减少，町里的生气也不断减弱。为了恢复町里的活力，町里在充分考虑财政预算的基础上，多次修改了町政府在选择不合并独自发展之后制定的行财计划，即《奈义町再出发计划》。这项计划既考虑了老人也关注了孩子，在维持软硬件项目发展平衡的基础上，积极增进地域活力。

现在，奈义町作为有生育优惠政策的地区，正在力求实现"幼儿和儿童的教育环境"的改善。町里也努力提供价格更低廉的住宅，以吸引更多年轻一代来定居，增加劳动人口。为了确保合理的人口结构，需要为劳动人口提供就业场所。迄今为止，町里通过实施六次产业化和吸引企业入驻工业园区来保障劳动人口的就业。

奈义町

二、奈义町的旅游观光政策

为了增强奈义町的活力，在扩大内需的同时也需要吸引外部流动人口。

为了发展旅游业，奈义町重新审视了町里的旅游资源，明确要将奈义町建设成为一个亘古通今、文化艺术互相融合的地区。

奈义町的海蜷螺博物馆是一个化石博物馆。奈义町曾出土了大约 1 600 万年前的海蜷螺（Vicarya）、双壳贝和古代植物的化石等，是日本国内最大的海蜷螺化石出土地区。奈义町有效利用这一资源建成了化石博物馆，馆里展示了包括海蜷螺在内的动植物化石 30 余种，300 多件。同时，在此博物馆还可以亲身体验考古发掘，可以与太古时期来一次浪漫的邂逅，该活动非常受欢迎。

江户时代流传至今的"横仙歌舞伎"是传统文化艺术之一，展现了农村歌舞伎的风韵，是冈山县的重要非物质文化遗产。为了保存及传承这一文化，每年春夏秋冬四季都会各公演一次，同时也以歌舞伎教室的形式出现在小学生的课堂里。

奈义町现代美术馆是由建筑家矶崎新设计，由代表现代艺术的三组画家共同创作完成的一个建筑与艺术的完美结合。奈义町现代美术馆是以太阳、月亮、大地为主题，从空间的形状，到用光、视点和感觉，经过的时间等全部要素融合为一体的一座体验感受型美术馆，广受国内外游客的好评。与其他美术馆不同的是，奈义町现代美术馆只设常设展，即不更换展品。美术馆自身亦是一个艺术作品，在太阳、月亮、大地与自然之中，让人的五官都能感受到"平静以及大自然的不可思议"。现在越来越多的年轻人来奈义町旅游观光。

奈义町的文化是由大自然与人之间的奇妙故事孕育而成。被评为国家公园的那岐山山清水秀，环境优美，是町民的重要财产。冬季空气清新，可远眺大山与濑户内海诸岛，最适宜山间巡游。近年兴起登山热，来此登山的人也络绎不绝，每年游客量已达到 7 万人次。平成二十五至二十六年（2013—2014 年），本町修整了原有的登山道并新建了老少皆宜的游步道。

坐落在那岐山半山腰的菩提寺是净土宗鼻祖法然上人幼年时代修行过的寺庙，因此被冠以"初学之地"而名扬四方。菩提寺内有一棵大银杏树，高约 45 米，目测周长约 12 米，树龄超过 900 年，是冈山县内最大的一棵树，属于国家级天然纪念物。据说这棵树是由法然上人亲手种植的，寄托着学业成就等美好愿望。现在，它已成为体验神秘庄严气氛的一个景点。

树龄 900 年的大银杏

在那岐山游步道入口处，有一个约三四公顷的"山野草公园"。在这个公园里栽有白头翁、丁字草、鹅毛玉凤花等 20 多种、2 万多棵各式野生花草，各种花草四季依次开放，令观者心情舒畅平和。这些花草中间不乏濒临灭绝的珍贵品种。奈义町继承祖辈保护自然植物的传统，对那岐山麓一带的野生植物也开展了保护、保存种子的活动。

为了让人们更好地欣赏美景，奈义町架设了一座红色扶手的天空桥。从天空桥上往下看，可以看到整个山野草公园的景色，还能看见大地的绿色与天空在远方逐渐融合的美景。在公园内不仅可以欣赏到秀丽景色，还有可供玩耍的溪流和儿童游乐设施广场。无论是孩子还是大人都可以在此游玩放松。

平成十三年（2001 年），在那岐山山脚下的原野一带修建了"那岐山山麓驿站"，驿站既发挥了发展地区旅游业、搞活当地产业的作用，同时在开发奈义町自然资源的基础上，驿站成为一个农村和城市交流的场所，巩固了地域经济发展的基础。此外，驿站还设有木屋别墅，别墅附带有会议室，在这里既可以体验农耕，也可以体验农产品加工；可以休闲住宿，也可以开会学习。驿站不仅仅是那岐山周边户外休闲娱乐的一个中心，站内还设有可以品尝奈义町当地美食的餐馆以及经营当地特产的店铺等，在这里可以从各个角度欣赏、玩味奈义的自然。驿站二楼有一个大瞭望台，从海拔 400 米的瞭望台望去，房屋林列，山峦连绵，清晨的云海更是绝佳美景。

美丽的"山野草公园"也坐落在这附近，这一带真是让人放松心情的绝好空间。

从"那岐山山麓驿站"鸟瞰的景色

三、商业环境

驱车 15～20 分钟就有两个纵贯中国地区的高速公路出入口，这周边已被开发。由于大型超市的进驻以及物流的改革，大幅改变了町内的商业环境，原有的小店铺经营越来越困难，现在主要以经营制作特色物品的个性商铺为主。

四、以年轻一代的理想农业为目标

本町的骨干产业是农业。农业的核心本应为水稻，但是，产值占到町农业产值八成的是畜牧业，这在冈山县也是数一数二的。由于每逢秋收季节，地处台风通道的奈义町一带经常遭到台风侵袭，产生强烈的局地风即"广户风"，它对农作物的危害极大。因此，战后町里开始积极发展包括奶酪、养牛、养猪、养鸡在内的各种畜牧业。平成二十四年（2012 年），在长崎县召开的"全国和牛养殖能力共同促进会"上，奈义牛在食用牛排名中紧随宫崎县之后名列全国第二。现在，以大米、蔬菜、黑大豆等为主要作物的耕种农户与发展奶酪、养牛、养猪、养鸡的畜产农户联合，积极推进用家畜粪便作为有机肥的"绿色环保农业"。为了打造本地特色，用有机肥和菜花制成的绿肥培育"油菜花米"。今后，还将在使用有机肥的同时推进当地农产品的加工贩卖。为了培养町民的积极性，同时作为六次产业化的尝试，发挥町里女性的作用，在农产品自产自销经销店设立了小型加工部门。奈义町既有美食，如美味又安全放心的大米、蔬菜、畜产品等，还有美景。除了上面说的美景以外，盛开的油菜花、荞麦花也都成为吸引游客来访的重要内容。

另外，奈义町重点发展绿色环保农业。环保农场精心种植的"环保米"通过自产自销促进活动被广泛推广开来，"环保米"做成的米饭和米粉面包也被用于中小学校的校内餐，其糯软香甜的口感深受好评。

在宣传奈义町的特产时，大量使用了町里的吉祥物——芋头，而该吉祥物也是奈义町的特产之一。奈义町广泛分布着火山灰土与腐败植物构成的黑土地，这种质地柔软营养丰富的土壤培育出的芋头口感黏软，味道绝对一流。町里宣传用的吉祥物"圆芋君"深受大家喜爱。

今后，町里还将继续发展年轻一代向往的理想农业。

五、积极推进奈义町的农业、商业、旅游业联合

奈义町积极推进"农业、商业、旅游业联合"模式下的城町建设。农业方面，从地区农特产品的生产发展到进行六次产业化后的生产、加工、经营一体化。此外，联合商业和旅游业，发挥自然景观和历史人文景观优势，实施"入住体验型"旅游观光政策。通过吸引更多的人来奈义町从而发展奈义町的基础产业——农业。

在平成二十二年（2010 年）开展的创造地域特色咨询项目中，以搞活当地经济为目标，聘请专家解决当地问题，希望可以借此提升地域的特色魅力和商业价值。当时请到了研究全国农村渔村振兴食品环境的撰稿人金丸弘美和研究农特产品开发的专家兼美食家马场香织。在两位老师的指导下，针对他们提出的课题："如何吸引人们来，当人们来了之后又如何向他们传达奈义町独有的魅力，并发展人们来定居，从而达到增加地区活力的目的"，进行了研究和学习。之后采取了一系列具体措施：最大限度地利用本地产的农畜产品，进行加工和农特产品的开发；从都市居民和有回归大自然需求的消费者视角出发，策划并推广实施"农家乐民宿"旅游观光项目。为此成立了接待部门，制定了各种体验学习活动的菜单。为了能让来客品尝到本地的特有风味食材，调整了"那岐山山麓驿站"餐馆

的菜单；为了提高农民收入，加强了农产品自产自销店铺的经营战略与生产体制。同时，为了扩大销路，还积极组织了客人对当地农畜产品的意见反馈调查。

在制订措施的时候，原本还计划"开发以黑豆和芋头为原料的农特产品"。但是金丸弘美来町里考察并与农民讨论后指出："奈义町的芋头和黑豆产量太少，无法满足大城市的市场需求。相反，奈义町拥有的独特自然环境、现代美术馆、化石博物馆、从江户时代流传至今的横仙歌舞伎却没有好好利用。"

那之后，奈义町加强了各个设施之间的联合，特别是新增了"入住体验型"观光农家乐民宿旅游项目等。通过吸引游客大力发展基础产业——农业，并注重运用"农业、商业、旅游业联合"的城町建设方法。在这个过程中进一步体会到了要想在"山地偏远地"去谋求生存和发展就必须比智慧、动脑筋。

为了更好地推进以上各项措施和项目，奈义町把农业、商业、旅游业相关部门的人士组织起来，成立了特色产品开发研究委员会。同时，还在町政府内部以年轻职员为主成立了跨部门合作的特色产品开发项目小组。这些组织的成果主要有：使用之前都被扔掉的母芋头为原料加工成特色食品；制定了务农体验和自然体验活动的菜单；为了增加农民收益，还进行了农产品直营店改革；将新开发的菜品制成菜谱集发给当地的民户。

打造本地的魅力需要充分了解地域特色，重新认识研究当地的基本情况，将尚未充分利用的资源有效利用，做好项目之间的有效联合，争取实现各个项目齐头并进。今后我们也将常怀改革意识，积极发展农业、商业、旅游业的联合。

六、奈义町的未来

今天，一方面是少子化、老龄化问题越来越严重，另一方面是地方分权制日趋成为主流。在这样的大环境中，奈义町选择了一条单飞的发展道路，一条和大家一起充分发挥本町特色，共同描绘发展蓝图的道路。

为此，奈义町要进行行政、财政改革，在保证行政、财政运营高度独立自主的同时，积极继承先辈留存的文化遗产，争取把奈义町建设成为一个让孩子们感到自豪的家乡。为了达到此目标，奈义町需要全体居民共同努力，坚定实施农商游产业联合下的城町建设。

选择独立町制以来已经10年了。10年来，町民们团结意识高涨，自己动手丰衣足食。奈义町今后也会和大家一起齐心合力为把本町建设成为一个宜居城町而努力。

七、专家点评

奈义町（Nagi-cho）是一个人口在持续减少的町镇。町里的人口从1990—2000年减少了11.7％，2000—2010年又减少了9.8％。这样的人口减少现象，在日本所有的农山村具有普遍性。日本农山村的人口减少是由于1960年以后经济高速增长期工业化和城市化高速发展，使得农山村的青年劳动力都流向了城市，其结果就是导致町村的少子化、老龄化问题深化，现在几乎陷入了"农村消亡"的危机状态。半个世纪以来，日本取得的经济发展被高度评价为"世界成功的典范""世界的楷模"。但是今天，需要我们审视日本农山村的现状，用更长远、更冷静地视角来学习日本农山村所谓的成功和失败的教训。

今天，奈义町也在致力于遏制人口的减少。奈义町的核心产业是农业和畜产业，为此，町里成立了农牧产品的加工、流通销售部门，开发了利用当地自然历史资源的体验逗留型旅游业，并通过该产业增强了町里与城市的交流，巩固了町里的经济基础。同时作为应对人口减少对策，町里推出了为年轻夫妇提供定居住宅、生育优惠政策等。衷心期望奈义町通过自己的努力实现地域重建和发展。但是奈义町的农业生产总值的 80% 来源于畜产业，奈义町重建和发展的成败无疑将受到日本参加跨太平洋伙伴关系协定（TPP）的国策的影响。

韩国镇安郡的乡村建设

——基于内生式发展论的视角

具滋仁①　元铉注②

一、绪论

镇安郡是韩国典型的内陆地区，与其他在 20 世纪经济快速发展起来的地区相比，这里经济发展较为缓慢。但是镇安郡变被动为主动，在 2001 年提出了"重现农村社会风采"的建设口号，以 20～30 户为一个基础单位，开展由当地居民主导的自下而上的农村社会重建事业。

镇安郡的乡村建设以内生式发展论为理论依据（注：内生式发展论指：①地区内的居民要以本地的技术、产业、文化为基础，以地区内的市场为主要对象，开展学习、计划、经营活动。②在环保的框架内考虑地区开发问题，追求包括生活舒适、福利、文化以及居民人权的综合发展目标。③产业开发并不限于某一种相关产业，而是要跨越复杂的产业领域，力图建立一种在各个阶段都能使附加价值回归本地的地区产业体系。④建立居民参与制度，地方政府要体现居民的意志，并拥有为了实现地区开发计划而管制资本与土地利用的自治权），积极吸引外来定居者，采取各种各样的措施开展乡村建设。在各方的共同努力下，镇安郡成为走在韩国乡村建设运动最前面的地区。本文将以内生式发展论的视角对镇安郡的乡村建设事业进行简略的介绍和探讨。

二、韩国镇安郡的基本情况

镇安郡总面积 789 千米^2，呈高原山地地形，是一个由 11 个地区合并而成的自治体。由于地处全罗北道东部山地区域，交通不便，直到 2007 年高速公路开通后情况才有所改善。虽然没有在 20 世纪韩国的经济快速发展阶段发展起来，但是这种相对的"落后"却保留了镇安郡清净优美的环境。

镇安郡的骨干产业为农林业，森林原野占

---

①　具滋仁，镇安郡乡村建设支援中心附属研究所所长，鸟取大学农学博士。

②　元铉注，北海道大学农学院博士。

80.1％，农耕地仅占 13.3％。当地特产主要有高丽人参以及加工的红参、其他草药、羊乳（学名：*Codonopsis lanceolata*，别名：山海螺）、香菇、松茸、辣椒、巴克夏黑猪、无籽柿等。

镇安郡的人口在 1966 年达到峰值，为 102 515 人，此后一直呈减少状态。2000 年完工的龙潭大坝造成了 68 个村落被淹没，1.3 万人移居外地。2010 年总人口数为 20 446 人，减少至原来的 1/5 左右，与此同时，老龄化率达到了 36.2％。

三、镇安郡乡村建设的背景与战略方针

（一）镇安郡乡村建设的背景

韩国农村经历了日本殖民地、朝韩分裂、独裁统治之后，农村人口急速减少，许多青年投奔大城市，大部分农民带头人都被关进了监狱，以至于没有人领导当地居民开展活动。而且，直到 1992 年镇安郡才确立地方自治制度，相对较晚，因此各个地区之间的矛盾日益加深，村落的集体活动也进行得不顺利。

除此之外还有三个问题，使得镇安郡在 2000 年前后危机重重。首先，20 世纪 90 年代韩国政府推行的农村补助项目导致镇安郡过分依赖政府政策，农民自主性逐渐减弱，地方自治体也逐渐衰弱；其次，90 年代中期开始实施的龙潭大坝项目造成了 68 个村落被淹没，导致 1.3 万人离开镇安郡移居外地，还有大约一半的优良农田被淹没；最后，由于 UR 和 WTO 的影响，农产品开放的压力过大，从而引起了地区之间激烈的竞争（注：Uruguay Round 农业协议关联对策是指韩国政府为缓和世贸关税总协定、乌拉圭回合谈判对本国农业影响的农业协议关联对策，以下简称 UR）。

在这种危机重重的局面下，镇安郡认真研究适合本郡的发展方式，走上了内生式发展的道路。本郡领导做出决定，实施招聘合同制专家公务员、用自下而上的方式引进可以激发村落活力的项目、设置管理委员会等举措进行发展。

（二）镇安郡乡村建设的三大战略

镇安郡从 2001 年开始实施以"争创第一"为目标的乡村建设。内生式发展论是一种自下而上的、居民起主导作用的农村地区开发方法论。镇安郡领先全国，率先采用了内生式发展论进行乡村建设。其最初的举措为 2000 年 8 月录用了 1 名经济学博士作为聘任专家公务员，并成立了负责郡政评审的管理委员会。2004 年 12 月，本文的作者之一农学博士具滋仁（Gu Jain）作为第二任聘任专家公务员，积极参加到镇安郡的各项建设中去。

在实施内生式发展方针初期，也产生了很多的问题。于是镇安郡在 2007 年对此方针进行完善，增补了三大战略理论。

第一，补充内生式发展论。镇安郡在以内生式发展论为总方针的同时，从韩国农村社会的历史与现状出发，制订了补充计划。补充计划包括：在初期阶段贯彻居民教育，组建居民小组；充分利用政府援助项目，同时积极吸引外来人口定居。

第二，基层居民自治意识很强。一般意义上为了重振地方经济和实现地区发展，通常就是依靠提高地方经济的自给自足能力和强化当地居民的经济合作社职能。但是这需要行政或市场发挥强大的调节作用，这在农村是几乎不可能实现的，因此我们依靠发展以居民自治为基础的还原农村的乡村建设，也符合近年来社会经济学经常被提及的观点。

第三，居民和政府、专家协作的管理论。居民和政府、专家之间的协同合作经验不足是目前韩国农村社会的现状。这三方作为地区改革的骨干力量，必须克服对立和相互怀疑的陋习，在不断相互学习过程中使地区获得重生。政府推行的各种事业和政策应该以人才培养和建立合作配套体制为重，同时促进专家小组的建成。

四、镇安郡乡村建设的活动事例

镇安郡乡村建设活动频繁出现在各种国家报告中，因此被广泛传播。其相关活动范围甚广，以下取一部分事例做简要说明。

（一）激发村落活力事业

在各种乡村建设活动中，最基本的单位是村落。2001 年镇安郡引进的"争创第一"的乡村建设项目，是一个领先全国的居民主导型激发村落活力的项目。其核心内容有：重视居民带头人的学习活动、自我研究和发现本村落的问题、培养自力更生解决问题的团队精神。2006 年 9 月成立了村落联合组织，会员连年增加，截至 2014 年已有 28 个村落参加。

为此，郡政府也制定了相关扶助制度。2007 年 2 月镇安郡增设了乡村建设专门工作组，将村落项目按照规模的大小分为 5 级，完善了项目推进机制。打破政府部门逐级申报的壁垒，联合 7 个主管部门建立了合作体制。为了推动村落居民更有效地开展居民主导的乡村建设活动，郡政府积极开展了促进村落居民学习的活动。这种建设方式 2014 年被国家农业水产部列入国家政策之中。

（二）吸引外来定居者

农村地区人才匮乏，为了激发村落活力，需要努力吸引外来定居者。经过 1 年的准备，2006 年镇安郡设立了以外来定居者为中心的村落负责人制度，走在了全国前面。一方面，为了强化村落民间活动的基础，为了可持续发展，需要有组织能力的人才；另一方面，都市环境不断恶化，"逃离"都市移居农村的人口逐渐增多。镇安郡为了建立这种"供需"之间的联系，推出了村落负责人制度。截止到 2014 年已有 15 人参与。

自 2007 年，镇安郡积极申报国家项目，启动了外来人员定居补助计划。虽然是国家的补助项目，但是该项目采用自下而上的方式，可以自主设立项目的具体内容。镇安郡精心设立了许多领先全国的项目，以"外来人员首选定居地"而得以闻名。每月关于咨询定居事宜的事务有 500 件以上，每年有超过 100 户人家来此定居。从 1999 年到 2013 年一共有 950 户家庭共 2 041 人移居至此，占总人口的 10%，他们已经融入当地并在各个领域发挥着重要作用。

（三）村落调查团的运营与生态博物馆

生态博物馆（Ecomuseum）是一种以村寨社区为单位，没有围墙的"活体博物馆"。它强调保护和保存文化遗产的真实性、完整性和原生性。生态博物馆的概念最早于1971年由法国人弗朗索瓦·于贝尔和乔治·亨利·里维埃提出。其"生态"的含义既包括自然生态，也包括人文生态。

韩国农村缺乏历史记录，近现代史的相关记录也几乎没有留存。"每当一位老人逝去，就意味着一座博物馆的消失"。村落调查团从2006年5月开始对300个村落进行调查，调查内容包括过去的历史、自然文化遗产、特产、名人等，此调查一直进行到2011年才全部结束。然后将调查结果与"村落生活博物馆"（生态博物馆）的建设相结合，让更多的人意识到农村遍地皆宝贝。同时，开展各式各样的文化活动，将各个村落的活动联合起来，也强化了地区中心机能。此类活动包括：改善商业街的招牌、公共区域的美化、建造小型图书馆、制作手工地图、复原古时的农道和山道等。

（四）民间组织的成立与活动联系网的形成

随着以村落为单位开展的各类项目所涵盖的领域逐渐扩大，镇安郡成立了10个以上的民间组织，以协助相关项目的顺利开展。这些组织以激活村落活力的合作组织——乡村建设地区协议会为中心，项目内容涵盖了村落负责人、外来人员定居、乡村建设、日韩交流等领域。民间组织越多，居民自发的村落活动就越有可能持续进行下去。

近几年镇安郡加大力度建立活动联系网。例如：村落内第一产业与第二、三产业联合，争取实现六次产业化，教育、文化以及社会福利方面也有所涉及。2008年起每年8月初举办的乡村文化节，以及下面介绍的自产自销事业团、乡村支援中心等都是为了建立活动联系网而做的积极努力。

五、镇安郡"新的十年"计划中乡村建设的两大核心事业

镇安郡2001启动为期10年的乡村建设，并把建设目标定为："建成一个村民不放弃，真正可持续发展的村镇。"虽然全郡的303个村落没有全部参与，但是其中2/3以上的村落积极参与其中并积累了大量经验，支持村落活动的民间组织也逐步形成，行政体制也在逐步完善。这种体制保证了即使领导班子和专家发生人员变动，乡村建设的基本战略和政策也会继续坚持下去。因此，外界对镇安郡的乡村建设评价很高，认为"这在韩国自治体中实属罕见"。

在这些成果的基础上，2010年新启动的十年规划预计完成两大核心事业：

第一，设立自产自销事业团。自产自销事业团可以维持高龄农户的小规模农产品的生产和销售。2011年7月由100个当地农民出资成立了农业法人股份公司，该公司为校餐提供食材，农业市场和食堂也由此迎来了第六次产业化。因为该企业为农民着想，也被称为"新农协"。截至2014年12月，该企业已有正式职员7人，股东150人，注册资金6.5亿韩币（约合人民币375万元）。事业团计划在2015年3月开设当地土特产食堂、农产品

特色直营店以及相关农业体验设施。

第二，乡村建设支援中心的成立及基地建设。乡村建设支援中心历时 2 年，于 2012 年 8 月作为社团法人正式成立。同年 12 月，将原农业技术中心翻修后重新开业。到 2014 年 12 月为止，共有 15 个民间团体在此处开展活动，有 7 名全职工作人员维持日常工作。这些民间团体采用独立核算制（注：独立核算是指具有完整的会计凭证、会计账簿和会计报表体系，全面地记录所发生的经济业务，并定期编制财务报表的单位所进行的会计核算。实行独立核算的单位称为独立核算单位，它拥有一定数额的资金，有独立经济的自主权，独立开设银行账户，办理各项收支结算业务；设置独立的会计机构进行全面的会计核算；单独编制预算和计算盈亏），自负盈亏，不依靠政府，作为援助组织帮助村落和民间组织开展活动。

以上两大组织协同合作，是落实新十年规划的中坚力量，今后两大组织还将承担起当地的合作协会、针对社会公益事业成立的创业培养中心、地域学会事务局、生物博物馆咨询中心、日韩交流中心等组织的日常工作。

六、镇安郡乡村建设的成果与课题

强化农村地区的内生式力量必须要从内部出发。但是，现在的韩国农村面临着人力、物力、社会资源相对匮乏的局面。资源匮乏导致力量薄弱，最终造成农村日益衰退的结果。基本的内生式发展虽然要以当地居民为主体，但是只靠地区内部力量进行发展是对内生式发展的一个误解。地区的薄弱部分需要在与外界沟通交流的基础上进行补充和完善。同时，虽然地区内部联系网的形成是非常重要的，但不应该局限于内部，也可让外来人才积极发挥作用。

镇安郡的乡村建设中，合同制公务员、村落负责人、村落调查团等充分利用外来定居人员的活动开展得有声有色。这些外来人才拥有本地居民所不具备的技术和知识，通过他们的活动，居民的力量也得以增强。居民和外来人才之间的相互信任也为事业的拓展做出了贡献。不仅如此，外来定居人员的增加，带动了当地定居率的增长，联系网也可进一步扩大，形成了良性循环。

虽然取得了以上的成果，但是农业和农村的外部环境仍然十分严峻，人口急速减少和老龄化加速等社会问题也给镇安郡带来了很多亟须解决的课题。乡村建设范围之外的行政结构仍然以垂直领导结构为主。无论是政府还是居民，都有一部分人推崇经济主义（经济主义是以追求眼前经济利益为特征的机会主义思潮。产生于 19 世纪末。认为无产阶级的主要任务是进行经济斗争，反对进行推翻资产阶级制度的斗争，否认建立统一的马克思主义政党的必要性）理念，有一部分人甚至放弃了追求本真自然的生活。特别是在农村老龄化水平日益严重的今天，乡村建设重要环节之一的地区福利事业在行政的垂直领导结构影响下，发展状况不容乐观。

对于历史概念薄弱、资源匮乏的韩国农村来说，镇安郡的乡村建设活动意义深远。镇安郡是内生式发展论与韩国当代农村相结合的试点地区，今后镇安郡将如何发展，如何应对新课题，让我们拭目以待。在现有成果基础上，如果能彻底贯彻内生式发展论，相信镇安郡可以打造出一个可持续发展的未来。

日本中央政府与地方政府在
农业发展政策方面的比较

关耕平[①]

一、绪论

本文主要介绍为了维持和发展地方农业，岛根县开展的各项活动、推行的相关政策以及政府直营企业直接参与农业建设的实际情况。地方政府因地制宜制定并执行的各项农业政策对于地方农业的发展起着至关重要的作用。这些地方政策与中央政府实施的股份公司参与农业建设的政策有着显著区别。

日本近年来由于务农人口不足以及人口老龄化问题的加重，放弃耕地的地方日益增多。为了解决这一问题，企业介入以及相关农业扶持政策不断出台。例如：农林水产省从各个方面积极支持有志参与农业经营的各个企业，因此介入农业的企业法人总数从 2005 年度的 156 个增长到 2010 年度的 500 个，达到了 5 年内增长 3 倍的目标。2009 年 12 月到 2012 年 12 月又有671 家股份公司参与到农业经营中来。另外，中央政府的农业政策对拥有一定规模的认证农户提供专项支持，同时开展了农地整合，并对拥有一定规模的农户实施特别优惠待遇。

但是，一味提倡高效和扩大规模真的会让地方农业继续发展吗？日本农业以家族经营或者小规模农户的形式居多，如果今后没有了小规模农户的支持，地方农村将会日益衰退。本文将介绍岛根县政府着眼于小规模农户而制定的一系列政策。

岛根县为了保护小规模的零散农户，让上了年纪的老人拥有有意义的生活，重视零散农业，实施了一系列的政策，本文以两例进行说明。岛根县实施的政策有两大侧重点：一个是联结地区内零散农户，提高农业生产效率，让农民幸福愉快地务农（斐川町农业公社事例）；另一个是以高龄农户为中心，结合当地企业参与务农并向高龄农户提供帮助，让高龄农户的生存价值得以体现（吉田故乡村事例）。这两个事例的共同点是：采用了多种政策干预手段全面支持地区农业从业者；对短期很难见成效的农业项目进行直接投入；政策扶持对象不仅包括大规模农户还包括小规模农户。

二、中央政府的农业援助政策

20 世纪 80 年代后期，农产品进口自由化加剧了日本农业的衰退，中央政府认识到对于条件不利的山区需要分区域实施细致的援助政策。但是这一思想并没有成为当时的基本

---

① 关耕平，岛根大学法律文学学部副教授。

发展方针，相反，90 年代后期，中央政府把发展重点放在农业经营大户上，发展强势农业，构造了有利于有潜力的农业经营大户发展的经营体制。

2001 年出版的《农业白皮书》中出现了"有一定实力和发展意愿的农户经营的农业"，"应该积极培养的农业经营体制"等词语，由此确立了将中小零散农户被排除在外、着重发展具有一定规模农户的发展方针。这一方针一味追求农业产业的高产高效，并以此为前提对农户进行"选择和集中"之后再进行扶持。这种做法并不看重对务农人员的培养，而是追求扩大农业经营规模，而且不符合条件的农户都会被排除在外。与中央政府的政策相比，地方政府提供的务农援助政策要更加实际，也更加重视小规模农户。

三、斐川町的农业政策

（一）斐川町公社简介

岛根县斐川町位于松江市和出云市的中间，当地农业以地势平坦的水田地带为主。1963 年由县政府、乡政府以及农协联合设立了斐川町农林事务局。随后还成立了由当地农户运营的农业委员会，以及斐川町出资成立的斐川町农业公社（以下简称公社）。现在，由斐川町农林振兴课、农业委员会、农协、斐川町农业公社、县农林振兴中心等部门合并组成了新的斐川町农林事务局。建成了由町和县的附属机关与农户一体的农业政策体制。

1994 年斐川町和斐川町农协各出资 2 500 万日元（共 5 000 万日元）成立了斐川町公社。公社在 2010 年度分别从农协和斐川町公所领取了 450 万日元和 200 万日元的补助金。公社雇用正式职员 1 名，还利用县里的补助金雇用职员 1 名，农协的派遣职员 1 名，町政府的农林振兴课的负责公社相关工作的职员 1 名，共 4 名职员，主要负责公社日常工作和农业用地整合等。农业用地整合是为了提高效率，将一户农家所拥有的不相连耕地与周围农户的耕地进行调整和整合的一项举措，公社作为中间人进行联络和调整。此举效果显著，因此斐川町内基本没有耕地被荒废。

在斐川町农耕地租借时必须经由公社，从而实现农耕地的再分配，因此从公社借出的农耕地也会更高产高效。公社每年经手的农耕地租借事务大约有 70 件，总面积达到 0.3～0.4千米²。公社职员在办理这些案件时，会从土地整备状况到水利设施以及土地产性能等方面进行全方位考量，力图公平公正地进行农耕地整合与再分配。

公社还提供温室整租业务。公社从拥有耕地的农户租来农耕地，建设成可以种植葡萄的高规格温室聚集区，然后以一年一个温室 8 万日元的价格对外出租。目前对试图扩大经营规模的老农户和新晋务农的农户合计出租了 10 个温室。一般农户很难从一开始就建造高投入高成本的温室，经由公社的参与，可以有效降低前期投入成本，这对于新晋务农的农户来说是非常大的帮助。

无法进行农地整合及再分配的耕地由公社的下属公司绿色服务斐川（以下简称 GS）接手管理。GS 是由斐川町和农协各出资 490 万日元，公社职员出资 20 万日元，共计出资 1 000 万日元建成的，是 2003 年从公社中担当耕种职能的部门分离出去的公司。GS 主要职能为接手无人问津的条件不好的农地并进行管理和耕种。GS 接手的土地恶劣，种植条件差，因此无法避免亏损。但是通过承包农协的苗木培育和土地整备等项目获得的利益，可以用来填补其他方面的亏损，从而避免了 GS 出现赤字。

（二）事业成果

各地接连成立土地利用调整型市町村公社，全国 34 个道府县共成立了 140 个公社。斐川町农业公社的土地租借件数为 1 148 件（总面积为 4.981 千米²），土地由农户借给公社后再转借给其他农户，由此土地得到有效的整合与利用。斐川町农耕用地总面积为 24.71 千米²，其中有大约 1/5 的土地经由公社进行重新分配后再利用。

公社能取得如此成绩的原因是公社政策决定采用一元化制度，也是当地村落农业委员、农协相关人员、公社三位一体积极推动农地整合的结果。

（三）政策效果

公社实施的一系列土地利用调整政策带来了一定成绩。

第一，土地经过整合和再分配已经具备了大规模务农的条件，从而使斐川町内的认证农户（中央政府政策援助对象的农户）与村落联合务农组织数量连年增加。现在町内共有 36 个村落联合务农组织、80 名认证农户。认证农户和村落联合务农组织实现农业集约经营，是地方公社职员稳步发展当地农业，并与中央政府实行的通过"选择与集中"扶持并发展农业经营大户政策相互配合的成果。第二，大规模整合农耕地，高效发展大农经营体系，与此同时重视并协助小农，让农户愉快务农，体现自己的生存价值。

2010 年斐川町的农耕用地面积按耕作主体划分，"其他"一项占 36%，非常引人注意。"其他"项是以体现生存价值为目标、愉快务农的小规模个人经营的农户。公社以"农地整合，近处务农，提高效率"为口号，号召个人农户通过公社进行土地租借，积极参与到土地利用调整的计划中来。通过农地整合及再分配，向小规模农户提供农耕用地，从而减轻农事作业负担。

如前所述，中央政府实施的是认定农户制度，集约村落合作务农组织的农耕地，一味地扩大农业经营规模等农业政策，但斐川町农业公社并没有照搬中央政府的政策，而是在重视生存价值和愉快务农的同时发挥土地利用调整机制的职能，在地区范围内更加有效地利用农业用地。

在进行农地整合时，优先当地农户、照顾将祖辈留下来的土地出租的农民们的心理等细致贴心的服务也受到好评。正因为充分考虑到重视生存价值的高龄农户和愉快务农的小规模农户的想法和心情，公社和地方政府才赢得了农户们的信赖，从而有更多的土地经由公社进行租借，实现了认证农户和村落农户的农地整合。这一做法没有造成中央政府实施的扩大规模一边倒的状况，相反，在尊重地区内各类务农人员的同时对农业用地进行了整合与再分配，提高了地区农业整体效率。

四、吉田故乡村的务农人员援助与企业务农的实际状况

本节选取的吉田故乡村（以下简称故乡村）是全国最先建立的第三部门［第三部门，

即"通过志愿提供公益"的NGO或NPO。从范围上讲是指不属于第一部门（政府）和第二部门（企业）的其他所有组织的集合。因此，主要为民政部门注册的社会团体、基金会、民办非企业单位及未注册的草根组织〕之一。本节以故乡村为对象，介绍为当地务农中坚力量——高龄农户的零散农业提供的帮助、近年来备受瞩目的企业务农等动向，并分析这些实际情况具有的意义。

（一）故乡村简介

故乡村位于岛根县云南市吉田町（2004年吉田村实行了町村合并），成立于1985年旧吉田村时代。吉田町地区是靠近广岛县的山地地区，过去因为木炭和木材制造而使得林业得到较大发展。但是由于能源转化率低，以及外国低价木材的大量进口的影响，地方经济开始衰退。50年代吉田村的总人口超过5 000人，但是2010年的人口普查结果显示，总人口已经降至2 049人，已经成为一个老龄化过疏地区。

吉田村以地域衰退带来的危机感为契机，于1985年成立了股份有限公司形式的第三部门。此部门以创造地区就业场所，振兴当地产业为目标，由农协、商工会、森林组合等团体以及村民共同出资而建。成立时资本金1 500万日元，其中的1/3由吉田村出资，其余的资金由村里发布公募股票，一股5万日元，申请人数众多，超出预计。到2011年资本金已达6 000万日元（云南市25％、各法人团体47％、个人股东28％）。第一年的销售额为4 800万日元，2009年度决算为4.34亿日元，2010年度为4.9亿日元。职员也从当初成立时的6个人增加到2011年11月的69人（包括临时工），新创造地区内就业机会的成果显著。个人股东和法人团体股东基本都是当地居民或者相关人员，故乡村以地方为根本，发展成为地域内贡献最大的企业。

故乡村的骨干产业是使用当地农家栽培的蔬菜和大米进行农产品加工和销售，占总营业额的44％（根据2010年度决算结果）；除此之外还有其他产业，如管道工程、自来水管道铺设工程、简易自来水设施的管理（占总营业额的20％，以下同），温泉旅馆"清岚庄"的管理（23％），云南市民公交的运营（10％）等。故乡村最近开展了一系列与居民联系密切的业务，有当地旅游策划以及旅游产品的销售（观光事业部），企业务农（原料生产部）等。

（二）故乡村在当地发挥的作用与意义

故乡村在当地发挥的最大作用是创造就业机会。故乡村为避免扩大产业规模，不引进流水线等机器，将贴标签、产品装罐等采用人工来做，优先确保地区居民的就业场所。

通过开发、制造以及销售农特产品来维持地方农业。故乡村使用与当地农户签约种植的原材料，不使用任何添加剂进行农作物再加工，制造出放心安全的产品销往全国各地，从而保证当地农作物有销路。

吉田村的创造就业机会这一企业理念值得关注。"如果是可以盈利的农产品，就让农户自己直接到市场去卖。故乡村生产的农产品虽然外表不那么华丽，但是可以保证都是放心食品。"故乡村以此为企业的基本理念，不断创造高龄农户的生存价值。故乡村设定的农作物的收购价比近10年来的平均价格略高就是一个很好的证明。故乡村吸收了农产品市场价格激烈变动引起的冲击，发挥缓冲作用，维持了当地农业发展。因此，签约的高龄农户可以安心地、勤勤恳恳地继续务农，在享受收获的欣喜之余还能赚些"零用钱"。可以说高龄农户的"丰收之喜"就是他们生存价值的体现，而这一生存价值是在故乡村的保障下体现的。比起收益，故乡村更看重的是为地方提供就业机会，以及保障高龄农户的"体现生存价值"的零散农业的发展。

（三）故乡村企业务农的实际情况与意义

故乡村于 2008 年新成立了原料生产部门，开始实施企业务农。虽然部门业绩赤字问题严重，但是部门所开展的活动值得我们重视。

故乡村开展企业务农的第一个原因是：如果自己生产农作物就可以保证原材料的稳定供应，并保证农作物的食品安全，还可以经过加工提高产品附加价值。由于町内务农人员的减少，很可能出现原材料不足的情况，自己从事生产可以解决这一问题。自己生产农作物可以控制农药的使用，确保流通环节使得食品质量具备可追溯性，从而提高食品安全性（可追溯性：日语トレイサビリティー，英文 Traceability，中文也叫作"追踪"。对"追溯"公认最权威的定义是在 ISO 9001：2008 中给出的，"通过记录的信息（这种）方式追溯一个实体历史，应用或位置的能力"。食品可追溯是指在生产、加工和销售的各个关键环节中，对食品、饲料以及有可能成为食品或饲料组成成分的所有物质的追溯或追踪能力。所谓的"追溯"就是一种还原产品生产和应用历史及其发生场所的能力，目的是发现食品链的最终端）。

第二个原因是：解决弃耕地的问题。耕地荒废会引起地方不断衰退，为了防止这一情况发生，必须重视解决弃耕地的问题。同样，2009 年出于保护林野的考虑启动了原木栽培香菇项目。通过间伐森林将原木制成可用于栽培香菇的菇木（菇木：把适于香菇生长的树木砍伐后，将枝、干截成段，再进行人工接种，然后在适宜香菇生长的场地，集中进行人工科学管理，这种方法就叫做香菇的段木栽培。香菇生产所用的树木为菇木），从而强化了对森林的管理。

第三个原因是：培养接班人。故乡村原料生产部到 2011 年 12 月共有 2 名职员。其中 1 名主要负责农业方面工作，另 1 名兼任农产加工部。从工作效率角度考虑，雇用农业经验丰富的老人最为高效，但是为了后继有人就得让年轻人上岗接受培养。

实施企业务农的原料生产部于 2008 年成立。成立以来，原料生产部在改善弃耕地的排水系统、通过堆肥改良土壤等方面花费了巨大的人力、物力及时间。2009 年花费的人工费、消耗品等费用合起来给整个农业运营部门带来了超过 600 万日元的赤字，根据 2010 年年度决算仍然有约 500 万日元的赤字。

（四）小结

以上介绍了故乡村的经营理念、务农人员的支援政策，以及企业务农的实际状况。

吉田町面临着人口老龄化与接班人不足这两大问题，町里积极应对，向适合地方农业发展的农户提供帮助。与中央政府把支持务农中坚力量作为政策的重点不同，吉田町的实际情况是以高龄农户为务农中坚力量，发展以体现生存价值为目的的零散农业。吉田町从实际出发，为了维持农业生产和保证务农人员有钱可赚，实施了包括设定农产品收购价、开发农特产品从而确保销路等一系列符合当地情况的农业政策。近年来，即便出现赤字，吉田町也坚持直接参与农业经营。吉田町为了确保食品安全，解决弃耕地问题，培养接班人，即使在短期收益难以保证的情况下也坚持参与农业为地区做贡献。

五、结语：日本地方政府农业政策的展望与课题

斐川町公社在实际运营过程中，一方面注重与中央政府认定的务农中坚力量即认证农户和村落合作务农组织的结合，另一方面也关注那些以体现生存价值和愉快务农为目的的零散农户，因此没有出现扩大规模一边倒的情况，也顺利地整合了农业用地。斐川町将零散农户与认证农户、村落合作务农组织同等对待，公社和地方政府因此赢得了农户们的信赖，从而有更多的土地经由公社进行租借，为斐川町的农户们带来了便利，也提高了地区农业整体效率。地方农业实现的是"通过协调追求效率"，而非"通过竞争追求效率"。

故乡村的现状为"体现生存价值的农业"，根据这一实际情况，以维持高龄农户的零散农业再生产为前提，实施了包括设定农产品收购价、开发农特产品从而确保销路等一系列符合当地情况的农业政策。吉田町从地方农业衰退所带来的危机感出发，为了确保耕地不荒废、培养接班人等公益效果，在短期收益难以保证的情况下也坚持企业务农。

地方政府在短期内实施包含非计划性收支方式在内的多政策干预，为各种各样的务农中坚力量提供最大限度的帮助。

但是，前文所述的地方政府农业政策在市町村合并后便逐渐被动摇。故乡村除云南市出资比例低下之外，由于地理位置偏僻，可能会发生与政府合作不足的情况。2011 年 10 月斐川町与出云市合并，在合并协议中明确指出，公社和农林事务局要保持原样。尽管如此，也不能保证今后不会以"这是过渡阶段性措施"为由取消公社和农林事务局。希望以后的市町村合并能认真考量合并前各町村的地域农业状况以及当地务农中坚力量的情况，并在合并后有针对性地实施细致的农业政策。

日本农业产业化的特征及其原因

——以岛根县为例

谷口宪治[①]

一、序言

当前，日本和中国都呈现出提高农业产业化的相同动向。日本于 2010 年 12 月制定了被称为"第六产业化法"的法律，其中关于依法引导农业产业化的政策内容备受关注；中国是于 1998 年 10 月召开的中国共产党第十五届共产党中央委员会第三次全体会议上审议通过了《中共中央关于农业和农村工作若干重大问题的决定》，正式开启了中国农业产业化的进程。关于农业产业化的描述：在日本是指"提高农业收入并实现农业的可持续发展"；在中国"农业产业化经营是指以市场为导向，以家庭承包经营为基础，以龙头企业和中介机构为核心，以提高经济利益为中心，立足当地的资源开发确立支柱产业和主导产品的经营方式"。中国强调通过"企业与各类中介组织"的联合共同落实农业产业化；日本将农业生产的第一产业加上农户自主实施的农业加工的第二产业再加上农业销售的第三产业，就形成了第六次农业产业化。在这方面中日两国的内涵也是相同的。

本文以日本农业产业化为考察对象，主要以农业经营方面条件不利的岛根县为例，考察日本农业产业化的特征和原因。

二、农业第六产业化法发布之前农业产业化的动向

（一）农户数、农户家庭人口呈减少趋势

第二次世界大战以后，日本为了消除战争导致的农村萧条于 1947—1950 年实施了农地改革取消了地主制，这样种地的人就成为农地所有者。1950 年平均经营耕地面积都府县为 0.73 公顷，北海道也仅为 3 公顷，纯农户成为以家庭为单位的农业经营者。为了维护这种小农经营体制，1952 年制定了沿用至今的《农地法》。这项法律规定农地贷借行为属于非法行为，因此阻止了经营规模的扩大。之后由于经济的高速增长，农村人口大量流向城市，管理农地的人越来越少，放弃耕作的现象日渐显著。1970 年日本修改了《农地法》，允许土地的短期借贷。在这个时期，水田农业经营也逐步开始机械化，实现了技术层面的规模化生产。但是由于农业以外的就业机会不断增加，地价暴涨，强

---

① 谷口宪治，岛根县大学名誉教授，就实大学经营学部教授，农学博士。

化了农地成为小规模家族经营农户的财产的性质，因此并没有发生农地的买卖、转借等土地的流动化。只是伴随着农村人口流向城市，经营规模有了小幅增加。随着第二次世界大战后务农主要人口的年龄逐渐超过 65 岁，农业经营者的老龄化问题不断加重，才出现了超出之前的大规模化。

表 1 反映的是 1965—2005 年 40 年间总农户数和总农户家庭人口的变化，将这 40 年分为前 20 年和后 20 年进行比较，可以看到这些百分比的数值都在 100 以下，也就是说总农户数、家庭成员人口都呈减少趋势。灰色表示两项的下降率相同，我们可以看到农户家庭人口超过了农户数的减少比率，呈现更加明显的减少趋势。按地区分析，北海道和冲绳地区的减少尤为明显，在北海道前后 20 年期间总农户数都减少了一半左右，总农户家庭人口的减少甚至超过了一半。在过去的 40 年里，这里的总农户数减少了 70%，总农户家庭人口减少了 80%。从日本整体来看，南北两端的地区减少显著，东北、北陆、关东、东山即本州的东北部地区减少趋势较弱。另外，前后 20 年比较可以发现，后 20 年各地域的减少比率更高。前 20 年农户通过农业以外的收入维持农业经营，但是后 20 年没有了农业外收入再加上务农人员的老龄化问题，越来越多的农户开始放弃农业经营。

表 1　总农户数和总农户家庭人口的变化

		总农户数比率（%）						
		50～60	60～65	65～70	70～75	75～80	80～85	85～90
总农户家庭人口比率（%）	40～45	*北海道、冲绳*						
	45～50	*北海道*						
	50～55		*九州*					
	55～57.5		*东海*　*近畿*　*中国*	*四国*				
	57.5～60		*岛根*	*北陆*　*关东东山*	九州			
	60～65				东北　岛根			
	65～70					北陆　关东东山　东海　近畿、中国		
	70～75				四国			东北

注：表中斜体加粗地区的变化比为 2005 年/1985 年，其他为 1985 年/1965 年。

资料来源：《农业统计年鉴》。

（二）农业经营规模呈扩大趋势

表 2 反映的是农业经营面积发生的变化，以及它与农民家庭人口变化之间的关系。

表 2　农户平均家庭人口数与所经营耕地面积的变化

		家庭人口数（人）/ 农户数（户）				
		70～75	75～80	80～85	85～90	90～95
经营耕地面积（公顷）/ 农户数	90～95				东海、*四国*	
	95～100				关东东山 *中国* 岛根	近畿 中国 *岛根*
	100～105				*关东东山* *东海*	
	105～110				北陆、*近畿*	四国
	110～115			九州		
	115～120			东北	*东北、九州*	
	120～125	*冲绳*				*北陆*
	125～130					
	130～135					
	135～150					
	150～200				*北海道*	
	200～250		北海道			

注：同表 1。2005 年的家庭人口数和经营耕地面积分别是：北海道 3.9、18.1；东北 4.3、1.6；北陆 4.3、1.3；关东东山 4.1、0.9；东海 4.2、0.6；近畿 4.0、0.6；中国 3.6、0.6；四国 3.6、0.6；九州 3.6、1.0；冲绳 3.2、1.1；岛根 3.9、0.7。

资料来源：《农业统计年鉴》。

　　每户家庭人口伴随着农户数的减少也在不断下降，但是每户的经营耕地面积不断增加的地区越来越多了。特别是表 1 中农户数明显减少的北海道，每户家庭人口在前 20 年减少了约 20％，后 20 年减少了约 15％。因此，在过去的 40 年里，每户家庭人口减少了 1/3，但每户经营的耕地面积前 20 年翻了一番，后 20 年翻了将近一番，因此，在过去的 40 年里每户经营的耕地面积约是原来的 4 倍。

　　同样，东北、北陆、九州、冲绳等地的经营耕地面积也呈增加趋势，但是在中国、四国、近畿、东海等原本小规模农户较多的地区，经营耕地面积增加并不明显。即便如此，后 20 年还是比前 20 年有很多地区的经营耕地面积增加了。从本文关注的岛根县的情况来看，无论在前 20 年还是后 20 年，总农户数以及总家庭人口减少率都很高，而且虽然每户家庭人口也减少了，却未出现经营耕地面积的增加。岛根县在日本属于经营规模小、坡地农耕地较多、距离大都市市场较远等农业经营条件不利的地区。随着老龄化现象日益严重，放弃耕作地的现象越来越多。我们把具有这一特性的岛根县作为本文的考察对象，分析农业产业化的因素；同时在农业经营方面植入加工、销售功能的六次产业化规模扩大的过程中，确认农业生产者主导农业产业化推进的模式。

三、岛根县农业产业化的实例

（一）以村落为单位的农业经营模式

20世纪70年代以后，岛根县为了应对人口的过疏和高龄化问题，农户以村落为单位，共同持有农用机械，接受或委托帮忙务农，并采取共同经营等村落经营农业的方式。通过这一经营方式不仅落实了农业生产，维持了村落功能，而且在一些地区还通过农作物的加工生产实现了创造附加值的功能。

这里我们要介绍一个农业生产法人株式会社K。这家株式会社的总经理大学毕业以后在北海道经营过牧场，于1981年又回到了家乡岛根县顿原町。一开始他从事个人的农业经营，后来于1997年与当地的54人共同成立了村落农业组合K，该组合的主要业务是代替农户务农以及农用机械的联合使用。虽然组合通过自己的渠道单独购买了农用机械，而且生产的计划外大米也不卖给收购商而是自行销售，但是因为他们不是法人，只是任意组合，每个农户都根据自己意志种植，加上种植条件的不同，农产品质量很难实现统一。大米市场放开以后，大米价格下滑，1999年组合说服成员成立了有限公司K，之后公司又于2007年升级为股份公司。经营组织形式的改变，实现了种植的整体管理，不仅可以独自开发产品，而且还可以提高产品的可信赖性，同时还加强了销售自主产品、购买农机具时的谈判资格。经营组织形式虽然发生了转变，但是仍然遵循当初的"提供就业机会，增加经济收入"的经营理念，同时在经营组织形式发生变化的过程中，60%的组合成员成为股东。在整合农地的同时，注重与其他周边由于高龄化很难发挥相应功能的村落之间的联合和相互支持，并开始通过农协销售大米。与此同时，对所生产的所有产品减少使用农药和化肥，因此申请到了岛根县的生态农产品和生态农场的认证。还新增了杂粮等产品以及独自开发的环保型肥料，实现了多种经营，改变了依赖单一种植大米的状况。另外，利用互联网建立了自己的直销网店——产地直销店K。产地直销店K是在日本著名的食品直销网站KM上注册的店铺，通过这一销售形式有效地强化了株式会社K的生产、加工、销售职能。具体流程图可参考图1。

株式会社K使用电解水对种子进行消毒，使用的药物都是统一的，堆肥也采用统一的标准，采用独自开发的栽培技术种植订单生态大米。2004年联合周边的村落销售农户，2005年说服周边的个别农户，代销他们的产品，利用生产流通信息系统销售品质统一的大米。此外在大米销售环节，他们先把收割到的大米都卖给农协，然后根据需要再从农协买回来，最多可以买回80%。他们向农协支付仓库保管费，然后把买回来的大米通过自主销售渠道也就是上面说的销售公司KS直销出去，即从农协的仓库直接卖给当地的餐馆和个人以及通过网络订购的顾客。

通过灵活运用农协的仓库，大米的品质得到了保证，通过卖给农协，大米得到了王规

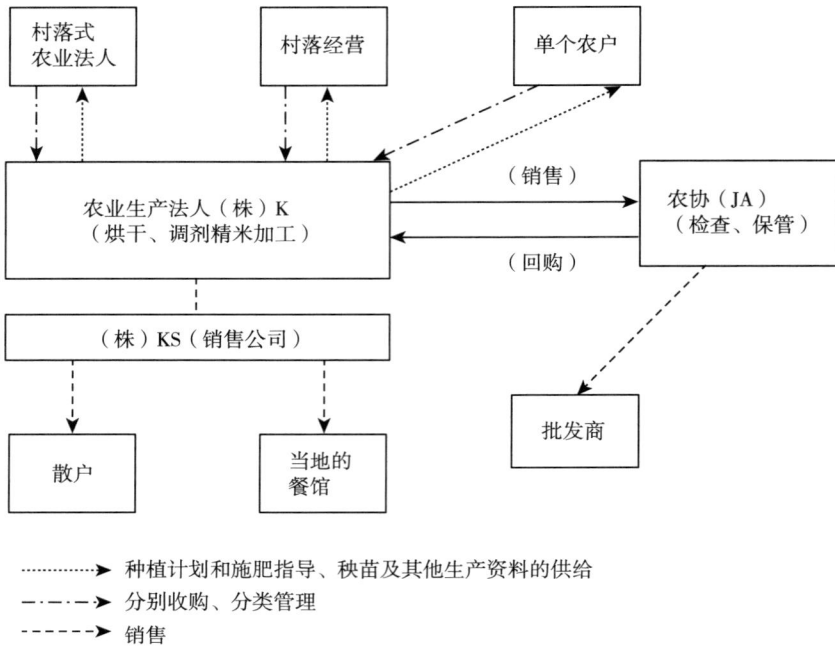

图1　（株）K公司的销售与各部门间的联系

资料来源：（株）K的网站。

的检查，因此销售的都是经过检测的高质量的大米。此外，株式会社K还种植黏米，这个也先卖给农协，经过农协加工后，制成成品再买回来，在KM网上直销。

通过这种模式，株式会社K既不用建冷藏仓库，也不用建加工厂，节省了设备投资，回避了风险，而且也没有影响产品的直销。另外，大米以外他们选择了大豆作为主要轮作物，政府为了减少大米的过剩供应，对种植政府指定的大米以外作物给予一定补助，在补助的基础上他们为了拿到政府的奖励金，组织当地农户整体接受他们的订单集体种植。2003年在原有的多功能播种机、防除机的基础上，新购进了干燥机、色选机、筛选机等大豆组合设备。这样农协的大豆部门就没有再购买同样的机器设备，减少了过剩投资，也提高了株式会社K的设备运转率。大豆干燥以后的加工都是在株式会社K进行，这一方面加强了K公司帮忙管理由于老龄化现象产生的附近小规模村落务农的轮作田以及干燥加工等业务；另一方面保证了可以有效收购大豆，加工后通过株式会社KS进行销售。

（二）建立有机农业网络

以岛根县浜田市为中心成立了"岩见地区有机蔬菜协会"，加入协会的农户会员形成了有机农业网。他们共同实施特色有机农业栽培，并不断研究提高个别农户的生产技术，共同投资成立了销售公司。这一系列活动正是通过生产和销售实现的六产业化的过程，具体状况参见图2。

这个有机蔬菜协会现在只有一个法人会员——S有限公司，协会正是在他们农场实施

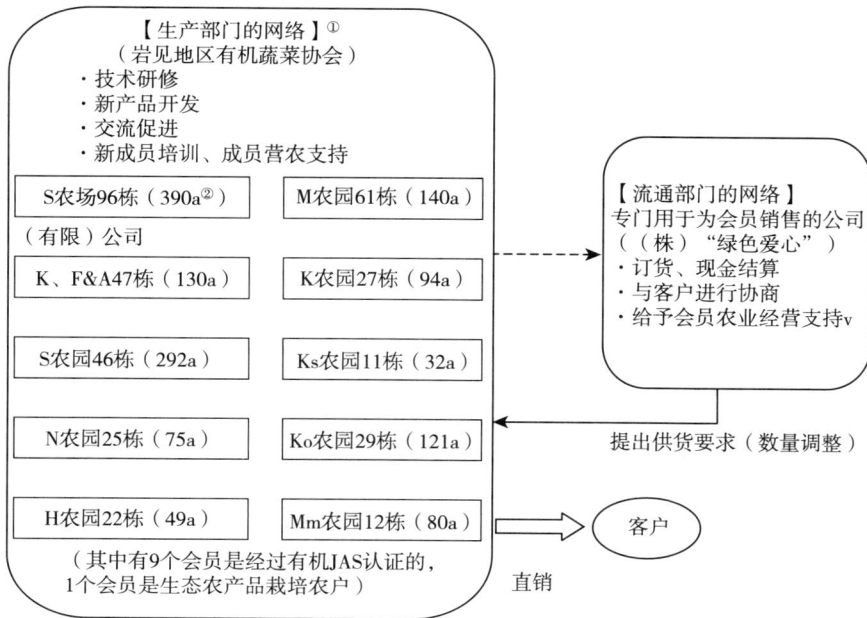

图 2　有机农业第六次产业化的网络

注：① 截至 2012 年该协会有 10 个农场、15 个会员。② 1 亩＝6.7a。

资料来源：岩见地区有机蔬菜协会、（株）"绿色爱心"公司网站。

的有机农业的基础上成立的。S 有限公司的法人代表 1983 年从大学农学院毕业以后就回到自己家务农，为了应对不断增加的廉价进口农作物，他主动学习农业经营并去国外考察农业，然后开始从事各种果树蔬菜栽培和经营。在此期间，他认识到生产"柔软"蔬菜和国内需求较高的安全放心的有机农业的必要性，这些"柔软"蔬菜不利于运输和保鲜因此不适合进口。之后，在向市场供应有机栽培的"柔软"蔬菜的过程中，他又意识到要想扩大销路，蔬菜不仅要新鲜、安全，美味也是不可或缺的。为此他们测量蔬菜中影响美味的硝酸氮的含量，并把相关数值标在蔬菜上投放市场。另外成立了主要销售蔬菜的直销店（农户自己销售农牧产品和加工产品的店铺），为了满足消费者和生产者两方面的要求，他们还逐步开发形成了独特的有机蔬菜栽培方法。为了满足旺盛的市场需求，建立了可提供质量、产量都很稳定的低生产成本的系统，1994 年起全面销售有机蔬菜。

采用温室栽培方法，实现全年的有计划栽培，同时定期诊断土壤，并依据相关数据避免同一类蔬菜的连种，防止连种灾害以及特殊的病虫害。

公司也很注重种植蔬菜所需的肥料成分，充分利用堆肥以防止营养成分的缺失。公司还开发了提高相关技术和经营效率的栽培技术，并编制了种植手册，注重技术的普及。同时他们应岛根县的要求，将这些技术和经营方式传授给研修生。经过培训的人员在 S 农场务农，这些人于 1999 年组织成立了"岩见地区有机农业协会"，其中从事蔬菜生产和销售的会员于 2004 年组织成立了"岩见地区有机蔬菜协会"。为了保证稳定持续地生产出新鲜、安全、美味的有机蔬菜，会员每个月开一次会讨论需要改进的问题，在明确问题的基础上改良提高技术，实现了向市场供给稳定的、高质量的、保证一定数量的有机蔬菜，这对个人来讲是不可能。保证了稳定的质量和数量也就提高了与客户谈判价格的资本。但是即使如此仍然不能满足大型超市的需求，需要继续加强对新兴务农人员的培养和对他们的扶持，其中一个主要的环节就是发展会员的孩子或者孙子加入进来。此外为了增加会员从事农业生产活动的时间，专心销售经营自己的产品，2008年协会成立了专门的销售公司"绿色爱心"。在成立专门的销售公司之前的销售活动，是S农场先从会员手中买来农产品，然后根据进价进行销售。随着销售范围和销量的扩大，成立销售公司的必要性越来越明显。成立销售公司以后，他们和会员签订销售订单，价格也不会受到市场的左右。此外，农场还聘用了土壤分析专家，在开始种植前检测土壤成分，根据肥料设计软件调整土壤成分实现产品的质量管理。这家销售公司是由岩见地区有机蔬菜协会成立的。他们在当地生产有机蔬菜，然后销售给当地的超市、学校食堂，一方面在保证当地就业方面为地区做出了积极贡献；另一方面他们在保证质量、维护顾客的经营理念指导下，供应安全、放心、美味有营养价值的蔬菜，为确立当地的农业产业，推动当地的经济、农业发展做出了积极贡献。

四、结论

1990年以后，在全球化的影响下，日本农业受到了国外进口的廉价农产品的冲击；同时，一直主导日本农业生产的人口日趋老龄化给日本农业带来了很大的变化。在这一过程中，以北海道为中心的农业规模不断扩大，相比之下，经营规模较小、生产条件和市场条件都较差的岛根县并没有出现由于个别农业经营规模的扩大而实现经济利益的农业产业化。即便如此我们还是看到了农户改善农业经营状况的意愿，个别农户在保留农地所有权的基础上，把经营权交给了村落，村落集约农户的土地发展起了村落农业。岛根县属于这一经营形式发展规模较大的地区。不仅如此，为了应对进口廉价农产品，他们还形成了通过生产高品质农产品达到经营利益的农业经营体。这些举措都是农业经营者自身在创造性地应对不利环境变化过程中产生的，可以说是农户主导的农业产业化。这些农业经营体在运用当地资源形成独立的生产技术的同时，还成立了农产品及其加工品的独立销售组织，努力实现农业产业化的稳定和强化，这是农户在自己推动六次产业化的过程中实现的。这正是对注解（3）中六次产业化的具体呈现。

农业的六次产业化旨在通过增加地区内有附加值的经济活动将实惠留在农村，持续进行这项经济活动，可以切实保证地区居民受益。在本文中，我们主要考察了在全球化过程中有特色地利用地域资源的经济活动，作为经济主体的农户拥有自己的生产加工技术和销售组织，当然在这个过程中支持他们的地方政府、农协等当地的有关组织也是必不可少的。地域资源既给个别经营体带来财富，也是地域共同的财产。特别是农业，通过使用农地和水便达到了保护地域环境的作用，从这个意义上讲农业具有社会意义。在以往的研究中也曾有学者介绍过通过活用当地的资源进行加工提高附加值的例子，但是其中不乏为了获得廉价的原料从其他地区或者国外进口的例子，这样做就会与当地的农业脱节。今天要求各地继续下功夫发展农业六次产业化，因为只有这样才能充分发挥地域特色，对抗单一的经营理论，发展以地域保护理论为基础的高效农业。应该说，本文介绍的岛根县的例子是一个农业六次产业化模式的成功探索。

【附注】

(1) 关于日本的内容请参考《关于充分利用地域资源开发农林渔业新项目以及加强利用当地农林水产物资的法律》（俗称六次产业化法）http：//www.maff.go.jp/j/shokusan/sanki/6jika/houritu；关于中国的内容请参考宝剑久俊、佐藤宏著"中国农业产业化的发展和农民专业合作组织的经济职能：基于农户行政村数据的实证分析"，收录于《Global COE Hi-Stat Discussion Paper Series》September 2009，https：//hermes-ir.lib.hit-u.ac.jp/rs/handle/10086/17653。

(2) 关于日本的内容请参考经济产业省编《关于农业产业化的支持的基本想法和方向性》2011年2月；关于中国的内容请参考姜春云编著《现代中国的农业政策》家之光协会，2005年，（原文《中国农业实践概论》2001年）。

(3) 日本六次产业化是1994年由东京大学今村奈良臣教授提出的。当初是指把第一、二、三产业的职能加起来构成第六产业，2010年进一步指出"只是简单地相加，即加法是不够的……必须有机地综合地结合起来，即乘法"。谷口宪治著"通过村落经营实现农业六次产业化以及社区经营实现农村振兴"，收录于《农业与经济》2012年4月。关于与多行业人员的合作，请参考农林水产省编《平成26年度农山渔村六次产业化对策项目中的强化六次产业化网络活动项目招标介绍》，http //www.maff.go.jp/j/supply/hozyo/shokusan/pdf/04_kobo_youryou_140501.pdf。

(4) 关于中国的农业产业化，除了附注中（1）和（2）的文献以外还有很多，本文作者也参与编写的文献有：农村小额贷款方面，刘海涛、谷口宪治、郑蔚、系原义人著"中国农村小额金融组织的夫贫职能和发展条件——以宁夏回族自治区盐池县小额贷款中心为例"，收录于《农业生产技术管理学会杂志》第19卷第4号、2013年；在农业园区方面，刘海涛、谷口宪治著"中国西北内陆地区园区型畜牧业经营的发展和小额贷款的作用——以宁夏回族自治区盐池县宏翔滩羊饲养园区为例"，收录于《日本沙丘学会杂志》第60卷第1号，2013年。

再论美国农业的危机与机遇[①]

约翰·艾克[②] 王 璐[③]

一

北美的农业正陷入危机之中。直到最近，这一危机还没有产生什么动静。每年有成千上万的农业家庭被迫离开土地，但农业机构告诉我们，他们的离去是不可避免的，这其实是进步的标识。那些人之所以失败，仅仅是因为他们自己效率低下，不能与时俱进，并且缺乏竞争力。

加利福尼亚大学的农业经济学家史蒂芬·布兰克（Steven Blank），他的《在美国情境下农业的终结》（*The End of Agriculture in the American Portfolio*）中主要论点是，从大体上看，美国农民在全球自由市场经济中缺乏竞争力。"美国农业的终结"是经济进步不可避免的结果，而这种经济进步的确能使每个人生活得更富裕。他认为，粮食体系的全球化并不是某种公司阴谋，而仅仅是竞争性自由市场不可避免的结果。他预言北美未来会从"欠发达"国家进口几乎所有的粮食，最终所有人都将从经济全球化中受益，因为会有更多人买得起粮食。

布兰克认为：市场经济过去没有、将来也无法保障国内的粮食安全。"我们不必为了短期的经济效率来牺牲我国的粮食安全和我们的生活质量。但我们可能不得不重新思考在全球经济以及人类社会中，农业所扮演的角色及其涵盖的内容。或许我们应当建立一种新型的美国农场来避免美国农场的终结。"

美国的纳税者们承担了大约一半的农作物保险费用。在美国从事农业前所未有地利益丰厚。

---

① 本文转载自《绿叶》，2015（Z1）。本文是 2014 年 6 月 13 日约翰·艾克在加拿大爱德华王子岛（PEI）ADAPT委员会主办的会议上所作的讲话。

② 约翰·艾克（John Ikerd），美国密苏里大学哥伦比亚分校名誉教授，著有《可持续的资本主义》（*Sustainable Capitalism*）、《回归常识》（*A Return to Common Sense*）、《小农场是真正的农场》（*Small Farms are Real Farms*）、《危机与机遇：美国农业的可持续性》（*Crisis and Opportunity in American Agriculture*）等。

③ 王璐，北京外国语大学高级翻译学院硕士研究生。

　　如今的危机与 14 年前我和史蒂芬·布兰克所估计的非常不同。如今的危机是公司控制的危机。农业经济因具有更大的确定性和稳定性而加速了美国农业中持续的公司兼并或"公司化"。2012 年的美国农业普查表明，排名前 4％的生产者（年销售额超过 100 万美元）的产值如今占美国农业生产总值的 2/3。在美国，95％以上的家禽和 70％的生猪是为综合性企业的生产合同而生产的；90％以上的大豆和 85％的玉米生产使用有专利的种子，这需要得到企业的许可；大约 40％的美国农业用地可能会在未来 20 年间易手；非农业投资者已经拥有大约 30％的美国农业用地，大规模的私募股权投资者已成为农业用地市场主要的竞争者。公司对美国农业的控制正在全面展开。

二

　　自从欧洲的圈地运动让商品农业取代了自给自足农业以来，谁控制农业就一直是一个重要问题，但粮食生产从未像现在这样不是由现实的人，而是由实体来控制。谁控制了农业，谁就将最终控制粮食生产，并且拥有控制社会——国内社会和国际社会——的权力。

　　公开交易的大公司唯一共同或共有的价值追求是经济价值，通过电子交易，人们更有可能只是持有了股票几秒钟，而不是许多年。这就消除了单个投资者影响公司管理的任何能力，使经济收益最大化成为公司管理中理所当然的默认战略。

　　公司控制的根本问题在于，经济价值本身是利己主义的、不牵涉个人感情和工具性的——只是达到目的的手段。因此，做那些仅仅有利于其他人、有利于某个社区或整个社会的事情是没有经济价值的。对任何有利于下一代人的事情进行投资当然也没有经济价值；投资无法获得回报。经济价值使得人们不可避免地更加注重当前，而不是未来。也正是因为如此，公司的规划远景很少超过五年到七年，相反，每一季度的利润对于保住公司的职位都很重要。

　　尽管公司还没有完全掌控农业，但它们却在不断向真正的农民们施压，要求他们为了能在经济上生存下去而像公司那样行事，即从土地中攫取财富，并剥削他们的社区和顾客。因此，谁控制农业至关重要。美国农业的危机其实是由谁来控制的危机。

三

　　危机就意味着我们面临危险时被迫做出选择的关键时刻，公司控制农业的危机最终是农业可持续性的危机。如今的粮食体系甚至无法满足当前大多数人的需求，当然就更不用说为将来的人留有同等或更好的机会了。我们不能再沿着老路走下去了。美国的粮食体系是不可持续的。大量的政府报告和科学论文明确指出，农业产业化与水土流失、空气和水污染、家庭农场的倒闭、农村社区的经济社会衰退有关。农业产业化对某些人来说也许有利可图，但对于大多数从事农业或生活在农村的人来说没什么好处。

　　农业产业化绝不可能为所有人提供优质粮食。事实上，同 20 世纪 60 年代（在农业产业化进入末期之前）相比，今天的美国有更多人在粮食上是不安全的，即食不果腹。

　　此外，与饮食相关的流行性疾病包括肥胖症、高血压、心脏病和多种癌症。如今，美国在医疗保健方面的开支是食品开支的 2 倍，在 10 种最能缩短寿命的疾病中至少有 7 种与美国人的饮食有关。

公司的日益掌控与公司对美国农业的影响结合在一起，事实上确保了人们对经济效率的持续关注，而无视其对土地和自然环境造成的影响，或者给农民和农村居民带来的后果。对于那些投资大型跨国农业公司的人来说，唯一的"共同利益"是利润和不断上涨的股票价格。相对于贫穷国家所能负担的粮食价格而言，发达国家能够支付更高的价格购买粮食用作生物燃料。饥饿的人将继续忍饥挨饿，穷人们也将继续吃那些能让公司赚最多钱的食品，不管它们会对公共健康造成什么后果。

消费者对廉价食品的需求不可避免地要带来环境成本和社会成本。食品工业只不过是在为消费者提供他们想要的和他们愿意为之买单的东西。

四

日益加剧的公司控制产生了对美国食品生产体系的"信任危机"。

饮食/健康问题的根源不仅仅在于垃圾食品的加工和分配，营养缺失可以追溯到农业生产的环节。2004 年的《美国营养学杂志》（*Journal of American College of Nutrition*）发布了一项非常惊人的研究。该研究将产于 1999 年的 43 种未经加工的新鲜园艺作物的营养水平与 1950 年由美国农业部（USDA）研究后记录下的历史基准进行对比，发现即便是以脱水重量衡量，6 种重要养分的平均浓度都下降了：蛋白质 6%，钙 16%，磷 9%，铁 15%，核黄素 38%，维生素 C 2%。各种各样的研究也表明，诸如化肥、杀虫剂、植株密度和灌溉等增产技术都会减少大田作物的营养成分。农业经济学家将这种现象称为"营养稀释"。这就是以经济效益为本的农业产业化的结果。

对那些愿意、也有能力为消费者提供优质、营养丰富的食物的农民来说，在与日俱增的信任危机当中也存在机遇。把握机会的途径之一是生产有机食品。"平均来说"有机食品比普通食品更有营养。有机食品在维生素 C、维生素 E、多元酚和抗氧化剂上的含量上要比普通食品高很多，而美国人的膳食中往往缺少这些元素。

从 20 世纪 90 年代到 21 世纪初，美国有机食品的销售额平均每年增长 20% 以上，每 3～4 年就翻一番；2008 年的经济衰退后，增长率有所下降并且稳定在每年 10% 左右；2012 年有机食品销售额达 315 亿美元。虽然目前有机食品的销售额在美国食品总销售额中所占比例还不到 5%，但有机水果和蔬菜在各自市场中所占的比例据称已超过 12%。

至 2007 年，主要超市和大型天然食品连锁店，如"全食食品"（Whole Foods）和"乔氏连锁超市"（Trader Joe's）占据了 90% 以上的有机食品市场。一些有机农场以及有机食品加工厂的开拓者也被产业化的大食品公司收购了。有机农业最终为专业化的大型"有机农场工业"所主宰。随着有机食品的产业化，满腹疑虑的有机食品消费者们日益指望本地的农民来确保自己的食品名副其实。

"本地食品运动"始于路边摊、农贸市场以及社区农场。农贸市场和"社区支持农业组织"（即 CSA）的日益普及最能体现"本地食品运动"。美国农业部的统计数据表明，美国的农贸市场数量从 1994 年的 1 755 家增加到 2013 年的 8 144 家，在不到 20 年的时间里增加了 4 倍。据"本地农产品"（Local Harvest）组织的最新统计，截至 2009 年，美国 CSA 的数量已达到 2 700 家，而 1990 年还不到 100 家。

综上所述，公司控制的危机导致了消费者的信任危机，而消费者的信任危机又点燃了一场美国农业的"优质食品革命"。这场革命始于有机食品，但由于有机食品日益被公司掌控，它逐渐演化为扎根于地方和社区的食品体系。对这种新型农业的命名，除了有机农业，还有整体农业、生物密集型农业、生物农业、生态农业以及可持续农业等。

这种"优质食品革命"未来的全部潜力可能最明显地体现在农民和消费者在本地食品方面的合作与联盟上，美国农业部农业市场服务局列出了 230 余个农场的"食品中心"。通过共同协作，农民可以将种类繁多的当地产品的购买和运送从社区农场扩大到个别产品的网上订购。这些新的食品生产系统在规模上从地方扩大到州或区域，其成员（农民/消费者）也从十几名发展到数百名。

关于天然食品零售业的各种调查显示，目前大约有 1/3 的美国消费者都在寻求工业化食品的替代品，尤其是兼具生态、社会和经济效益的食品，这一消费群体的数量还在不断增加。久而久之，随着公众优先事务和政策的改变，基于社区的可持续性食品体系无论在区域、国家还是全球都很可能取代当今产业化的、公司控制的全球食品体系。

五

无论如何，这场食品革命是不会消亡的；个人要为食品体系的完整性和可持续性负责，而不是相信由公司控制的食品体系——这一全球范围内的迫切要求驱动着这场革命的继续。这场革命在发展过程中可能改变其特征，但最终必将大获全胜。我们正处于危机时刻，险恶的外部环境迫使我们不得不从根本上改变思维方式。

实现农业的可持续发展需要一种完全不同的思维方式。在可持续发展的农业中，农场并非专业化和标准化的，它们是多样的、有活力的、个性化的、全面的和相互依存的。

最重要的是，从事可持续性农业的农民认为自己在道德伦理上有义务去保持其土地和社区的自然生产力，使它们完好如初，甚至有所改善。他们认识到了与土地和人群保持联系的直接价值，这种价值不只是被抽离出来的工具性价值或经济价值；他们与自然和谐相处，不仅是为了维持其生产力，而且也是为了尊重自己作为土地管理者的身份；他们与社会和谐相处，不仅是为了开发新的市场，而且也是为了表明自己是人类共同体中负责任的成员。

尽管在美国，农场的利润创造了历史纪录，但美国农业也深陷危机之中。我们绝不能允许非人的公司来控制我们的食品生产体系，不管是在地方层面、全国层面还是全球层面。由公司控制的农业是不可持续的。我们真正需要做的就是回归到带给我们生活质量、目的和意义的常识，回归到那些能给我们带来深刻而持久的幸福的事物上来。

当然，我们是物质性存在，有些经济需求必须得到满足：我们需要食物、衣服、住房、交通和其他生活必需品。然而，我们也是社会性存在：我们需要与他人保持积极的人际关系，需要爱和被爱。

我们真正需要做的是重新成为一个在伦理、社会和个体层面上都完整的人。美国农业在为美国农民创造机会时产生的控制危机，既有助于我们建设一个崭新的、更完善的食品体系，也有助于我们找到一种更好的耕作方式和生活方式。

多功能性与可持续性：小农场的新未来

John Ikerd

过去 25 年来，我致力于强调农业与经济学可持续性的研究与教育活动。而在此前 30 年的职业生涯中，我积极推进非可持续农业——今天我称之为"工业化农业"。因此，在可持续与非可持续农业两方面，自己具有一定的专业基础。

我也具有多年与小农场有关的个人与专业经验。我成长在美国中部密苏里州的一个小型奶牛场。在买挤奶机之前，我多年用手挤奶。我弟弟在小农场过得很好，至今仍在那里享受生活。虽然按照美国标准，直到今天那里仍然是一个小农场，但是按照中国情况来看未必如此。总的来说，在那里我学到了世界上小农场共有的重要特点。

叶敬忠教授在给联合国粮农组织以《亚太家庭农场的概念与实际》为题的报告中，提供了以下关于小农场的描述：小农场是由生计与满足驱动，家庭为中心，劳动力集约，多样化与兼业的，自主与熟悉的，地方导向的，食物自足倾向，以及环境与文化友好型的。上述特征也可用于描述美国的小农场，或者说世界各地的小农场。这样讲完全基于我在美国的个人与职业生涯中对小农场明确的观察与认识总结。

过去数年来在多种场合我一直强调与小农场相关的事情，包括我给联合国粮农组织撰写的报告：《北美家庭农场》，还有我的专著《小农场才是真正的农场》。因我相信对于农业的可持续性而言，小农场是绝对必需的，所以我将大量工作集中于小农场的可持续农业上。以往若干世纪以来，多亏了小农场的重要特性，才使得社会可持续发展——直至小农场被大型农场，现在又称为现代农场所取代。遗憾的是，今天大型工业化农场不可持续，它们终将被淘汰。工业化时代终将被视为农场史上一个短暂的偏差。

我相信未来农场将远小于今日主导全球农业生产的大农场。众多有机农业与可持续农业的人们声称，可持续性与规模无关。任何规模的农场可以是可持续的，也可以是不可持续的。我承认今日的许多小农场的管理是不可持续的。然而，我相信小农场可为应对今日各种需求而合理安排，并且不必耗损满足未来需要的机遇，因而可持续。我还相信为使今日大型工业化农场步入可持续轨道，则必须分解为非常小的农场。

首先，让我们定义小农场。一个美国小农场在中国人看来就是一个大农场，一个大的欧洲农场就是一个小的澳大利亚农场。即使在美国，一个小的肉牛育肥场要求的土地要远大于一个大型肉鸡场，一个大型蔬菜农场只需要一个小型小麦农场很少的土地。美国农业部认为任何农场只要年销售额小于 25 万美元，就是小农场。也有人定义年销售额小于 5 万美元。因此，美国人所说的小农场可能远大于其他国家的小农场与维持生计的农户。总的来讲，美国很少有维持生计型农户，而主要为市场型农民。美国农户事实上必须有钱购入他们所食及其他所需的一切。在一个市场型的社会中，需要一个大的农场去维持一个家庭。

更重要的是，一个农场大或者小的问题的答案存在于农民心里，而不是农场的实际规模。一个农民不论他或她拥有的农场大小，只要认为他或她需要更多土地或更多资金去获得成功，那就像是一个大农场主。同理，一个农民不论他或她拥有的农场大小，认为他或她需要较少土地或较少资金去安排好生活，那他就像是一个小农场主。因此，从农业可持续性着眼，农民思考他们农场农事与管理的方式远比他们农场规模大小要重要。尽管不同国家不同类型农场存在临界规模，但是在世界任何地方的任何农场，因太大而无法可持续发展之外，还存在一种绝对的规模。

过去时代，世界许多地区的农民，往往能够数百年地延续他们的农场。富兰克林·金完成的关于中国、日本、韩国"永久性"或有机农场的现代著作——《4000年的农民》。英国阿尔伯特·哈瓦德勋爵针对中国与印度特点的"永续农业"，编写了《农业圣典》。这样的农民历史地担当了令美国及世界各国尊重的重任。美国第三任总统托马斯·杰弗逊，深信小"自耕农"是"独立与真实"的典型代表，值得政府尊重与支持。资本主义的偶像人物亚当·斯密，《国富论》的作者，曾注意到中国与印度农民拥有最高的社会地位，他建议假如"合作精神"允许，任何地方都应当向中国与印度学习。斯密的根据源于孔子，他曾说，士农工商，指出农民的社会地位仅居于行政官员或知识分子之后。历史上农民提供了社会经济基础，农民是可靠的农场护理员，因此是经济、社会与土地的看护者。

农场与农民的历史地位反映在其定义词上。英语的"farmer"源于中世纪英国的"fermer，fermour"，意思为管家；古法语的"fermier"意为丈夫；中世纪拉丁语的"firmarius"意为出租土地者。英语的农场"farm"源于中世纪英语词"ferme，farmer"，意为出租、税收、生产、管理人员、食物、盛宴；古英语词为"feorm，fearm，farm"，意思为食品、供给、供应、商店、盛宴、娱乐、上天；proto－德语"fermo"，意为生活、生计；proto－印欧语"perk"，意为生命、人力、力量。它也源于古英语的"feormian"，意为供应、持续，与"feorh"，意为生命、精神；与爱尔兰语"fjor"，意为生命、活力、精力、生气等关联。农场与农民总是表示为多义词。

农民与农场多种词根意义表明经济与商业在农业中始终是一个重要方面。词根中有"出租，税收，生计，还有生活"意味着农业总是要么是生活，要么是挣钱。农业当然总是为社区或社会生产食物。词根有"供给，提供食物，与伙食承办商"，显示出农业总是视为巨大的食物经济的一部分。

然而，农业远比一项经济产业要重要。词根中"精神，娱乐，盛宴与上天"，表明农场也为非经济需要的农民与他人提供营养——额外地提供营养物质。同等重要的是，农场与农业的词根还着重表明对于土地、社区、社会与人类长期完好所具有的伦理与道德的承诺。词义如"管理工作，力量，严格的，牢固的，安全与持续"反映了农民对永久农业——保证社会及未来人类持续性农业的历史承诺。

所有关于农场与农民的词根均趋向于正面、积极、肯定其在古代社会的尊崇地位。虽然经济在农业中总是一个重要方面，但是从事经济与商务的人们从未奖赏为受人尊崇的农民。事实上，总的来说，亚当·斯密从未信赖商人，尤其是公司经理人。他很少设想王直地要求公司组织。类似的是，杰弗逊不相信金融家、银行家、企业家为可被信赖的负责的公民，因此被政府加以鼓励。同样的情况为，孔子将商人列为中国社会的底层。上述先贤均将农民置于社会顶层或接近顶层，而将商人与经济学置于最底层。

今天利用熟悉的词源学，与孔子、斯密、杰弗逊一起赞美古代农民。他们的农场具备多种功能，为农民家庭、社区、社会以及全人类提供多种经济、社会与生态效益。近期一份全球食物系统的国际报告指出了农业可遗传的多功能性："农业提供食物、饲料、纤维、燃料及其他商品。它对于其他重要的生态系统服务如水供应，碳吸收与排放等具有主要影响。农业具有重要的社会作用，提供就业与生活出路。农业及其农产品同为世界范围文化传播与实践的媒介。基于社区的农业为当地经济提供了基础。"然而需要指出的是，今日美国与世界其他地方农业的经济、社会与生态影响或结果则存在是非问题。

传统文化下的农业对于社会、社区与生态系统显然具有多重利益，而不是有害。假如其功能有害，农民就会失去社会尊崇。而且，农民本身显然就是自觉的多功能农民。假如益处仅仅是农业的自然结果，而不是意愿，那就没有理由将其归功于农民。传统时期商人被排列在社会尊崇的最底层，同样为多功能组织安排。总的来讲，他们对社会与生态的不利影响远重于其经济利益，最终落脚为低的社会地位。进一步看，假如商人的负面影响是天生的或无可避免的，而不是经理人不当意愿的结局，那就不存在责备商人的问题。

数世纪以来，农民明显地犯了许多错误，包括一些大的错误。既往文明的失败，乃是因为其农场不可持续。概括来看，在农民生活的社会中农民的意愿一贯被认为是高尚的、美好的。今日受到社会尊敬或尊崇的农场必须致力于管理经济、社会与生态等多重利益。我们现在明白，只有存在良好意愿的多功能农场，才能有未来人类可持续发展，这是因为可持续农场必须是经济可行，社会正义与生态良好。

关于农场规模问题，以往高度认可的是小农场。孔子、斯密并未在社会最尊重的人中提到大富豪与大地主。相反，他们肯定了耕作土地的小农。同样，早年美国杰弗逊并不认为大农场主是民主的基础。相反，他肯定了小农场主们。这种区别反映了大、小农场在对社会与人类提供更多商品方面的根本差异。经营小农场的农民享有更高的社会尊重，而那些大农场的经营者与企业家、商人一样，明显排列低下。

今天的大农场与工业、商业一样远大于昔日。其为经济效益而组织管理——即便有害于社会与自然时也如此。美国农场已经专业化、标准化，并且一体化为最大的生产单元以获得"规模经济"。专业化使得农场工人更加高效率地工作，其结果为只需要很少的农场主。标准化产生了常规化与专业功能的机械化，从而降低了农作技术水平。专业化与标准化简化了管理，导致一体化为大规模，甚至集团化控制，或农商联合体。这就是美国农场取得的规模经济。小农场演变为大型工业化农业经营。

今天，决定美国农业的大农场正致力于单一功能化，而不是多功能化。他们为获取最大经济效益而经营，而不是像传统那样在农作中致力于经济、社会与生态多重效益。农商企业经理依赖时下失信的经济信念——市场经济终将由自利经济推动的单一功能在社会整体上转变为多重功能利益，来平衡决策。问题是市场经济从未向饥饿的人们提供食物，未来也绝不会这样。市场只是向那些愿意并且有能力支付最高价钱的人们提供食物。今日人们多数饥饿，仅仅因为他们是穷人。不幸的是，工业化农业受到拒绝接受农业持续性发展多维度的农业经济学家们的支持。

工业化农业的基本问题在于单一关注恒定不变的经济成本底线，导致伤害经济、社会与生态自身，即使它并无此意。例如，工业化农业固定地依赖于单一种植作物——即必须依赖于非再生化石能源、化学品及农药。工业化畜牧企业依赖于单功能限制性动物饲养场——"工厂化农业"。在美国受这类单功能生产系统侵蚀与降解土壤的现象司空见惯，造成生态危害，污染河流与地下水，耗竭河流与蓄水层，增加全球气候变化威胁。单功能农业正在削弱农业生产必不可少的自然资源，因此，其生态是不可持续的。

当农场越来越大，数量越来越少，企业控制增强，我们见到独立家庭农场消亡与农村社区经济与社会的解体等单一功能的工业化农业负面的社会经济结果。对于人们而言，乡村社区生产可支持乡村经济，提供当地理想的生活质量，保障人们在小镇与村庄的可持续发展，支持当地学校与医院，服务于城市政府，甚至充当乡村义务救火队。而工厂化农业的工人们不能像乡村一样承担责任与义务。单一功能农业正在降解其生产率赖以存在的人类与社会资源，因而其社会不可持续。

人类所需的一切，包括所有经济价值，必然来自于地球资源——土壤、矿物、空气、水、能量。这些在地球之外无处可觅。除去自力更生之外，人们必须依赖于其他人——借助于社会关系——去驱动自然经济应用。经济在社会内部简单地促进人与人及人与自然间的关系——通过非个人买卖而不是个人关系。单功能工业化农业正在降解社会与自然效用，因而甚至在经济上都是不可持续的。

在美国，我们被告知必须接受我们的单一动能、工业化食物系统内在的生态与社会风险，以保障国家食物安全，即保证全社会足够安全与健康的食物。但是，与20世纪60年代（通常认为农业工业化开始之前）相比，美国人中较大的比例被划入了"食物不安全"类型。20%以上的美国儿童生活在食物不安全家庭中——不能保证足够的食物。此外，许多低收入家庭能够购买的食物所含能量较高，但缺乏营养，导致流行性糖尿病及其他膳食关联疾病。美国人在医疗上的花费两倍于食物开支。健康支出上升越来越与美国人的膳食相关联，这是工业化食物体系的结果。在美国，单一功能、工业化农业甚至在保障食物安全上已经失败。

国际方面，所谓发展中国家，依赖于工业化农业方法的"绿色革命"也同样在保障食物安全方面失败了。在初期展现出成功的前景后，其单一功能农业系统必然地汇集成为农商联合体。如果发生生产过剩，便出售到别国的高价市场，而不是捐献给那些贫困与饥饿家庭。导致数以百万计的人难以自力更生，维持生计的农场家庭仍居住在绿色革命国家中失业的贫民窟中。单一功能农业即便在最基本的目标——提供食物安全上也无一例外地失败了。

今日左右世界农业的大农场与其说不能满足人们众多需求的大部分，不如讲不能满足今日的基本需求，它们也肯定不能为下一代人留下平等的机会。大型单一化功能农场因非常简单而不可持续。大型农场并非由于大型而功能单一，而是由于经营单一功能而巨大。作为其单一功能的经营结果，它们不可持续。

同理，小农场也并非因其小而多功能化，而是由于其经营多功能而较小。它们的经营产生经济、社会与生态效益。结果为农场多样化、独特性以及独立性，而不是专业化、标准化与集团控制。它们综合经营多种动植物，在健康的生态系统中保持成熟的利益关系。一些经营体的废弃物成为另一经营体的有用品，有的经营体的产品为另一些经营体的原料。农场系统中未利用的废弃物，或多或少很容易由自然生态系统同化利用。多功能农业系统的农民尊重自然。

多功能化农民自己决策，而不依赖专家。同过去的农民一样，他们依赖于经验、知识以及感悟，安排多样性、独特性及动态管理。多功能化农民可以像单一功能化农民在单位面积上生产同样多或者更多的食物。例如，根据综述，《自然》杂志总结良好管理的"有机"农业系统，"能够接近达到常规产量水平"。在发达国家，竞争并不在产量上，而是在社会效益与生态效益方面。要承认，多功能化的农民不能经营那么多土地与家畜，因为他们是"集约管理"的农业。值得一提的是，正因为他们的农场较小，他们比单一功能的工业化农场可以提供更多就业机会。所以，小型农场对于人口多于生产就业机会的今日世界特别有利。

今日美国集约型、多功能、可持续农场主可以标榜自己为有机的、生物动力的、生态的、自然的、素食的，或者根本没有标签，但他们均致力于同样目标。他们正将经济效益、社会效益、生态效益统一起来生产食物。他们正在为社会永久、可持续的农业创造保持生产力与可用性能力的农场系统。今天，这类新型小农场可能在数量上只有7%～10%，但其数量正在增长。工业调查显示，大约1/3的美国消费者对可持续生产的食物有强烈的偏好。美国正处于基于小型多功能农场的新的后工业食物系统创造过程中。

从全球来看，小型农场依然为70%以上的世界人口生产食物。有联合国资助的全球研究表明，这类农场无需采用工业化农业系统，其产量就很容易提高1～2倍。多功能农业系统、有机农业、永续农业与农业生态为超越食物安全，实现全球食物自主展现出了真正的希望。食物自主将充分保证每一个人基本人权方面的安全健康的食物，而不是让位于市场或奇思妙想的施舍。食物自主宣告了小农与乡村人们摆脱经济剥削保护自我的权利。人类无法承受中国、印度与非洲像美国一样用商业化大工业农场替代家庭小农场的错误。

要获得食物安全与食物自主，小规模农民必须首先为当地人生产食物，然后对剩余部分通过贸易满足当地不能自给而志趣相同的人们需要。美国正在通过农民与消费者的个人联系，形成可保障经济、社会、生态健全的食物链。显而易见，他们必须找到方法去圈定食物链以获取经济效益，但这首先要保证不能谋害其经济、社会、生态健全。为保持其健全及可持续性，农民与当地食物链必须保持农场足够小，以维持农民与消费者间的交往。他们必须持续他们对关心土地以及相互间像爱护自己一样的承诺。

温德尔·伴瑞（Wendell Berry），一个美国农民、作家、哲学家，热情而深刻地讴歌可持续小规模农业的文化价值。他写道，如果想应用土地"得当"，经营土地的农民"必须知之，必须积极使用之，必须知道如何才能很好地用之，以及必须能够合理用之。"他还写道，农民必须倾向于"知道并热爱农场，农场要小到知道并热爱的程度，应用他们了解并且喜欢的方法，在他们了解与喜爱的邻居公司工作。"我要在这里加一句，为他们了解与爱的人生产食物。因农民能够了解，并且真正爱的土地与人的量有限，意味着未来可持续的农场与社区食物系统必须适当小。

贵族中的皇族

——摩德纳香醋

摩德纳香醋，也称为摩德纳巴萨米克香醋，产自意大利艾米利亚地区，享有"醋中贵族"的称号，也可以说是"果醋中的皇族"。

摩德纳香醋，其酿造工艺精湛，家族传承，历史悠久，选料考究，岁月积累，精华凝聚，而且品质卓越，口味醇厚，回味悠长，价值超越价格，每年提供给全世界产量只有9万瓶左右，进入市场的每一瓶摩德纳香醋都有自己系统专享的"身份"认证。

为什么摩德纳香醋如此特殊，它和其他果醋有什么不同？让我们一探究竟。

一、摩德纳香醋的故乡——摩德纳概况

既然它以产地命名，我们先了解一下它的家乡摩德纳（Modena）。摩德纳地处意大利北部，位于波河南岸，是艾米利亚—罗马涅大区摩德纳省的省会，面积182.7千米²，人口18万人，是意大利传统的工农业重镇，也是意大利的风景游览胜地和最重要的历史文化名城之一。

摩德纳地区地势平坦，一望无际，清清的塞基亚河和帕纳罗河在两侧拥抱了摩德纳市区后，携手汇入波河。摩德纳气候温和，四季分明，由于两条河流的拥吻，气候湿润，清爽。每年4月为雨季，夏天最高气温在30℃左右，冬天平均最低气温为0℃，下雪后可降到－8～－5℃。

摩德纳香醋就是在这样的环境条件下产生的，是摩德纳人引以为豪的三大国际名片之一，另两个是高音C之王帕瓦罗蒂和超级跑车法拉利。

二、醋中极品——摩德纳传统香醋（D. O. P. 级摩德纳香醋）

摩德纳香醋，不仅摩德纳人自己十分珍视，而且得到了欧盟官方的足够重视，欧盟授予其"欧盟地理标志"特殊保护，分为原产地名称保护制度（D. O. P.）和地理标志保护（I. G. P.）两个级别。只有经过认证，拥有这两个标志的香醋才称为摩德纳巴萨米克香醋。其他国家以及意大利国内其他地区的果醋都没有使用这个冠名的殊荣。

D. O. P. 级别的香醋又称为摩德纳巴萨米克"传统"香醋，是摩德纳香醋中的精品。酿造摩德纳传统香醋，要求十分严格，即使相比 I. G. P. 级别摩德纳香醋都属"苛刻"。I. G. P. 级香醋指按规定在摩德纳地区生产（主要指发酵过程）的香醋，原料为熟葡萄汁

和葡萄醋，葡萄可以产自其他地区。在木桶中熟化的时间最少为 2 个月，3 年以上的就可称为陈年 I. G. P. 级摩德纳香醋。

酿造 D. O. P. 级摩德纳香醋，只允许使用摩德纳当地产的葡萄作为原料，如兰沐斯（Lambrusco）品种。采收后葡萄榨汁的过程决不允许使用任何添加剂，之后经过不少于 12 小时的烧煮，浓缩成熟葡萄汁。熟葡萄汁会在钢桶里进行 1 个月的发酵，使糖分变成酒精，这个过程叫作第一次发酵，其间依旧不许加入任何添加剂。完成第一次发酵之后再转入木桶发酵。

酿造摩德纳传统香醋所使用的木桶尺寸和木材种类都不尽相同。由钢桶转入的第一个木桶，尺寸最大，被称为"母桶"。母桶里有一部分老醋原汁，老醋中的醋酸杆菌使酒精变成醋酸，这是第二次发酵。陈酿香醋在木桶中发酵的过程非常漫长，而且每年都需要进行"倒桶"。每个醋厂都有自己的方式，但大致是用 5～7 个桶进行倒桶，材质一般为桑木、栗木、樱桃木、杜松木、橡木。

倒桶的方式是从陈酿最长、年代最久的最小的木桶里取出一定量（一般是 1/3）的醋，可以作为成熟产品供应市场，然后从第二小的木桶里取出一定比例的醋将其补满，以此类推。由于经历了容积不同、材质不同的多个木桶，摩德纳传统香醋的香气非常特别，而经历多年、最长达 25 年的陈酿过程，其浓稠度也是其他果醋无法比拟的。

经过这样多年的陈酿，直到香醋香气、味道以及各项指标经过严格的检验，符合 D. O. P. 的标准，才可以进入市场。摩德纳传统香醋要求陈酿过程不得少于 12 年，相当于一个孩子从出生到小学毕业的时间。如果达到、超过 25 年，可以被标识为特级陈年香醋（Extravecchio）。真可以算是醋中的"皇族"了。粗略计算，100 千克的葡萄经过压榨浓缩和长年的蒸发沉淀，最后只能得到 1 升香醋，足见其珍贵。

三、显赫身世——摩德纳传统香醋历史

翻开历史，我们就能更加清楚地了解摩德纳香醋"贵族"身份的由来。

意大利人酿醋由来已久，有人认为可以追溯到古罗马时期。摩德纳香醋最早的产生年代已不可考，有一种推测认为，像很多美食一样，摩德纳香醋的产生也源于意外。一些被忘在厨房里的熟葡萄汁，经过发酵后可能成了摩德纳香醋最早的雏形，后来发展出整套的酿造工艺。

最早记录摩德纳香醋的文献是公元 11 世纪，由本笃会教士撰写的一部关于摩德纳地区贵族生活的书。书中写道，在 1046 年，德意志国王途径摩德纳贵族的领地，要求领主向国王进贡。而国王向这位贵族要求的供品并不是金银珠宝，而恰恰就是摩德纳香醋。可见香醋在当时是领主的私酿调味品，只供自己享用或者用于招待外国国王和皇亲贵戚，不在市场上流通，连当时势力强大的德意志国王都不是能轻易得到和品尝到的珍馐。

当时摩德纳香醋被当作餐前酒喝，也用作菜肴的调料。其实摩德纳香醋早期曾被作为珍贵的药物，治疗和防治疾病，增进健康，这也是它广受欢迎的重要原因。

在随后的时间里，摩德纳香醋的酿造工艺不断完善，到 19 世纪已经有明确的关于制作技术的记载。从最早的文献到现在时间已超过 1 000 年，而其中绝大部分时间，只有上层贵族才能享用到摩德纳香醋。

四、品质保证——原产地保护制度

进入 20 世纪 70 年代，随着经济发展，传统摩德纳香醋开始走出意大利，而且很快凭借独一无二的味道和品质，打开了国际市场。但正因为它的传奇"身世"和昂贵的价格，开始有越来越多并不符合摩德纳香醋标准的"工业化"香醋进入市场，甚至有其他国家也开始生产所谓的"摩德纳香醋"。

为了保护摩德纳香醋酿造的独特性，保护香醋生产厂商和消费者的利益，1979 年，摩德纳传统香醋生产商联合会，制定了摩德纳传统香醋命名认证（Controlled designation of origin）。只有符合严格规定的香醋，才可以称为"摩德纳传统香醋"。

2000 年 4 月，欧盟理事会正式推出关于摩德纳和雷焦艾米利亚两个地区的传统香醋原产地名称保护制度。具体规定香醋的原料产地，生产所在地都必须在摩德纳和雷焦艾米利亚地区；原料标准，生产过程，各项生产指标，以及装瓶贴标过程必须符合严格地规定。这样保证了全世界每一瓶摩德纳香醋都来自摩德纳地区，保证了它的纯粹的"血统"，也保证绝对的产品品质和市场价值。

五、保持传统——摩德纳传统香醋经营模式与产业现状

摩德纳传统香醋复杂的工艺和严格地原产地要求，决定了产业规模不会很大。在摩德纳地区注册的企业只有 160 家左右，但具有完整工序可以直接生产出成品的厂家只有 60 家左右。这也直接决定了摩德纳传统香醋产业独特的经营模式，同样是最值得借鉴的地方。

在面对市场上其他果醋的竞争和一些仿制品挑战，摩德纳传统香醋一方面非常严格地保证自身产品的品质要求，另一方面积极进行原产地认证保护。

摩德纳香醋的生产者相信，对于顾客来说，最好的验证方法就是把摩德纳传统香醋和其他产品做对比，只要品尝过真正的摩德纳传统香醋，漫长酿造所带来的香味是其他产品绝对无法企及的。不仅在产品质量上严格控制，摩德纳传统香醋每年的产量也控制在 9 千升左右，让本来就有"贵族身份"的摩德纳传统香醋更为稀少。而摩德纳香醋生产商联合会敢于这么做的一个重要原因，就是他们有自己协会和欧盟官方的严格的认证保护制度。

在欧盟理事会的原产地名称保护制度给予摩德纳传统香醋法律保护的同时，摩德纳香醋生产商联合会严格要求从葡萄的种植、管理、收获，生产、发酵过程，到香醋酿成，都必须在摩德纳进行。直到最后，检验合格的摩德纳传统香醋，也要由摩德纳传统香醋联合会统一进行合格检验、灌装入瓶、标志密封，各厂家是没有权利自己灌装入瓶的。

为了统一标准，标志醒目，让顾客一望便知，摩德纳传统香醋的玻璃瓶统一为 100 毫升，圆瓶方底，由著名设计师乔治亚罗设计。瓶口封纸的颜色为深紫色、淡黄色和象牙

色，特级陈年独享金色包装。

但无论何种摩德纳传统香醋，包装上严禁标识年份，因为所有摩德纳传统香醋都有相应的年份保证，但在陈酿年限范围内，年份的长短不直接与质量相关，所以禁止标写年份，以免误导消费者，所以摩德纳传统香醋没有年份标识。

摩德纳传统香醋联合会同样负责密封，在开口处加封防伪标识，一旦打开，包装无法再利用。瓶子背面的标签也由联合会粘贴，注明认证资格，并标注有该瓶的唯一的编号。只有瓶身正面由生产商自己添加商标标签。这让每一瓶进入市场的摩德纳传统香醋都有最严格的质量保证，"血统"纯正，而且有据可查。

如此严格的保护让仿冒品无所遁形，因此摩德纳传统香醋可以保证自己的市场价格不会受到仿品的影响。加上根据市场进行的产量控制，使得摩德纳传统香醋尽管身价不菲，仍然在市场上十分紧俏。最便宜的一瓶摩德纳传统香醋也要 40～50 欧元，有些特级陈年摩德纳传统香醋可以超过 100 欧元。这种经营模式使得摩德纳传统香醋的生产企业在保证传统酿造工艺的同时，也保证了自身的经济利益。D. O. P. 级摩德纳传统香醋，I. G. P. 级摩德纳香醋和其他醋产品的产值可以达到摩德纳省这样一个工农业大省每年生产总值的 10％。

六、销量冠军——I. G. P. 级摩德纳香醋

与摩德纳传统香醋相比，I. G. P. 级香醋由于价格更低，销售量更大。在 2012 年的产量超过 0.9 亿升，销售额达到 4.3 亿欧元。它已经在世界范围内成为和意大利面、比萨饼一样出名的意大利美食的代表。高达 92％的 I. G. P. 级香醋供应海外市场，目前在 120 个国家和地区都可以见到它的身影。在对所有欧盟地理标志保护的意大利产品中，即受到地理标志保护（I. G. P. ）和原产地保护（D. O. P）的全部产品排名中，2012 年 I. G. P. 级香醋位列第一，2013 年屈居第二。但在地理标志保护（I. G. P. ）的排名中始终位列第一，没有其他产品可以挑战它的领先地位。

七、"独特"的代表——古尔卓农业公司

摩德纳香醋产业在意大利传统农产品产业中是极具代表性的。虽然独特的地域性优势和严格的传统工艺保证了摩德纳香醋的特色和品质，但今天的市场环境和顾客需求也给传统产业提出了新的挑战。摩德纳香醋企业一直在保持品质和适应市场之间寻求平衡，在传统工艺和新技术及机械化生产中寻求平衡。除此之外，摩德纳的地理环境是酿造香醋的基础，保护和维持自然环境也成了维护和发展这一产业的根本，这些都对摩德纳香醋企业的生产和经营提出了要求。

为了了解摩德纳香醋企业的生产经营特点，我们走访了古尔卓农业公司（Società Agricola Guerzoni）。在摩德纳众多生产香醋的企业中，之所以选择这家公司，是因为古尔卓农业公司的很多组织方式极具代表性，可以让人看到摩德纳香醋产业的传统。同时，这家公司在香醋行业中是运用有机技术和生物动力技术首屈一指的企业，是世界上唯一一

个复合生物动力"德米特标准"的摩德纳传统香醋企业。通过对古尔卓农业公司的介绍，我们希望展现摩德纳香醋企业的发展特点，产品与市场的关系，以及他们如何将最新的有机技术和传统工艺结合，并在生产和环境保护之间的做到平衡的。

像很多意大利企业一样，古尔卓农业公司也是家族企业。古尔卓家的祖辈就在南摩德纳地区从事农业生产，经营农舍和葡萄园。到了 20 世纪 70 年代，农庄的经营开始逐渐向有机农业和生物动力农产品方向发展，是意大利最早这样做的企业之一。当时意大利本国还没有推出有机技术认证标准，古尔卓农业公司就开始按照已经成型的德国生物动力标准进行生产，并且在 1980 年顺利通过了至今仍是欧洲最严格的有机农业标准——德国的德米特标准。也从那个时期起，公司把主要产品固定为摩德纳传统香醋。

古尔卓农业公司在摩德纳有自己的葡萄园，采摘的葡萄送进压榨机榨汁。压榨机的压力被精准地控制在一个较小的范围，否则压力过大会使大量葡萄籽被压得压碎，难以过滤，并且影响果汁味道。压榨出来的葡萄汁，会被送进过滤机进行过滤，去掉所有的固体物质，成为酿造摩德纳香醋的原料。一部分葡萄汁会制成葡萄汁饮料。现在的葡萄汁还没有经过熟化，要送进熟化车间，在 80℃ 的温度下进行熟化。熟化过程用机器控制，并不停搅拌，以增加蒸发量，这个过程会整整持续 24 小时。I. G. P. 级摩德纳香醋的熟化过程可以用密封、真空等手段来进行浓缩，D. O. P. 级传统香醋则必须暴露在空气中自然蒸发。

古尔卓农业公司坚持所有香醋的熟化过程不密封，不使用加压烘燥等缩短时间的办法，整个过程暴露在空气中，为的就是保证蒸发量，保证熟化后葡萄汁的浓度。经过熟化过程，会有将近原来葡萄汁总量的 50% 的蒸发。煮熟的葡萄汁放入钢桶进行一个月的发酵，之后再转入木桶进行储藏陈酿。期间一些熟葡萄汁会取出制作其他产品。

刚刚经过发酵的熟葡萄汁会被装入最大号的木桶，也被称为"母桶"，进行储藏。经过一年的时间，再开始我们前面提到过的"倒桶"。在古尔卓农业公司，陈酿用的木桶包括樱桃木、刺槐、桑木、白蜡树、栎木、橡木和栗树等木材。每一组木桶从大到小，数量从 5 到 7 个不等。根据香醋品质的要求，所用的木材也不同。每年的倒桶，从最小的桶开始，取出 1/3 的醋，留下 2/3，由第二小的桶里的香醋填充。后面依次进行。

经过反复的倒桶，不同发酵程度的醋不断混合、蒸发，并被赋予各种木材的香气，醋会越来越黏稠，味道也会越来越香醇。

与葡萄酒需要窖藏不同，摩德纳香醋需要充分蒸发，并且在高温中进行浓缩，在低温中沉淀，所以储藏香醋的最佳地点是冬冷夏热的阁楼。前面我们提到，按照行业标准，I. G. P. 级摩德纳香醋的陈酿时间最少为 2 个月，在古尔卓农业公司所有 I. G. P. 级摩德纳香醋的陈酿时间最少为 1 年。

古尔卓农业公司还把酿造摩德纳香醋的每个工艺环节都予以足够重视，生产不同的产品，比如用于甜品的熟葡萄汁（Saba），用于装饰菜品的葡萄醋酱汁，普通烹饪用的葡萄醋和天然葡萄饮料。而且像很多意大利企业一样，古尔卓农业公司全力专注于自己的行业，根据意大利饮食习惯，把主要产品 D. O. P. 级和 I. G. P. 级摩德纳香醋的产品分类做得非常仔细，甚至不同的香醋他们会随产品推荐相应的菜谱和使用方法，以最大限度地发挥不同香醋品种的各自优势和味道。比如，按公司自己陈酿 1 年的标准 I. G. P. 级摩德纳香醋，推荐、适合和蔬菜一起使用，例如各种沙拉。而陈酿时间10年左右的I.G.P.级摩德纳香醋，更适合配合肉类和奶酪。D.O.P.级摩德纳香醋最好的吃法是滴在水果或冰淇淋上，以品尝它细腻丰富的味道。至于烹饪做菜，就用普通的葡萄醋吧。

在摩德纳香醋制作过程中，传统工艺被充分保留，尤其在D.O.P.级摩德纳香醋的酿造过程中，一切添加剂都被严格禁止。

八、行业中的"唯一"——有机技术和生物动力农业

出于对祖辈耕作生活的这片土地的感情，古尔卓家族一直秉承保护自然环境的经营原则，拒绝使用化学产品和破坏土地环境的制剂。这也使企业的发展在20世纪70年代一度遇到了极大阻碍。但是古尔卓农业公司最终克服了各种困难，是因为他们在保持自身原则的情况下找到了发展的出路。这就是我们提到过的有机技术和生物动力技术。这些技术也是古尔卓农业公司不同于其他摩德纳香醋企业最大的特点。

有机农业，在近年来被越来越多的人了解与认可。但是生物动力农业，似乎还是一个比较陌生的名字。我们在这里做一个简单的介绍。生物动力农业（Biodynamic Agriculture，BD），又称生物动力平衡农业，可以说，是有机农业中的最高的标准和层次［IFOAM世界有机农业运动联盟（IFOAM）的标准中有70%来自生物动力农业］。

生物动力农业产生于20世纪20年代，是局域内，种植业与饲养业相结合的，自给自足的一种相对均衡的生产状态。它的基本原则是因地制宜，进行多样化动植物平衡的发展；拒绝化学制品；充分发挥不同生态物种间的互利作用；并与产品的加工和销售环节相结合；形成一个自我包含的、充分循环的农业生态系统。

相比于一般的有机农业，生物动力农业要求在能量和物质转化和循环上不局限于农田，而是扩展到畜牧业和加工业，并涉及农业生产结构。生物动力农业注重的焦点，是提升和增强自然的生命进程。它着力把农场建设成自我包含的独立实体。让农场的各组成部分相互作用：让动物的活动丰沃土地，田野供养人和动物食物；作物、草场、树木、林地和湿地给鸟类、昆虫及其他野生生命生活的空间。这些交互的关系造就了一个健康的农场，只有这样的农场才会真的生产出供人类消费、高品质和益于健康的产品。

生物动力农业具备四大独特的技术：土壤健康和营养技术；生物动力配置剂技术；土壤、植物和动物保健技术；配合自然变化的适时农作技术。生物动力农业主要分布在德、法等欧洲国家，在德国有著名的生物动力农业协会——德米特（Demeter），现在是德国的第二大有机农民协会，其产品在市场上的信誉度最好，价格最高。80余年的实践证明，生物动力农业不仅仅是肥沃土地、维持稳定持续发展的农业方法；也是人与自然和谐的、科学的农业产业体系。因此，在世界范围内生物动力学农业被公认为是顶级的、有效的、实用的有机农业方法。

古尔卓农业公司的生产活动就是通过德米特生物动力标准认证的。葡萄的种植和培育不使用任何化肥和化学制剂，而是运用独特的生物动力配置剂技术。摩德纳地区由于畜牧业发达，牛粪成为主要的有机肥料。以牛粪为主要肥料，古尔卓农业公司使用自己配制的两大类，共8种生物配置剂来增加土壤肥力，帮助葡萄生长。第一类配置剂是"堆肥配置

剂"，把牛粪装入牛角中埋入地下 6 个月时间，取出用水稀释，向农田喷洒。100 克处理过的牛粪加 100 升水稀释，就可以喷洒 1 公顷土地。这种配置剂在秋天施用，喷到堆肥上面可以协调发酵的过程，使堆肥发酵得更好，促进葡萄根部充分生长，使葡萄生长更加茁壮。第二类配置剂是"田间配置剂"，把硅粉装入牛角，然后埋入地下 6 个月时间。一般是春天埋入，秋天取出使用。10 克制剂稀释就可以喷洒 1 公顷葡萄园。这种土地配置剂要在秋天葡萄结果之后施用，要喷洒在葡萄叶上，主要目的是增加光照，提高葡萄吸收阳光的能力，促进果实的生长，葡萄的味道也会变得更好。

经过这样的培育，在提高葡萄品质的同时，土地更是得到了滋养，增加了肥力。把古尔卓农业公司农庄的土壤和其他农场的土壤进行比较，可以发现很大差别。有一次，一些经常在附近农庄工作的工人来古尔卓农业公司翻新葡萄园，工作时他们都非常惊讶古尔卓农业公司土地的肥沃程度。

古尔卓农业公司还在葡萄园附近种植了一小片树林，开凿了一个小的人工湖，为的是建立一个完整并且独立的小生态系统。在这个生态系统里，生产过程不采用任何会缩短土地寿命的机械活动。这个小生态圈可以进行自我调节，进行物质循环。而这样做的结果就可以增加土地肥力，提高生产效率和作物质量，同时延长了土地的使用寿命。这种生产模式在摩德纳香醋企业中独一无二。古尔卓农业公司的摩德纳香醋除了有地理标志保护（I. G. P.）和原产地保护（D. O. P）认证，还有德米特（Demeter）生物动力认证，这是世界唯一的。

九、传统以外——古尔卓农业公司的创新理念

这么独特的生产环境会让每一个到访的人对摩德纳香醋和它的生产过程产生浓厚的兴趣。古尔卓农业公司会经常和一些机构合作，组织对摩德纳香醋感兴趣的各国游客参观农庄，品尝各种由摩德纳香醋调味的美食。在采摘季节，还可以体验采摘活动，小孩子甚至可以按照传统方式在大木盆里用脚踩的方式压榨葡萄。这也是公司新的管理者所带来的一些改变。

现在继承家族企业的洛伦佐·古尔卓非常年轻，给这个古老的产业带来很多新的活力。新掌门人接手后，更新了产品的包装，重新设计、采用了更加贴近现代的产品外观。按照有机农业的原则，各种产品的包装和标签都是纸质的，轻便环保。最重要的 D. O. P. 级传统香醋的包装盒，也没有使用贵重材料，而是使用叠压瓦楞纸，中间按照香醋瓶子的尺寸镂空，香醋放在里面像被镶入了画框。I. G. P. 级香醋包装的设计也独具匠心。

公司为适应机场免税店的要求，专门把一部分醋瓶设计成 100 毫升，并在包装设计上借鉴了珠宝和香水包装的灵感，时尚大方。如果顾客专门为了馈赠，还有印刷漂亮的礼品包装，让人爱不释手，当然也是采用天然材料。

通过对古尔卓农业公司的了解，我们可以看到整个摩德纳香醋行业在现在市场情况下的经营和发展。摩德纳香醋这种产品，也是区域农业经济的独特范例。摩德纳香醋因为产地的唯一和工艺的特殊，成为具有独特竞争力的农产品。但这些特点如果不能合理利用，也有可能给自身的发展带来阻碍，在今天的市场竞争中无法占据优势。

摩德纳香醋生产商联合会的组织，严格的生产标准和命名制度，欧盟理事会的原产地名称保护制度，适应市场的产品分级认证，都保证摩德纳香醋的规范生产，也保护了整个摩德纳香醋市场。使这样一个历史悠久的农产品可以保持传统，也可以使当地的生产商获取商业利益，同时也保护了消费者的权益。